JN195295

写真:Everett Collection/アフロ

Filmmakers 18 | スティーヴン・スピルバーグ | 南波克行 [責任編集]

S t e v e n S p i e l b e r g

© 1982 & 2002 UNIVERSAL STUDIOS. ALL RIGHTS RESERVED.

ET THE EXTRA-TERRESTRIAL, 1982

E.T.

© 1975 UNIVERSAL STUDIOS ALL RIGHTS RESERVED.

JAWS, 1975
JAWS／ジョーズ

© 1971 Universal Studios. All Rights Reserved.

DUEL, 1971
激突!

写真:Visual Press Agency/アフロ

WAR HORSE, 2011
戦火の馬

TM & ©1998 PARAMOUNT PICTURES and DREAMWORKS LLC and AMBLIN ENTERTAINMENT. ALL RIGHTS RESERVED. TM & ©2013 Paramount Pictures and DW Studios L.L.C. and Amblin Entertainment. All Rights Reserved

SAVING PRIVATE RYAN, 1998
プライベート・ライアン

MUNICH, 2005
ミュンヘン

© 2017 DW Studios L.L.C. and Universal Studios. All Rights Reserved.

©2014 Twentieth Century Fox Home Entertainment LLC. All Rights Reserved.

LINCOLN, 2012
リンカーン

TM & © 1997 DreamWorks LLC. All Rights Reserved. TM & ©2014 DWStudios L.L.C. All Rights Reserved.

AMISTAD, 1997
アミスタッド

写真:AFLO

ARTIFICIAL INTELLIGENSE:AI, 2001

A.I.

写真:Album／アフロ

ENPIRE OF THE SUN, 1987

太陽の帝国

Filmmakers 18 **Steven Spielberg**

スティーヴン・スピルバーグ

Filmmakers 18

フィルムメーカーズ⑱スティーヴン・スピルバーグ

CONTENTS

［カラー］ 001 『E.T.』『JAWS／ジョーズ』『激突！』『戦火の馬』『プライベート・ライアン』『ミュンヘン』『リンカーン』『アミスタッド』『A.I.』『太陽の帝国』『マイノリティ・リポート』

012 **刊行にあたって**

014 巻頭言 **新批評方針宣言** 南波克行

016 ライフストーリー **少年スピルバーグが監督スピルバーグになるまで——『激突！』までの道のり** 南波克行

023 スティーヴン・スピルバーグ インタビュー1 **『未知との遭遇』はドラマチックなアドベンチャー・ストーリーだ** 原田眞人

031 スティーヴン・スピルバーグ インタビュー2 **自分たちの歴史、祖先の苦しみを私の魂こめて作った映画『シンドラーのリスト』で子どもたちに語り伝えようと思った。** 成田陽子

034 作家論 **スピルバーグと外国語** 篠儀直子

041 作品論『**激突！**』『**未知との遭遇**』 佐々木敦

046 作品論『**続・激突！カージャック**』『**タンタンの冒険／ユニコーン号の秘密**』『**レディ・プレイヤー 1**』 切通理作

053 作品論『**JAWS／ジョーズ**』『**BFG：ビッグ・フレンドリー・ジャイアント**』 大寺眞輔

059 作品論『**1941**』『**ミュンヘン**』 黒岩幹子

064 作品論『**レイダース／失われたアーク《聖櫃》**』『**インディ・ジョーンズ／魔宮の伝説**』『**インディ・ジョーンズ／最後の聖戦**』『**インディ・ジョーンズ／クリスタル・スカルの王国**』 三留まゆみ

071 作品論『**E.T.**』『**A.I.**』 佐藤亜紀

076 作品論『**カラーパープル**』『**アミスタッド**』 佐藤利明

［カラー］ 081 『レイダース／失われたアーク《聖櫃》』『インディ・ジョーンズ／魔宮の伝説』『インディ・ジョーンズ／最後の聖戦』『ターミナル』『キャッチ・ミー・イフ・ユー・キャン』

『シンドラーのリスト』『カラーパープル』『レディ・プレイヤー 1』『ジュラシック・パーク』
『未知との遭遇』『フック』『BFG：ビッグ・フレンドリー・ジャイアント』
『インディ・ジョーンズ／クリスタル・スカルの王国』『ロスト・ワールド／ジュラシック・パーク』
『SUPER8／スーパーエイト』『トゥルー・グリット』『ヤング・シャーロック／ピラミッドの謎』
『ディープ・インパクト』『トランスフォーマー』『トランスフォーマー／リベンジ』
『トランスフォーマー／ダークサイド・ムーン』『バック・トゥ・ザ・フューチャー』『ラブリーボーン』
『ジュラシック・ワールド／炎の王国』

097 座談会 **それぞれのスピルバーグ体験** 宇田川幸洋／南波克行／モルモット吉田

106 音楽論 **スピルバーグ監督とジョン・ウィリアムズ ―― 2人の創作から見えるもの ――** 宍戸明彦

113 作家論 **アンブリンの星のもとで ―― スピルバーグ製作総指揮作品の時代** 大久保清朗

118 作品論『**太陽の帝国**』『**シンドラーのリスト**』『**戦火の馬**』 鬼塚大輔

123 作品論『**オールウェイズ**』『**宇宙戦争**』『**ペンタゴン・ペーパーズ／最高機密文書**』 真魚八重子

128 作品論『**フック**』『**リンカーン**』 荻野洋一

133 作品論『**ジュラシック・パーク**』『**ロスト・ワールド／ジュラシック・ワールド**』 樋口尚文

138 作品論『**プライベート・ライアン**』『**ブリッジ・オブ・スパイ**』 西田博至

144 作品論『**マイノリティ・リポート**』『**キャッチ・ミー・イフ・ユー・キャン**』『**ターミナル**』 金原由佳

182 **完全データ・ファイル**

コラム **スピルバーグと識字障害** 金原由佳

コラム **スピルバーグとアカデミー賞** 西田宣善

183 **執筆者紹介**

「フィルムメーカーズ」刊行にあたって

「フィルムメーカーズ」シリーズは、映画の作り手の中心となる映画作家の魅力を掘り下げて、一人一冊の形で取り上げていくものです。

「フィルムメーカー」という呼び名は、1970年代のアメリカで、改めて新世代の映画監督が注目され、フランシス・コッポラ、ジョージ・ルーカス、スティーヴン・スピルバーグなどが台頭したころからポピュラーになった言葉です。
彼らは主に大学で映画を学び、過去の映画を研究して商業性と作家性とを兼ね備えた映画を作ろうと、そのキャリアをスタートさせました。
フランスのヌーヴェル・ヴァーグや過去のハリウッド映画、日本映画に深い影響を受けています。

「フィルムメーカー」という名称には、映画の作り手として、監督業に限らず自分で脚本を書き、時にはプロデュース、製作総指揮なども手がけるなど総合的な映画作家という意味も込められています。

このシリーズ第二期では、21世紀以降にデビューした新しい世代の映画作家を中心に、あらゆる世代に人気のある映画作家を取り上げます。 また、新シリーズは映画作家の伝記的事実にも注目し、ライフストーリーを掲載するのが特徴と言えます。執筆陣も充実させ、作家、ライター、映画評論家などによるコラムや批評、インタビュー記事などで、映画作家の実像に迫ります。

※「スティーヴン・スピルバーグ」表記について
本書では、基本的に「スティーヴン」表記としていますが、南波克行氏の文章に限り、「スティーブン」表記としています。

Filmmakers 18 **Steven Spielberg**

新批評方針宣言

foreword

南波克行
Nanba Katsuyuki

スピルバーグについてもっと語らなければならない。もっと饒舌に、もっと熱をこめ、しかもスピード感をもって。

私が編著者として「スティーブン・スピルバーグ論」（フィルムアート社）を企画し、二〇一三年に刊行するその間にスピルバーグは『戦火の馬』と『タンタンの冒険／ユニコーン号の秘密』を発表し、さらに『リンカーン』まで公開してしまった。また、リチャード・シッケル『スピルバーグ その世界と人生』（西村書店）の翻訳に着手し（共訳：大久保清朗）、二〇一五年に刊行するまでの間には、『ブリッジ・オブ・スパイ』と『BFG：ビッグ・フレンドリー・ジャイアント』を作ってしまったのだ。追いつかない。こちらが言葉を弄している間に、どんどん作品が更新されていく。しかもいずれも語られるべき内実を極めた作品群。しかしスピルバーグに取り組むというのは、このスピードにも対応するということなのだ。

そして私たちはスピルバーグが発信した物語や映像情報を、十分に咀嚼し、言語化してきているだろうか。うかうかしていると『レディ・プレイヤー1』のような、圧倒的な情報の洪水ともいえる作品を発表してくる人物だ。場当たり的に作品レビューを重ねても、厚みある批評活動とは言いかねる。常に作品全体の中で、その全貌をとらえ直し続ける必要がある。

これはスピルバーグに限らないのだが、私自身は批評活動の方針として、極力「代表作」という考え方をしないようにしている。もちろん相対的に人気の高い作品、興行的に大きな成功を収めた作品、一般評価の高い作品というのはある。その意味ではスピルバーグでいうと、『E.T.』や『シンドラーのリスト』、『プライベート・ライアン』などを、いわゆる「代表作」と呼ぶことになんの異論もない。

しかしそうすることで、語り漏れる作品群が否応なく生まれることにもなる。たとえば『ミュンヘン』に費やされた言葉に比して、『アミスタッド』はそれに見劣りなく語られているか。『未知との遭遇』と比べて『ロスト・ワールド／ジュラシック・パーク』は重きを置かれているだろうか。

それは当然ではないか、という意見もあるだろう。けれど私は暗黙の中に形成された、こうした作品間のヒエラルキーをなくしたいと考えている。それは論じる対象へのエコひいき、悪く言えば盲信だろうか？ 確かにそうなるリスクははらんでいる。しかしその上でなお、然るべき評価の法則を見出すのが、発展性ある批評の姿勢であると信じたい。

本書は以上のような前提を持って編まれている。目次をご覧になって奇異に思われた読者も少なくないと思う。というのも、各論考が作品個々の解説または作品論でなく、複数作品の組み合わせになっているからだ。たとえば、『1941』と『ミュンヘン』や、『E.T.』と『A.I.』が、同じひとつの論考の中で語られている。これに疑念を感じられても不思議はない。

こうした一見、乖離の大きな作品と作品との間にも、しかし必ず架けられるべき橋があるはずだ、というのが本書における確信である。それが作品間のヒエラルキーをなくすということの意味だ。『ブリッジ・オブ・スパイ』で、捕虜となった米ソの諜報員が橋の両端から歩き始め、ちょうどその中央ですれ違う。架けられた橋において、二人が出会うその中間にこそ、生きた批評は存在する、と言い表すと抽象的すぎるだろうか。

スピルバーグ作品をシャッフルし、その自在な組み合わせの中に何が見えてくるか。これは個々の作品論では絶対に不可能な試みだ。この方針は読者の皆さん以上に、執筆をお願いした論者にも少なからぬ戸惑いがあったかもしれない。けれど、そこを踏み超えていただくことで、これまでとは一線を画した論考が生まれ、ここに思いがけないスピルバーグの全容が次々と現れることになった。

読者の皆さんには、そこをぜひ楽しんでいただき、スピルバーグについての知見が更新されることを願っている。

ライフストーリー

Steven Spielberg's Life Story

少年スピルバーグが監督スピルバーグになるまで

『激突!』までの道のり

南波克行
Nanba Katsuyuki

1.

スティーブン・スピルバーグは、第二次世界大戦終結の翌年、一九四六年の十二月十八日に、エンジニアの父アーノルドと、ピアニストの母リアとの間の第一子として、オハイオ州シンシナティで生まれた。

とはいえ、その出生地にあまり意味はない。というのも、その腕を買われたアーノルドは転職がしばしばで、引っ越し続きの家庭であったとされるからだ。そしてそのことが、後の映画監督スピルバーグの個性を形成する決め手となったようだ。つまり、引っ越しの多い子どもの必然として友だちができなかった。さらに当時の写真を見ると瞭然だが、スピルバーグのようにやせっぽちで、しかも運動の苦手な子どもにとって、友だちがいないということが、どれだけ厳しい少年時代を余儀なくされるか。加えてユダヤ系の出自なのだから、自分は「いじめられっ子」だったとスピルバーグが繰り返し公言するのも道理だろう。

とはいえ、学内に居場所のないスピルバーグも、家庭では天下だった。仕事優先の父が家に寄り付かないため、三人の妹と母だけの、本人の表現を借りると、まさに「女だけの都」という環境だったのだ。その中で、あの手この手で妹たちを怖がらせて喜んでいたという。いじめられっ子が自分よりさらに弱い者をいじめている点で、これは決して感心できる話ではないが、「夜になると窓の外の木さえ怖かった」と自ら言うほどに、気弱で怖がりな性格だったことのそれも裏返しで、スピルバーグの妹たちは後に「自分が怖がりのぶん、妹を怖がらせていた」と述べている。

「いじめられっ子」の多くはその苦痛から逃れるため、しばしば自分だけの世界を作り上げる。スピルバーグの場合、それは父から与えられた8ミリカメラだった。レンズを通せば世界の創造さえ可能な、映画作りに夢中になる。カメラさえ手にすれば、フレームの中の世界で君臨できるのだ。いや、それはフレームの外であっても同様だった。スピルバーグは最もひどい「いじめっ子」に、自分の映画への出演を呼びかける。すると「いじめっ子」は彼をいじめ続けるより、出演することを承諾したという。

これが映画の魔力なのだ。カメラさえ持てば「いじめっ子」さえ、言うことを聞かせられる。妹たちを怖がらせることで、人の感情を動かす味を知ったスピルバーグは、そのための道具として映画を手に入れたのだ。子どもの時に覚えた、ただの模型列車のクラッシュも、レンズを通せば本物さながらの列車事故に見えてしまう映画のマジック。それは現在のスピルバーグの映画製作とほとんど変わらない。スピルバーグの童心性とは、かつて揶揄されたように〝子どもっぽい映画〟を作ることでは断じてない。そうではなくて、今も変わらず子どもの頃の精神のままに映画を作る、ということなのだ。

そしておそらく、後の巨匠になれるかどうかを分かつ決定的な才能がもう一つ。彼は映画を作るだけで終えず、それを人に「見せた」のだ。彼の最終目的は映画を「作る」ことでなく、「見せる」ことにあった。妹たちを怖がらせることに始まった、映画へのスピルバーグの目覚めは、自分が人の感情を動かせるという魅惑に帰着するのだから、それも理の必然。やがて妹たちにも手伝わせて上映会を推進し、スピルバーグ家の居間はいつも近所の子どもたちでいっぱいだったと母リアは語っているし、やがては地元劇場での公開も行うようになる。

彼にとって映画を撮ることは、観客に見せることと同義なのだ。「ぼくが死ぬほど恐ろしいと思っていることといえば、いつか目が覚めて、自分の映画が人を退屈させるようになっていることだ」と語るスピルバーグの少年時代の行動は、あくまで観客中心でものを考える映画作家であることを語って余りある。

2.

将来は映画監督になるという以外の夢は選択肢になかった、というスピルバーグだが、一度だけ諦めかけたこ

『SUPER8／スーパーエイト』

©2011 by Paramaount Pictures. All Rights Reserved.TM, ® &Copyright
©2012 by Paramount Pictures. All Rights Reserved.

とがあるという。それは十六歳の時にデイヴィッド・リーン監督『アラビアのロレンス』を見たときのこと、あまりの壮大さに「ハードルが高すぎる」と。しかし「この作品は人物の私的なことが描かれている。これは『自分が何者であるか』を語った映画だ」と気づいたとき、改めて監督への志望を固めたという。その感想は、圧倒的な映像と共に人の心について語ることで、観客の感情を揺さぶろうとするスピルバーグ作品の特質と、見事に合致する。

彼にとってこの十六歳という年齢は、ある種の転機になっているように思う。というのも、この年齢で両親の離婚も経験しているからだ。そしてこの家庭体験が、その後の作品にいつまでも影響を与えている。不在がちとはいえ、父が家を出て行ったことのスピルバーグに与えた影響は計り知れない。というのも、家にいなかったと言いながらも、よく話を突き合わせると彼が父親に聞いた話が、後々の作品のインスピレーション源になっていることが少なくない。それは多くの場合、第二次大戦の話であり、仕事の話だったりするが、然るべき折にはかなりの親子の会話もあったのではと想像する。

『E.T.』の家庭では父親が女性と出て行ったことが示唆され、『フック』は仕事最優先で家庭を顧みぬ元ピーター・パンの物語だった。E.T.と心を通わせるエリオットと、父への反抗からフック船長というダークサイドに落ちかけるピーターの息子ジャックは、かつてのスピルバーグ自身の姿だろうか（どちらにも妹がいる）。また、『プライベート・ライアン』を父のための物語と語り、『ブリッジ・オブ・スパイ』はかつてGE社の社員だった父アーノルドが、技術提携のため冷戦期のソ連に渡った（そしてその直後にU2偵察機事件が起きた）という経験を聞いたことが、企画の発想源になっている。

また、夫婦喧嘩が絶えず、家庭内がひどく険悪だったある日、激しく泣きじゃくる父親に、少年スピルバーグは、「泣き虫！泣き虫！」と狂ったように叫んだと述べている。そしてその様子は、そっくりそのまま『未知との遭遇』に再現されている。

さらに興味深いことに、この一連の両親への感情が、いかにスピルバーグの〝ハート〟を示しているかを語るエピソードがある。というのも、これまで家庭内不和のあげく、父アーノルドが家庭を捨てて家を出たとされてきたが、実はそうでなかったことが明かされたのだ。離婚の真相は、母リアが夫の親友と恋愛関係になったことだった。父が家を出て以後、そのことを恨んだスピルバーグは20年以上も断絶状態だったというが、実は離婚の原因は母の側にあった。

しかしスピルバーグはそれを知ってなお、父との関係を修復しようとしなかったという。その理由は、父を悪者にしておく方が、自分で納得ができたからだと。それだけ母への精神的依存度が高かったことを告白している。

ここからは想像になるが、これはスピルバーグが本能的に、立場的により弱い側につく人物だということを示しているように思う。職業人として一本立ちしていた父に比べ、母リアは残された写真や映像を見ても、確かに精神的、社会的にどこか弱い印象を受ける。当時なぜ本当のことを言わなかったのか、というリアの質問に「君はもろい人だから」と答えるアーノルドの言葉をそのまま受け止めると、スピルバーグの洞察力は父譲り、自由な創意性は母譲りのようにも感じられる。たぶんスピルバーグ自身も、父と同じように感じたのではないか。もし自分が父についていたら家族は壊れると。

そんなスピルバーグの両親も、現在すでに百歳を過ぎようとし、今やすっかりよりを戻してドキュメンタリーやインタビュー映像に、健在で仲睦まじい姿を夫婦そろって見せているのはすばらしいことだ。

しかし過ちの主体である母でなく、父へと向けられた感情の逆転現象も、後のスピルバーグの物語パターンに影響を与えているように思えてならない。すなわち、スピルバーグの救済はいつだって敵側からやって来る。

『シンドラーのリスト』でユダヤ人を救ったのは、ドイツ人であるオスカー・シンドラーであったこと。『ジュラシック・パーク』の救済が、最強最悪の恐怖の主体だったTレックスからもたらされること。もともと体制側であるはずの『未知との遭遇』のフランソワ・トリュフォーも、『E.T.』のピーター・コヨーテも、真実を知るにつれ主人公に肩入れするようになっていく。

スピルバーグは決して、一方の側から一方の側を断罪する物語は作らない。そのことは仮に同胞を殺されたとはいえ、それに対する応報の論理で事を構えると、負の無限の連鎖に陥ることを語ってやまぬ『ミュンヘン』で総合される。仮にユダヤ社会から非難を受けたとしても、それはスピルバーグの譲れぬ一点なのだ。

『ブリッジ・オブ・スパイ』

© 2016 Twentieth Century Fox Home Entertainment LLC. All Rights Reserved.

そうしたことは、スピルバーグの政治観にも通じるのかもしれない。六〇年代に青春期を送ったスピルバーグは、団塊の世代ど真ん中のはずだが、いわゆるベトナム反戦運動にはほとんど関心がなかったという。そもそもドラッグカルチャーを嫌悪し、ロックにもドラッグにも手を出さず映画に夢中だった。それも当時最先端だったゴダールやデニス・ホッパーでなく、デイヴィッド・リーンでありヒッチコックだったと。

むしろ彼の関心は、人種差別に抗う公民権運動にあったと伝えられる。反戦運動はどちらかの言い分に与することだが、差別は個人の意識の問題だ。自らユダヤ系であることで差別を受け、「いじめられっ子」だった体験を背景に、人種差別こそ諸悪の根源ととらえて不思議はない。そして、差別意識に根差さぬ戦争などあり得ないと考えるなら、後のスピルバーグの戦争というテーマにも無理なく接続し、決して一方の側からだけの物語は語ろうとしない、後年のスピルバーグのテーマとも一貫する。

3.

ここからデビューまでの道は半ば伝説と化していて、真偽のほどがよくわからない。スピルバーグ自身も、伝説を伝説のままに流通させてよしとしているようだ。観光客として参加した、ユニバーサル・スタジオのトラムツアーから抜け出し、スタジオに忍び込んだまま、あたかも関係者のように振舞っているうち、名札から部屋まで与えられたというのが概ねの通説だ。

決して学業優秀というわけではなかったスピルバーグは、映画学科のあるＵＣＬＡへの入学はかなわなかった。しかし時代はベトナム戦争の真っただ中。スピルバーグにも召集令状が来る(その令状は、それが何度目かのスタンリー・キューブリック監督の『博士の異常な愛情』を見るため、地元の劇場の行列に並んでいた時に、妹たちが届けてきたというから、それもまた魅力的な逸話だ)。

しかし徴兵回避のために進学の必要があり、スピルバーグはカリフォルニア州立大学の、それも英語学科に入学する。その大学を抜け出してのスタジオ潜入だから、親交の深いジョージ・ルーカスやフランシス・フォード・コッポラ、マーティン・スコセッシ、ブライアン・デ・パルマら、しっかり大学で学んだ同世代のいわばエリートたちとは、その点やや出自を異にする。

監督への抜擢のきっかけは、当時ユニバーサルのテレビ部門責任者で、後に会長となるシド・シャインバーグが、何かのきっかけでスピルバーグの習作『アンブリン』を見たことだった。この青年の将来を有望と直感したシャインバーグは、その場で7年の契約を呈示する。しかも「君がこのユニバーサルの一員になるなら、私は君の成功をサポートする。しかし君の失敗もサポートすることを保証しよう」という絶好の条件と共に。それがスピルバーグ21歳のことである。シャインバーグをして、それほどまで執心させた当時のスピルバーグの才能が、どれだけ光り輝いて見えたかは想像もできない。しかし、経験と実績不足故に寄せられる社内からの不平不満からも、混乱を極めた『JAWS／ジョーズ』の製作でも、シャインバーグは若きスピルバーグをかばい通した。その庇護がなければ、確かにスピルバーグの今はなかった。

そして、この頃手がけたTV作品のひとつが、『刑事コロンボ』の1エピソード「構想の死角」である。今なお人気の高い『刑事コロンボ』は、二本のパイロット版の後に、一九七一年からTVシリーズとして本格的な放送が始まるが、その第一話という重責を担ったのがスピルバーグだったことは、もっと語られていい。

物語の面白さは脚本の力にせよ、手前と奥に人物を配した極端な構図の連続。ディープ・フォーカスを駆使した場面設計には今も息をのむ。この人物配置では、手前と奥の人物がそれぞれ何を考えているか互いに見えない（しかし視聴者にはすべてが見えている）ため、相手のささいな言葉から洞察を深めるコロンボの様子が、手に取るように伝わってくる。そしてここぞという時の、広角レンズによるアップ。人間の心理そのものを、画面の表層に避けがたく露にする方法を完全に手の内にした、見事な演出だ。

『刑事コロンボ／構想の死角』が映像スタイルの点で、後のスピルバーグを決定づけた作品であるならば、翌一九七二年に放送された『恐怖の館』は、自分の生い立ちをそのまま描いたかのような、驚くほど自伝的でパーソナルな作品になっている（脚本は、後にブルース・リー主演の『燃えよ！ドラゴン』の監督として大ヒットを飛ばすロバート・クローズ）。

悪霊にとりつかれた屋敷を購入した一家の悪夢を描く『恐怖の館』は、後のプロデュース作品『ポルターガイス

『激突！』

© 1971 Universal Studios. All Rights Reserved.

ト』の前身のような作品だ。しかしそれ以上に、天真爛漫な母と仕事第一で家庭に寄り付かぬ父、十歳くらいの長男にまだ幼い妹という家族設定は、スピルバーグ家そのものである。

その長男が悪霊につれさられようとする物語は、少年時代のスピルバーグの恐怖そのものを体現しているようだし、その長男が玩具の蜘蛛で幼い妹を怖がらせて喜んでいるなど、苦笑せずにいられぬ場面にも事欠かない。しかもその長男の名は「スティーブン」なのだ！　失踪した長男を探す母親が、「スティーヴィ！　スティーヴィ！…スティーブン！」と何度も絶叫するシーンがあるが、本人はそれをどんな思いで演出したのだろう。

これらＴＶシリーズの評判そのものは、よかったり悪かったり。ユニバーサル社内では、時に「シャインバーグの金喰い虫」と揶揄され、そのストレスから一時休職願いも出したという。しかし、この青年に賭けたシャインバーグの直感は見事に当たる。ＴＶ映画『激突！』で前例のない評価を手に入れるのだ。ここから映画史の興行記録を塗り替え、まだ二十にもならぬ若さで世界にその名と顔を知られることになる『ＪＡＷＳ／ジョーズ』の誕生まで、ほんのあと二年である。スピルバーグは子どもの時からすでにスピルバーグだったのだ。

［**参考資料**］
・Joseph McBride“Steven Spielberg：A Biography”(University of Mississippi Press) 2010
・Molly Haskell“Steven Spielberg：A Life in Films (Jewish Lives) 2018
・リチャード・シッケル著『スピルバーグ その世界と人生』大久保清朗・南波克行 訳（西村書店、２０１６）
・南波克行 編著『スティーブン・スピルバーグ論』（フィルムアート社、２０１４）
・渡辺達也＋フィルムアート社編『映画を撮った35の言葉たち』（フィルムアート社、２０１７）
・スーザン・レイシー監督『スピルバーグ！』２０１７米
・『ブリッジ・オブ・スパイ』20世紀フォックス・ホーム・エンタテインメント・ジャパン 特典映像
・“60minutes” ２０１３年1月10日放送スクリプト http://www.cbsnews.com/news/spielberg-a-directors-life-reflected-in-film/（最終アクセス２０１８年10月22日）

『未知との遭遇』はドラマチックなアドベンチャー・ストーリーだ

インタビュアー
原田眞人
Harada Masato

仕掛け人は間違いなく『ゴッドファーザー』だった。

それ以前は、39年製作の『風と共に去りぬ』とか65年の『サウンド・オブ・ミュージック』の年輪を刻んだ興行記録が、エンターテインメントの王座――興行収入ナンバー1を争っていた。

それが、72年に出て来たマフィアものによって、一朝一夕に破れ去ったのである。

しかも、この『ゴッドファーザー』の成功を背負って立ったのは弱冠三十三歳のフランシス・コッポラ監督。これは若い映画作家の作品が興行力・大衆性と結びつくという、ハリウッドにとって画期的な事件だったわけである。翌73年にはジョージ・ルーカス（当時二十九歳）の『アメリカン・グラフィティ』が歴代ヒット作のベストテン入りし、さらにはウィリアム・フリードキン（当時三十四歳）の『エクソシスト』が『ゴッドファーザー』に肉迫するデモニッシュ・パワーを誇示している。

75年になると、二十七歳のスティーヴン・スピルバーグが監督した『ＪＡＷＳ／ジョーズ』が、封切り以来三ケ月にして全米・カナダの興行記録をぬりかえトップに立つというすさまじさ。

そして今、77年の夏、史上最高の動員数を記録して活況を呈する夏の全米興行において、圧倒的な強さを見せている『スター・ウォーズ』がどうやら『ＪＡＷＳ／ジョーズ』の記録を破りそうなのである。

その『スター・ウォーズ』を、文字通りノートに書きなぐったグラフィティ（落書き）の段階から育てあげたのが、ジョージ・ルーカス。

さあ、こうなるとハリウッドの巨大なショー・ビジネス機構はありとあらゆるフリー・ダムを、名のある若手映画作家に与える。

コッポラ、フリードキン、ルーカス、スピルバーグ、マーティン・スコセッシ、ブライアン・デ・パルマ、ジョン・ミリアス、皆二十代後半か三十代の若手ばかり。

77年のクリスマスになると、既にニュー・パワーの長老格であるコッポラが、製作期間二年（日本風に『構想』などという実態のつかぬ数え方をすれば、十年）、製作費二千二百万ドル（約六十億円）の『地獄の黙示録』を引っ下げ登場すれば、未だ二十代に属するスピルバーグは、製作期間二年、製作費千六百万ドルの『未知との遭遇』をもって戦列に加わるという具合。

ゴジラ対メガロンのダイナミックなスケールと、ワールド・チェス・マスターを争ったアレーキン対カパフランカの智の攻防、はたまたゴールド・メダリストの座を競った楊伝廣対レイファ・ジョンソンの肉体の躍動——これら全ての興奮をゴッタ煮にしたものが、エンターテインメントの王座争いであると宣言しても、嘘にはなるまい。そんな闘争の英雄スティーヴン・スピルバーグを、七月の暑い午後、バーバンク・ステュディオに訪ねた。報道管制を敷いて製作を続けた『未知との遭遇』も今ようやく77年クリスマス公開のゴールが見えてきた。特撮の最終段階に入っており、まだあと3ヶ月ほど、スティーヴンのスーパー・ビジィな日々は続くのであるが——。

インタビューに使ったのは、同作の製作者マイケル＆ジュリア・フィリップスのオフィス。彼自身のオフィスはこのステュディオではなく、ユニヴァーサルにおいてあるそうだ。

部屋の壁にフィリップスチームが製作したヒット作『スティング』の香港版ポスターがアクセントをそえている。巷では『未知との遭遇』の封切権をめぐって全米各地の館主が競り合い、そのギャランティだけで、二千四百万ドルの高値を記録しそうだとか。配給のコロムビアは宣伝に六百万ドルかけるとか、器の話題は派手に飛び交っているが、さて中味の方は、スティーヴン、どこまで秘密のベールを脱いでくれることやら・・・

「サイ・ファイではない」

原田｜『未知との遭遇』はもとはポール・シュレーダー（『タクシー・ドライバー』の脚本家）のアイデアだったときいたんだけど。

スティーヴン・スピルバーグ（以下S・S）｜ノー。ぼくのオリジナル・アイデアで、第一稿をポールに頼んだわけ。73年だった。出来あがってみたら、ぼくが考えたものとストーリーも違うしキャラクターも異なっている。それで、自分自身で書き直し、五稿重ねて、最終稿になった。

原田｜なぜ、最初から自分で書かなかったの？

S・S｜『ジョーズ』を撮っているときだったし、『JAWS／ジョーズ』が終わったらすぐ『未知との遭遇』の撮影を始めたかったんだ。それと、ぼくは脚本などでも複数でアイデアを出し合いながらまとめて行くのが好きだし、結局、『ジョーズ』から解放された74年暮になって脚本を書き始めたから、撮入も大幅に遅れてしまった。

原田｜この映画を作りたかった基本的なアイデアというのは、簡単にいうとどんなことなのかな?

S・S｜あ・・・・ぼくが作りたかったのは、世界各国のＵＦＯに関する推論（スペキュレーション）を基調にしたフィクション。ＵＦＯを興味本位に取り上げるんじゃなくて、シリアスに取り組んでみたかった。それと、現代人を巻き込んでいく大変ドラマチックなアドベンチャー・ストーリーを構築してみたかったということかな。というのは毎年、幾千もの人々が夜空に輝く発光物体を目撃しているわけでしょ。そういう科学的に解明されないオブジェクトとクロース・パーソナル・エクスペリエンス（密接な個人的体験）、つまりクロース・エンカウンターを持つ現代人が増加しているという現実がある。

原田｜なるほど。それじゃこの映画はハリウッド製の偉大なオマージュ映画ではない、と。

S・S｜違う。全く違うね。これはあくまでぼく個人の見解なんだが、この映画はサイ・ファイ（サイエンス・フィクション）ではない。ＵＦＯの存在が証明されていないんだから、サイエンス・ファクトとは呼べないし。ただ、何ものかが空を飛び交い、我々を観察しているということに関しては素直に認めたいんだ。それでまあ、ネーミングを考慮するなら、フィクションともファクトとも違うサイエンス・スペキュペーションの一語に、ぼくは固執したいんだな。

原田｜タイトルの『第三種クロース・エンカウンター』の意味は?

S・S｜現在、民間人としてアメリカ最高のＵＦＯ権威とされているＪ・アレン・ハイネック博士が、その著書「UFO EXPERIENCE:A SPACE INQUIRY」の数章をさいて段階別クロース・エンカウンターの説明をしているんだが、これによると、第一種は発光物体の目撃、第二種は目撃とそれに伴なう着陸の痕跡など物的証拠。そして第三種クロース・エンカウンターはＵＦＯの住人（オキュペンツ）との物的接触となっている。これをタイトルとして借用し、ハイネック博士自身にも映画の技術顧問として協力してもらった。

原田｜ＵＦＯに初めて興味をもったのはいつ頃?

S・S｜八歳のとき。御多分にもれずＵＦＯに関する文献を読みあさり——。そもそも（とソファの上であぐらをかき）、ぼくが生まれたのは47年、レニアー山（ワシントン州）を越えて飛ぶ円盤群（ディスク）を目撃したケネス・アーノルドが初めて「フライング・ソーサー」の新語を使った年なんだ。五十年代初めから六十年代にかけて、ＵＦＯ目撃の数は増え政府の報告書が作成され・・・だから、ＵＦＯ問題の発展にともなって、ぼくは成長したようなものさ。

原田｜ＵＦＯがルーツなんだな。（笑）

S·S｜そうだね。十五、六歳のときに、ぼくは八ミリで正統的なサイ・ファイ映画"Firelight"を作っているし。ぼくのライフスタイルはＵＦＯだったな、ビートルズやサーフィンの代わりにね。

原田｜その八ミリ作品には何か特別な音楽をつけたの？

S·S｜あれは、幾つかのサントラ・レコードから盗んだ音楽だったと思う。例えば、『大脱走』、それから『白い恐怖』かな。

原田｜『ファイアライト』は『未知との遭遇』の核なんだろうか？

S·S｜あ、それは、それは、そいつは……つまり、その映画はぼくのエキサイトメントの創生でもあった、と。時間が経つのも忘れてひとりで夜空を眺めている、そんな段階での宇宙への興味でね、とても無邪気なアプローチだったと思う。『未知との遭遇』はリアルな、おとなの観察だから――。

「自由な人の側に立つ」

原田｜『ＪＡＷＳ／ジョーズ』製作中にＵＦＯものを次回作に選んだわけだけど、『ＪＡＷＳ／ジョーズ』以前には取り組めなかった企画？

S·S｜そうだなあ、『ＪＡＷＳ／ジョーズ』があれだけ成功しなかったら、メージャー・スチュディオはぼくの企画に千六百万ドルもポンと出さなかったかもしれない。ぼくがＵＦＯものを撮りたかったのは長年の夢だったし、『ＪＡＷＳ／ジョーズ』製作中にその次回作を決めたのは思いつきじゃないね。

原田｜マイケル&ジュリア・フィリップスのチームにこの製作をまかせたのはどうして？

S·S｜映画界に有能なプロデューサーは少ないよ。仕事こそ一緒にしたことはなかったが、個人的に彼らを好きだったし、有能な製作者チームだと敬意も払っていた。自ら製作しないでもないが、製作・監督するってことは事実上不可能だ。監督するってことは、万物に愛情を注ぎ込むことだから、その創造力をフルに発揮するために、ぼくには製作者という名の責任分担者が必要なんだな。殊に、トラブル以外のなにものでもなかった『ＪＡＷＳ／ジョーズ』のあとだろ、痛切に有能なプロデューサーの必要性を感じていた。しかし、まあ、結果から言えば、この作品でも『ＪＡＷＳ／ジョーズ』と同等の辛苦をなめたがね。

原田｜では最も意外なキャスティング、フランソワ・トリュフォーの起用はどういう理由で？

S·S｜深夜のインスピレーションといったらいいかな。このフランス人科学者の役にはジャン＝ルイ・トランティニャン、フィリップ・ノワレ、イヴ・モンタンあたりが妥当ではないかと漠然と考え、その線で交渉も進めていたんだが、それこそある晩突然、この役に欠かせないものは、聡明であると同時に、少年っぽさ、それも熱中したらとことん突き進んでしまうようなところじゃないかと閃いたんだね。このイメージは『野性の少年』と『アメリカの夜』で印象に残っていた演技者トリュフォーにぴったり重なったんだ。それで翌朝パリのトリュフォーに電話を入れて、ザッツ・イット。その場で決めちゃった。

原田—彼の役は英語のセリフばかり？

S・S—英語のセリフもあるけど、殆どフランス語。通訳としてボブ・バラバンの役がある。

原田—『真夜中のカーボーイ』のホモ少年か。面白い組み合わせだな・・・・。ちょっと古い話になるけど、二年前かな。『ＪＡＷＳ／ジョーズ』封切り直後にスティーヴンにインタビューしたとき、こんなことを言ってたのをよく憶えている。「ぼくの作品の主人公たちは、目の前に壮大な障害物を見出したときに、まわり道をせず、まっすぐに進み、これを踏み倒し乗り越える方法を選ぶ。映画はひたすら彼らが「征服者」になっていくプロセスを追うのであって、彼らが打ち倒したものは何だったのか、それは観客ひとりひとりがイメージする問題なのだ」と。『激突！』で四十トンタンク・ローリーと戦ったデニス・ウィーヴァー、『続・激突！カージャック』の法と戦ったヒロイン、ゴールディ・ホーン、あるいは母性と戦ったウィリアム・アザートン、『ＪＡＷＳ／ジョーズ』のロイ・シャイダーと言う具合に、ここまではスティーヴン自身が主人公の側に立って「壮大な障害物」に、立ち向かっていたような印象があるんだね。あなたの「障害物」はハリウッド・メージャー・システムという感じ。それが『ＪＡＷＳ／ジョーズ』のスーパー・サクセスでいっぺんに変わってしまった。スティーヴンの企画なら誰でもノルし、文字通りいくらでも出す。あなた自身が、ハリウッドという大海の支持棒みたいなものになってしまった。こんなことから想像すると、『未知との遭遇』では、スティーヴンはＵＦＯのオキュパントの側に立って、地球人の不可解なおごりを描くのではないか、そんな気がするんだけどね。ＵＦＯがルーツだし。（笑）

S・S—（きっぱりと）『未知との遭遇』では、ぼくは自由な心をもち、どのような出来事をも受け容れられる人々の側に立つ。敵も味方もないんだ。もし、敵があるとすれば、それは頑迷にＵＦＯを否定する連中。言い換えれば、「この映画はインチキだ」と吐き出す連中さ。（笑）

原田—映画のクライマックスはどんなものになるのか、説明してもらえるかな？

S・S—クライマックスは三十五分間続き、大変ヴィジュアルで、まこと騒々しい、と。そんなもんだね、言えるのは。（笑）

原田—ガードが固いなあ。それでは、——と。そのクライマックスは製作のどの段階で撮影されたの？

S・S—最終段階。

原田—なぜ？

S・S—特撮が多くて困難なパートだったから。これはでも失敗だったね。特撮では妥協を強いられる部分がすごく出て来る。先にドラマ部分を撮影したんで、下手に妥協すると絵がつながらなくなるし。この点が問題でね。結局、二年近くを特撮に費やすハメになっちゃった。これは悪夢だよ。その悪夢がまださめていない。次回作の『1941』では特撮部分から撮影を始めるつもりだ。

「電気仕掛けの『雲』だ！」

原田｜『1941』はあとでふれるとして──。インドでも撮影したそうだけど、これは何のシークエンス？

S・S｜謎ときの一つ。フランス人科学者ラコームが世界で起きた様々のクロース・エンカウンターを調べていく、その一つの過程だね。

原田｜ということはクライマックスの三十五分に突入するまえは、ミステリーの要素が濃厚？

S・S｜そう。アドヴェンチャー・ミステリーだね。主人公はインディアナに住む電気工事夫ロイ・ニーリィでね、これがリチャード・ドライファス。彼は家族もちでテリー・ガーが女房をやってるんだが、女主人公はニーリィ家の隣人で若後家ジリアン・ギラー。この役は六ヶ月かけて有名・無名を問わず四百人の女優にインタビューし、その結果、メリンダ・ディロンを選んだんだ。『ウディ・ガスリー／わが心のふるさと』のラフ・カットを見てね。これだ、と思った。彼らのクロース・エンカウンターが、それをあくまで大衆から隠し通そうと画策する政府の干渉と対立するように、抗しがたい内的感情の高まりによってワイオミングの原野に導かれていく。その一方でUFO現象を探り、そのオキュパンツとのコミュニケーションを求めるラコームも、調査の結果をもとにワイオミングへ──。そこでビジュアルで騒々しいクライマックスが三十五分続き、そして最終にステートメントの部分がある。そんな流れだね。

原田｜ふむ……。特撮監督は『2001年宇宙の旅』のダグラス・トランブルなんだけど、特撮効果は準備段階で彼と打合せしてデザインされたわけ？

S・S｜ダグを雇うまえに、ぼくは殆ど全ての特撮プランを決めて、美術監督のジョー・アルヴス（『ジョーズ』と同じ）にスケッチを描いてもらった。それをダグに見せ、彼の天才はスケッチの実用化・技術化に発揮されたわけだ。

原田｜どんな特撮があるのか全て教えてもらいたいとこだけど、そこはこらえるから、一つだけ喋ってくれないかな？

S・S｜ムム・・・・（しばらく考え、というより計算中のコンピュータのような音を発し）たったひとつ言えることは、我々は現在「雲」の製造工程にある。

原田｜雲？

S・S｜そう。稲妻を走らせ、雨を降らす、電気仕掛けの「雲」なんだ。これ以上はダメ。（笑）

原田｜音が騒々しい、って言ってたけど、サウンド・エフェクトは、無論、特別ないたずらをしてるんでしょうね？　それと音楽は？

S・S｜音楽の方から答えると、これは『ＪＡＷＳ／ジョーズ』、『スター・ウォーズ』のジョニー・ウイリアムズ。壮大な、それでいて散文的なものだね。エフェクトは殆どが新発明だよ。現在、実験中なんだけど、基本的には幾つかのエフェクトを合成して一つの音を作る。例えば、風の音ひとつ作成するには十五から二十の音を合成してるんだ。

原田｜『２００１年宇宙の旅』では特撮が約九十ショット、『スター・ウォーズ』では三百六十三ショットといわれるけれども、『未知との遭遇』は？

S・S｜約二百の異なった設定による特撮ショットがある。それもクライマックスの三十五分間に百五十ショットを集中させているんだよ。

原田｜特撮を自分でデザインしたと言っていたが、これは何か文献を参考にしているわけ？

S・S｜まったくのインスピレーション。

原田｜じゃあ記憶に残っているＳＦもののアイデアなど、借用していない？

S・S｜借りてはいないと思うね。ぼくはブラッドベリを中心にサイ・ファイの古典はよく読んだけれども、アップ・デートなＳＦには弱いし、ＳＦ小説のファンとはいいがたい。サイエンス・フィクションについてぼくの考えは、例えばドン・シーゲルが監督した『ボディスナッチャー／恐怖の街』(56)あれだな。あるいは『ウエストワールド』(73)、『禁断の惑星』(56)、そのあたり。『スター・ウォーズ』はサイエンス・フィクションじゃなくてスペース・オペラだし。サイエンス・スペキュレーションというのは『２００１年宇宙の旅』(68)と同系列ということだね。あるいはＨ・Ｇ・ウェルズ原作を映画化した『来るべき世界』(36)もこれに含めていいと思う。ぼくはアップ・デートなＳＦ小説に弱いと同様音楽も今日的なロックは駄目でね。クラシック一辺倒。最近になってやっとビートルズを発見したんだから。（笑）

原田｜『未知との遭遇』の観客はＵＦＯのオキュパンツを目撃できる？

S・S｜ム・・・（例のコンピュータサウンド）。こう言おう。あなたがたがこの映画で見るものに満足することを望むだけです。

原田｜つまり、「自由な心」の持ち主だったら満足するわけだな。

S・S｜そうだ。（笑）オープン・マインドな人たちなら満足できる。

「日本語をならうんだ」

原田｜次回作の『１９４１』についてだけど、これは『ジャップが攻撃した夜』の改題？

S・S｜イエス。マリブ沖に日本の潜水艦が浮上して、マリブ、サンタモニカの住民がパニックに陥った一九四一年のある夜の出来事を描いたコメディだよ。『おかしな、おかしな、おかしな世界』(63)に近い、活劇の面白さで見せるコメディなんだ。製作費は『JAWS／ジョーズ』と同じ八百万ドルで、特撮はミニチュアの潜水艦や飛行機を使う。

原田｜この作品を選んだ動機は？

S・S｜ぼくを椅子からころげ落した初めての脚本だったから。(笑)文字通り、ね。USC(南カリフォルニア大学)の二人の学生によって書かれた脚本で、読んでみたら最高におかしい。昔からコメディは作りたかったしね。それもウディ・アレンやニール・サイモンとはまったく異なったコメディの世界。この脚本を読んだときに、これこそぼくの企画だと思ったね。とにかく、ラストには日本人が勝つし、いいシナリオだよ。(笑)

原田｜そうだ、スティーヴンの日本びいきは有名だったね。週に四日は必ずスシを食べるんだろ？

S・S｜本当なんだよ。食べ始めは八年前だ。当時のガール・フレンドがね、ハリウッドのインペリアル・ガーデンのスシ・バーへぼくを引っ張って言って、食えと言うだろ。アリゾナのフェニックス生まれだから、基本的に海産物ファンではなかったわけ。で、一口食ってみたら、これがぼくの味覚にぴったりなんだな。大感激でね。それ以来八年間、一週四度の割でスシを食いつづけ。よく行くのはインペリアル・ガーデンとリトル・トーキョーの東京会館なんだ。『未知との遭遇』の宣伝で、二月には必ず日本へ行くからね。そのためにこの秋から、UCLAの日本語クラスに通うつもりだ。

原田｜最後にひとつ。あなたはジューイッシュだし、ハリウッドは実質的にジューイッシュ・コミュニティ。これは失礼な言い方かもしれないけれど、この街で成功するには、ジューイッシュであることが第一条件かな？

S・S｜それはカソリックが食いもどしの匂いがするというのと同程度の神話じゃないかな。答えはノー。ロバート・エヴァンス(『マラソン・マン』、『ブラック・サンデー』のプロデューサー)のようなゴール人でもジューイッシュなみの成功はできるのさ。

スティーヴン・スピルバーグの趣味はチェスだそうである。最近、コンピュータを備えたエレクトリック・チェス・マシーンを彼は買った。周知の通り、チェスにおいては、人間はコンピュータに勝つことはできない。だから、そのマシーンを買ったのだとスティーヴンは言う。「いつか勝ってやるさ」とも。

(「キネマ旬報」77年11月上旬号より再録)

自分たちの歴史、祖先の苦しみを私の魂こめて作った映画『シンドラーのリスト』で子どもたちに語り伝えようと思った。

インタビュアー
成田陽子
Narita Yoko

ユダヤ人としての誇りがこの映画を作らせた

スピルバーグの表情は、いつも穏やかで周囲の現象に対して、視察し、聴き、味わい、消化すると言う受身の姿勢ばかり、とり続けている。外に向かっては、ほとんど何も発散しないようだ。この人が、あのダイナミックな『ジュラシック・パーク』とか『未知との遭遇』を作った人かと疑ってしまう。モゾモゾと居心地の悪そうな態度で、自分の話をし始める。

「十年前に原作を手に入れてから、休みなく映画化の方法を考え続けていた。しかし、十年前の私は興行成績とか、誰からも好かれる映画作りの方に関心があった上に、厳しい現実を見つめる勇気に欠けていた。だから、その時、もし作ったとしたら、ふやけた、甘っちょろい、センチメンタルな映画にしてしまっただろう。今ごろになって、やっと私は金のこと、人がどう思うか、といったことが気にならなくなった。これも子供を持ったせいにちがいない。今、妻（ケイト・キャプショウ）の子供をふくめて、子供が五人いる。彼らが自分たちの歴史、祖先の苦しみ、ホロコーストについて聞いてくるときがきたら、私の言葉で語るより、私の魂をこめて作った映画で語り伝えようと考えた」

いつも真剣な人だが、今回は真剣度に加えて、全身で、自らの思いを訴えてくるようだ。

「私の父は、かなり成功したコンピュータの専門家だったから、住む家はいつも、クリスチャン、いわゆるワスプ住宅地にあり、近所にユダヤ人家庭は全くなかった。子供のころからユダヤ人の友だちは一人もいなかったし、学校では何かとつまはじきにされ、一人で家の中の遊びばかりしていた。でも内心はいつもクラスの人気者になりたかったし、みんなと同じようにクリスマスやイースターを祝いたかったが、私の家族は敬虔なユダヤ教徒だったから、それもかなわなかった。という訳で、私は長いこと、自分がユダヤ人だということにあまり誇りを持っていなかった。今、四十六歳になって初めて白状するのだが、これが私の『シンドラーのリスト』の映画作りに対する強い動機になったのだ。ユダヤ人としての誇りが突き上げてきたから、85年に私自身、まずユダヤ教に再び入信し、子供たちにもユダヤ教を学ばせている」

「家ではいつも両親がホロコーストの話を異様な執念を持って語っていた。八人の親族が東欧の収容所で殺されている。祖父母も両親も、ユダヤ人そのものに対して悲しんだり、同情したりする態度は全く見せず、ひたすらナチやヒットラーに対しての激しい怒りばかりを見せていた。この怒りの爆発の中で育てられたため、ホロコーストは私にとって日常生活の一部になってしまったほどだ」

スピルバーグが怒りの中で育ったという事実は、かなりショックである。

「実際に収容所へ行った人はこの映画を見たくもないというのはよく分かっている。ただ、若い人たちに見て欲しい。アメリカの高校生の二十三パーセントのみがホロコーストについて聞いたことがあると答え、二十パーセントは、そんな事は、あり得ないと否定し、六十パーセント近くはホロコーストという言葉さえ知らないというのが現状だ。だから私は映画館主に対し、高校生と教師のために平日午後一時ごろの上映を無料にするようかけ合っている」


撮影中はひとりの子孫としてホロコーストを実体験した

――白黒のシャープな画面の中で、一シーンだけ赤いコートの女の子が出てきますが、あれは何を強調しているのでしょう?

「あのシーンは、シンドラー自身の証言で、ユダヤ人集団の中に、真っ赤なコートに靴をはいた少女がいて、視覚的に際立って目立っているにもかかわらず、現場の当事者たちは色など全く見えないかのように無視している——という人間が恐怖の状態にさらされた際の選別意識をスクリーンの上で見せようと試みたのだ。真っ赤な色も見えなくなる。という印象的な記憶のノートだった」

スピルバーグは撮影中の激情を語り続ける。

「普段、我々は撮影をスタートする時、アクションと叫ぶ。これがユダヤ人たちには忌まわしい記憶を呼び起こすことを知った。ユダヤ人たちのゲットーに侵入してくるSSたちは、「AKTION!」と叫ぶのだ。この例に限らず、今回の撮影中、私は自分が監督という立場を忘れ、ホロコーストという凄惨な出来事をひとりの子どもとして実体験していたようだ。何故なら自分が何をしていたか思い出せない日が続いていたからだ。ユダヤ人になったエキストラは、ほとんどポーランド人なのだが、彼らは衣裳だと知っていてもSSの制服を見ただけで身体中をこわばらせる。実は私も日頃の家庭教育のせいで、ナチの制服を見ると自動的に拒絶反応を起こしてしまい、俳優が着ているだけだと理性では分かっていても、彼らが助言を求めに来たりすると妙に気張って、つっけんどんに応対したりしたこともある。ところが過ぎ越しの祝いの日に、ドイツ人のエキストラとユダヤ人の連中が寄りそって祝いをはじめた。双方が歩み寄ってね。胸に迫る光景だった。それ以来、私のわだかまりも溶けて、ナチの制服に反応しなくなった。私にとっても意外な精神療法になった訳だ」

そういって、スピルバーグは例の穏やかな目でほほえんだ。今のところ、シンドラー症状に襲われ、次の予定の『マディソン郡の橋』の話など、とても出来ないと頭をふっていたが、けっこうこの飽和状態を満喫している様子も伺えた。

（「キネマ旬報」94年3月上旬号より再録）

スピルバーグと外国語

篠儀直子
Shinogi Naoko

The theory of the filmmakers

雑誌「ユリイカ」二〇〇八年七月号のスピルバーグ特集で、わたしは『キャッチ・ミー・イフ・ユー・キャン』(2002)について書いた。主人公フランクは両親の離婚によってフランス出身の母親と別れ、数々の詐欺行為を働いたのち、母親の出身地であるモンリシャールで、大勢のフランス人警官に逮捕される。抵抗の意思のないフランクに対して警官たちの振る舞いはいささか乱暴にも見え、逮捕現場に居合わせたFBI捜査官カールの言葉も、まったく聞き入れられている様子がない。数年後、カールはマルセイユの刑務所で、フランクが非人道的にも見える処遇を受けているのを発見する。これを受けてわたしは次のように書いた。

一連のこうした光景を見せられると、ある疑問がわいてくる。いったいフランクにとっての「フランス」とは何なのか。ルーツのひとつであるというのに、「フランス」は彼をいっさい受け入れず、抑圧し、牙をむくことしかしないのか。(……)問題は「フランス」ではなく、「外国語」という文脈に対するスピルバーグ映画一般の姿勢であるととらえるべきなのかもしれない。(138-39)

論考の終盤になってようやく指摘したこの「スピルバーグにとっての外国語」という論点は、少なくともその存在については、論考のもっと早い時点で言及しておくべきだったと思う。なぜなら、このテーマをスピルバーグは繰り返し取り上げているのだから（異星人との接触も、このテーマの延長線上にあるだろう）。ましてやこの論考でわたしは補助線として、英語をまるで解さない外国人がＮＹの空港に取り残される物語、『ターミナル』（04）も取り上げている。そして実際、わたしが放り出して終わったこの論点を、まるで拾い上げ救出するかのようにして、五年後に南波克行は、『スティーブン・スピルバーグ論』（フィルムアート社）所収の見事に網羅的な論考、「スピルバーグとコミュニケーション」をものしているのだった。この論考は、「スピルバーグのすべての作品に共通するテーマ」が「コミュニケーション」であると正しく指摘し（１８９）、いくつかあるコミュニケーション様態のひとつとして「外国語」を取り上げている（同じ本に収録された、斎藤英治「文芸作家としてのスピルバーグ――教育のテーマが結実するまで」も、「外国語」のテーマと深く関連する議論を展開しているので、ご興味のある方は参照されたい）。

南波のこの論考を含め、多くのところで指摘されているとおり、スピルバーグ作品における最大の恐怖は、言葉の通じない相手が問答無用で襲いかかってくることである。『激突！』（１９７１）しかり、『ＪＡＷＳ／ジョーズ』（75）しかり、『ジュラシック・パーク』（93）しかり、『宇宙戦争』（２００５）しかり。この文章の冒頭で言及した『キャッチ・ミー〜』の逮捕シーンで、英語によるカールの訴えをまるで聞き入れずにフランス人警官たちが暴力的に振る舞うとき、われわれが戸惑いや不安や反発を感じるとしたら、それはこの恐怖の縮小版に遭遇しているからでもあるだろう。一方で、言葉の通じない相手による暴力ではなく、疎外が強調されるケースもある。この系譜に属するのが言うまでもなく『Ｅ．Ｔ．』（１９８２）であり、『ターミナル』ももちろんそうだ。拉致されて不法に奴隷として売られそうになったアフリカ人たちが、蜂起して奴隷船を乗っ取り、たどり着いたアメリカ合衆国で事情もよくのみこめないまま裁判に巻きこまれる『アミスタッド』（97）の物語は、両方の要素を兼ね備えていると言えようか。

「言葉が通じない」ことは、程度の差こそあれ物語に緊張関係をもたらす。だから、その種の緊張関係や衝突（および／またはそれらの克服）を物語が必要としないとき、スピルバーグは、外国語を話していて当然のケースであってもそうさせない。『戦火の馬』（２０１１）の（モブ以外の）登場人物が、ドイツ兵であってもフランス人市民であっても全員英語を話すのはそのためだ。では外国語によって緊張関係や衝突がもたらされるとき、画面上で

『キャッチ・ミー・イフ・ユー・キャン』

TM & ©2002 DREAMWORKS L.L.C. ALL RIGHTS RESERVED.
©2012 DW Studios L.L.C. All Rights Reserved.

は実際何が起こっているのか。南波論文を踏まえてさらに一歩進み、スピルバーグ作品における「外国語」のテーマについて、各場面に即して具体的に考えていくことが本稿の目的となる。

学習、恭順、抵抗

フランス人警官たちに言葉を届けることができないまま、問答無用でフランクを連れ去られてしまった『キャッチ・ミー～』のカールは、数年後にマルセイユの刑務所を訪れたときは、どうにか意思の疎通に成功する。映画では冒頭近くに位置するこのシーンで、彼は、やはりあまり英語をわかっていないとおぼしきフランス人たちに対して、根気強く英語で話しかけつづけるのだった。その結果、流暢とは言えないまでもある程度英語のできる人間に取り次がれ、フランクとの面会を果たす。相手の言語を習得しなくとも、状況によっては誠意で何とかなるというところか。

だが、同じトム・ハンクスが演じていても、『ターミナル』の主人公のヴィクターはカールのようには行かない。彼の出身国であるクラコウジア（架空の国）はたぶん小国だから、クラコウジア語は非常に話者の少ない言語だ。だから（という言葉で済ませていいとは思わないが）通訳は見つからず、そのうえ国境警備局主任は断固として英語しか話さない。それでも主任に彼なりに意思の疎通を図ろうとして、ポテトチップスの袋をクラコウジアに見立てて状況を説明しようとする（興味深いことに、これは『アミスタッド』で弁護士のボールドウィンが、アフリカ人のリーダーであるシンケから出身地を聞き出そうとするシーンの反復のように見える）。けれどもこのディスコミュニケーションは長くは続かない。ヴィクターが驚くべき才を発揮して、生活していくのに不自由のない英語力をやがて自力で獲得するからだ。これは必要に迫られて達成した偉業であり、英語はヴィクターにとって生き抜くための道具である。

同じことは、『太陽の帝国』（一九八七）で日本兵に片言の日本語で話しかける、ジム（ジェイミー）少年にも言えるだろうか。英国に住んだことがないため英国人としての意識が希薄で、日本軍の戦闘機や飛行兵にあこがれている彼にとって、日本語を覚えることはむしろ楽しいことだったかもしれない。だが一方で、かつてジムは、屋敷の使用人たちの言語である中国語を決して学ぼうとしなかった。これについて南波は次のように述べる。

> 相手の言葉を学ぼうとしない場合、それは後の『アミスタッド』に通じるように、相手を奴隷として見下しているということだ。（198）

まさにそのとおりだろう。そのことの反省からか、あるいはそれとは関係なく日本軍へのあこがれからか、片言ながら日本語を話すようになったジムは、飛行機への愛を自分と共有する日本の少年兵と、心をかよわすようになる。やがてジムの片言の日本語は、米軍の爆撃に怒り狂って「報復」しようとする日本軍将校から、収容所内の病院の患者たちを救うことになるだろう。ジムが日本語を身につけたのは、過酷な収容所生活を生き抜くための「叡智」、「生きる知恵」だったと南波は言う（197-98）。これまた結果的にはそのとおりだろう。この映画においてジムにとっての外国語たる日本語は、友情を育てる手段にもなれば、サバイバルの道具にもなる。その意味でヴィクターにとっての英語と、とても似ているように見える。

　だが、南波の非常にすぐれた論考が、言い落としていた点がひとつある。ある言語の話者と他の言語の話者とのあいだに、権力の不均衡があった場合どうなるか、互いが支配―被支配の関係にあった場合どうなるかという点だ。その場合、被支配者が支配者の言語を習得することは、恭順の身振り、服従のしるしにもなりうるだろう。そして病院を日本軍将校から守ろうとするとき、まさにジムは恭順の身振りとして日本語を使うのである。将校が英国人医師に暴力を振るうのを止めに入ったジムは、「ナニカノマチガイデス、ボクタチハミナトモダチデスヨネ？　センソウノセイデス」と言い、縁側で日本風に土下座する。このときキャメラは極端に低い位置に置かれていて、ジムの姿はやや仰角でとらえられる。土下座は西洋人にとって極めて屈辱的な行為のはずだが、このアングルと、ジムを輝かせるように当てられた照明のせいで、彼の姿にはある種の英雄性が付与されている。二度目はそうは行かない。上海時代から知り合いの悪党、ベイシーが将校に暴行されるのを止めようとしたジムは、再び「ナニカノマチガイデス」と言って土下座するのだが、この手はもう通用しない。正しくも画面はこのと

『ターミナル』

TM & ©2004 DreamWorks LLC. All Rights Reserved. TM & ©2014 DW Studios L.L.C. All Rights Reserved.

き、ジムを見下ろすアングルになっている。恭順の身振りはもはや尊重されず、見下されるだけだ。

これとは反対に、メンデ語話者である『アミスタッド』のシンケが、恭順の身振りとして英語を使うことはありえない。しばしば誤解される点だが、合衆国滞在中に彼は、周囲の米国人が何について話しているのか何となくわかるようにはなるようだけれど、きちんとした英文を積極的に口にすることは、この映画で観るかぎり決してない。ジョン・クインシー・アダムズともボールドウィンとも、複雑な事柄に関しては最後まで通訳を介して話す。英語を口にするのは二回だけ。そのひとつはボールドウィンと別れる際の「Thank you」であり、もうひとつは地方裁判所で叫ぶ（文法的には破綻している）「Give us, us free!」である。

さてその「Give us, us free!」だが、このシーンの演出は、観る者に異様な印象を与えずにはおかないだろう。打楽器による単調な音楽が焦燥感を高めようとするように鳴りつづけ、シンケの表情と、シンケの目にするもの（傍聴席の人々、検察官の動き、証人台に立つ英国人将校の軍服の細部、傍聴人の持ち物の細部、検察官の表情、英国人将校の表情……）とがひたすら切り返しでとらえられる。シンケの呼吸は乱れ、顔には大粒の汗が流れる。やがて絞り出すようにシンケは声を漏らす。Give us free. それは叫びへと変わる。制止も聞かず、シンケは叫びを繰り返す。Give us free! Give us, us free! それは何かがシンケに「降りてきた」かのような瞬間だ。突然のことに、仲間たちも法廷の米国人たちも彼を見つめるしかない。一様に呆然としているように見えるが、そこにはさまざまな感情がこめられているだろう。ある者たちは熱い思いや共感が自分のなかにわき上がるのを感じたろうし、ある者たちは不可解な事態に当惑し、おそらくは恐怖すら感じていたかもしれない。このときシンケにとっての英語は、主張するための道具であるのみならず、敵を圧倒する武器にさえなるのだ。

英語を母語としない者から絞り出された英語のフレーズが、優位にあった者の立場を脅かすという点で、このシーンはまた、別の映画のある印象的なシーンとも連結される。『ターミナル』で、ヴィクターがロシア人旅行者の通訳をするシーンがそれだ。ヴィクターはロシア語話者ではないが、クラコウジア語とロシア語が近いため、通じるのではないかと――米国人の役人はそう考えたわけだが、実際通じたとはいえ、何ともふざけた発想である――急遽通訳として連れてこられたのだった。旅行者は、書類の不備のせいで、病気の父親に届ける薬を没収されそうになっていた。ヴィクターは彼を救おうと、思案の末、薬は父親ではなくヤギのためのものだった、自分が訳し間違えたのだと（英語で）警備局主任に言う。だが彼の機転は旅行者には伝わらず、旅行者は薬を置いて連行されていく。ヴィクターはなすすべもなく彼をじっと見つめている。するとその瞬間、あのときのシンケと同様に、旅行者に何かが降りてくる。そこから先はそのままシンケの反復だ。「Goat...」と旅行者はつぶやく。そして顔を上げ、大声で叫ぶ。「Medicine for goat!（ヤギのための薬！）」クラコウジア語からロシア語へ、そして英語へと言語が直感的につながって、状況をひっくり返し、優位にあった者を打ち負かす。

見えているということ

ところで、『アミスタッド』のなかで最もわたしの印象に残っているシーンのひとつは、ボールドウィンら、アフリカ人を救おうとする者たちが、メンデ語の通訳をできる人間を港で探すシーン、さらに正確に言えば、その人間が登場する瞬間である。ボールドウィンたちは、メンデ語で1から10までをどう数えるかだけを暗記して、港でアフリカ系の人を見つけては、その人の前でひたすら数字を唱えている。すると、かたまって話をしていた英国海軍の兵士たちのなかから、というよりも見えていなかった奥のほうから、軍服姿のアフリカ系の若者がすっと進み出る。それこそが通訳を務めることになる人物、ジェイムズ・コーヴィーだ。

シーンの焦点となる人物が、隠れていたところからするりと魔法のように登場するというのは、スピルバーグが得意とする演出のひとつだが、ここはとりわけ見事に演出されている箇所だと思う。もうひとつ興味深いのは、この演出が場面の持つ意味とぴたりと呼応しているように思われる点だ。というのは、この瞬間がまさに、英語話者にとって漠としてつかめないものであったメンデ語の世界が、英語とメンデ語の両方を操る者の登場によって、くっきりとした輪郭を持って浮上する瞬間であるからだ。

そしてまた、この映画のなかで漠としてつかめない存在として表現されていたのは、メンデ語話者であるシンケたち自身でもあった。冒頭シーンを想起されたい。ファーストショットは、闇のなかで得体の知れないものがうごめいているとしか言いようのないものだった。ときおり稲光に照らされて、だんだんとそれが人間であること、

『アミスタッド』

TM & © 1997 DreamWorks LLC. All Rights Reserved. TM & © 2014 DWStudios L.L.C. All Rights Reserved.

鎖につながれたアフリカ人の姿であることがわかってくる。やがて合衆国到着後、シンケたちがいる獄舎を訪ねてきたボールドウィンが、地面に図を描きながら、どこから来たのかとシンケに問う(先ほど『ターミナル』との類似を指摘したシーン)。するとシンケは、ここまでの道のりの長さを表現するために、ボールドウィンが想定していたよりもずっと遠くまで歩いて行ってから、ボールドウィンのほうに向き直る。そのとき彼の姿は、霧のなかに隠れてしまっている——アフリカは霧の彼方に、ボールドウィンからも観客からも見えないところにある。さらにその後、地方裁判所でいったん自由を勝ち取りながら、最高裁で裁判がやり直しされることになったとボールドウィンが伝えに来たとき、理不尽さに憤ったシンケは、西洋の衣服を脱ぎ捨て、燃えさかる炎を背景に屹立する。彼の姿は真っ黒なシルエットになる。冒頭の闇のなかへ、われわれの視認できない場所へ、再び戻ってしまったかのように。

だがわれわれはここではっきりさせておかねばならない。仮にこの映画でシンケたちが「見えないところから出てきた人たち」として表現されているように思えたとしても、彼らは最初からそこにいたはずなのだ。見えないと思うのは見る側の問題であり、そもそも映画は何かを「見えるようにする」媒体である。

だから英語も、メンデ語も、日本語も、ロシア語も、クラコウジア語も、どれかがどれかを覆い隠してしまうことはない。どれかが、あるいはどれかの話者が、優位に立っているように見えたとしても、それは必ずと言っていいほどくつがえる。スピルバーグが「外国語」を作品のなかに取り上げるとき、生起するのは、対等な立場で戦われるそうした闘争の場である。

［引用文献］

篠儀直子「キャッチ・ミー！」『ユリイカ』(二〇〇八年七月号)132〜39。

南波克行「スピルバーグとコミュニケーション」南波編『スティーブン・スピルバーグ論』(フィルムアート社、二〇一三)188〜210。

作品論｜01

『激突！』『未知との遭遇』

激突と遭遇

佐々木敦　Sasaki Atsushi

『激突！』（1971）と『未知との遭遇』（77）を一緒に論じてくれというのが頂いた注文である。なぜこの二作なのかは聞いてないのでわからない。その理由を推察せよというのがお題ということなのかもしれない。

というわけで、すごく久しぶりに観直してみたのだった。まずはその率直な感想を述べ、それからこの二本から導き出される多少の考察を書いてみることにする。

『激突！』は日本語タイトルで、原題は「Duel」である。決闘。ちなみに『続・激突！／カージャック』（74）の原題は「The Sugarland Express（シュガーランド急行）」であり、しかも内容は『激突！』の続編ではない。それはともかく、私は『激突！』をおそらく三十数年ぶりに再見したのだが、観つつ思っていたのは「こんなにもシンプルな映画だったのか！」ということだった。私たちの世代だと『警部マクロード』で有名なデニス・ウィーヴァー演じるサラリーマン（その境遇はどこかアーサー・ミラー『セールスマンの死』を思わせる）が、ハイウェイで何の気無しに追い越した大型トレーラーに延々と付け回される、というのがストーリーだが、本当にただそれだけの映画なのだ。いや、申し訳程度に主人公デイヴィッド・マンが夫婦間の問題を抱えた妻と電話をするシーンや、彼が道中で出会うひとびと（その多くは今で言うところのプアホワイトだ）の姿が描かれていたりはするのだが、この映画にはサブストーリー的なものは一切なく、上映時間九十分のほぼ全部がデイヴィッドとトレー

『激突！』

© 1971 Universal Studios. All Rights Reserved.

ラーの対決（Duel）に費やされている。

より細かく言えば、最初デイヴィッドはトレーラーの敵意（?）に気付かない。しかしあまりにも後方に接近してくるので次第におかしいぞと思い始め、そもそも相手がノロノロ走ってたから追い抜いただけなのだが、それが気に入らなかったのかと思って道を譲って先に行かせる。しかしトレーラーは前方で停車してデイヴィッドの車を追い越させ、また露骨に追尾してくる。明らかに故意に追突されて異常を認識したデイヴィッドはどうにかやりすごそうとするが、トレーラーはますます狂気の様相をあからさまにしてくる。逃げようにも商談先のカリフォルニアに向かうためにはこのハイウェイ以外に道がない。デイヴィッドはあの手この手でトラブルを解決しようと試みるが、どうにも打つ手がなくなり、もはや完全に命の危険に晒されるにおよび、遂にトレーラーとの決闘（Duel）に臨むことになる。

周知のように、この作品はリチャード・マシスンの短編小説が原作なのだが、映画化にあたって監督スピルバーグはシナリオも手掛けたマシスンとともに小説に幾つかの変更を施している。その最大のポイントは、トレーラーの運転手の素性を完全に隠してしまったことだ。原作ではデイヴィッドは「敵」の顔を見ているし、名前も知ることになる。ところが映画ではトレーラーの運転席にカメラが向けられても影になっていて顔は見えず、全編を通して画面に映るのは謎のドライバーの腕や靴ぐらいのものである。その結果、映画ではトレーラーそれ自体がまるで生き物、一匹の猛獣でもあるかのような印象を醸し出す。これは監督スピルバーグの狙いであったに違いない。要するにモンスターであり、つまりこの映画のトレーラーは次に撮られてスピルバーグの決定的な出世作となる『JAWS／ジョーズ』（75）の巨大ザメの原型なのだ、とはよく言われることである。

それはもちろんそうなのだが、それ以前にこの変更には重要な効果がある。それはこの映画の物語の抽象度を上げる、という効果である。言い換えるなら、この変更によって、『激突！』という映画は、いわゆる「人間ドラマ」から（原作よりも）更に遠ざかっている。

一本の道がある。脇道もありはするのだが、それはあくまでも「脇道」であって、とにかく目的地に向かうルートは一本しかない。デイヴィッドの車も、トレーラーも、基本的に同じ方向に向かって走っている。面白いのは、この映画がカーチェイスを見せるものではない、ということである。この映画には抜きつ抜かれつ的な描写はほとんどなく、それどころか二台が並行して走る場面さえ存在しない。デイヴィッドの車をA、トレーラーをBとしよう。あるのはただ、二つのパターンのみである。すなわち「A↑B」か「B↑A」。もちろん「B↓A」や「A↓B」の部分もあるのだが、それは「A↑B」と「B↑A」を交換する際に必要とされるだけであり、この映画に内在するベクトルはひとつきりである。九十分の間に「A→B」と「B→A」が何度か入れ替えられる。より精確に言うと「A→B」がほとんどであり、また再び「A→B」に戻るためにのみ「B→A」が要請されている。

指摘しておきたいのは、「A→B」が「B→A」になる際には、BがAを普通に抜き去った結果としてそうなるのではなく、Aが速度を落としたり停止することによってそれが起こるということ、同様に「B→A」が「A→B」に戻る場合も、AがBを再び追い越すのではなく、Bが停止したりUターンしてきたりすることでそうなるのだということである。この意味でAとBの関係はチェイス（追跡）とはまるで異なる。だから「激突」なのである。私はこの邦題は悪くないと思う。原題の「決闘／対決」を踏まえて「激突」というのも面白い。実際、この映画が終わるためには、ほとんど論理的な必然として、「A→B」でもなければ「B→A」でもない状態、すなわち「A⇄B」にならなければならない。それこそが「Duel」ということであるからだ。

ギリギリまで追い詰められて覚悟を決めたデイヴィッドは、殺人トレーラーに決死の闘いを挑む。大きさも重さも懸け離れた二台の車は、文字通り激突する。むろんAがBを押し返すことなどあり得ない。Bはこれまでと同じベクトルを維持しつつ、今度はAの背中ではなく頭を押しつつ突進する。つまり一方向のベクトルが双方向になった瞬間に、この映画は結末を迎えることになるのだ。

追う者と追われる者という構図は、西部劇以来のアメリカ映画の定型のひとつである。逃げる者と追いかける者。約三十年後に撮るスピルバーグは、このパターンを何度となく採用してゆくことになる。そのプロトタイプが『激突！』である。それは極めて抽象的な発想によっており、映画の内容を単純な図で示すことさえ出来そうである。しかし肝心な点は、この映画が九十分もあるということである。「A→B」⇄「B→A」が「A⇄B」になったら終わりということは最初からわかっているのにもかかわらず、スピルバーグはその変換式の実行を引き延ばし、遅延させる。今回、再見してあらためて感じたのは、この映画にスピード感がほとんど感じられない、むしろ緩慢にさえ思える、ということだった。むろんそれは、その後に山程撮られてきたカーチェイスを売りとする映画の加速ぶり（例：「ボーン」シリーズ）を見慣れてしまったからということもあるのだろうが、それだけではなく、スピルバーグのやりたいことは最初からそこにはなかったのだ。

さて、ここでもう一本の『未知との遭遇』に話を進めよう。私はこの日本語タイトルと同じ題名の本を書いたことがあるのだが、映画をちゃんと観直したのはやはり随分と久々のことだった。こちらの原題は「Close Encounters of the Third Kind」。第三種接近遭遇。公開時の宣伝で盛んにこのワードが喧伝されていた。

ちなみに第一種がＵＦＯを至近距離で目撃すること。第二種がＵＦＯに何かをされること、そして第三種がＵＦＯに乗ってきた何ものかと接触すること、である。『ＪＡＷＳ／ジョーズ』で大ヒットを飛ばしたばかりのスピルバーグの新作ということで、当時としても大変に盛り上げたプロモーションがなされていた。同時期のジョージ・ルーカス『スター・ウォーズ』とともに全世界にＳＦ映画の旋風を巻き起こした作品だが、二作のテイストは全然違う。『スター・ウォーズ』は宇宙を舞台とする活劇、いわゆるスペースオペラだが、『未知との遭遇』はいかなる意味でも活劇ではない。『ＪＡＷＳ／ジョーズ』の明快さを期待した観客は戸惑いを隠せなかったのはないか。これはタイトルそのまま、ただ「ＵＦＯがやってきて中から宇宙人が出てくる」までをつぶさに物語るだけの映画なのだから。

　再見してみて、これは一種の実験映画なのではないか、とさえ思った。複数のヴァージョンがあるが、上映時間は一三〇分台から一四〇台の間に収まっている。単純計算で『激突！』の一・五倍、『ＪＡＷＳ／ジョーズ』は一二四分なので、それよりも長い。巨大サメが人を喰い、最後には退治される『ＪＡＷＳ／ジョーズ』も実にシンプルな映画だが、『未知との遭遇』は別の意味で驚くべき単純さを纏っている。スピルバーグの天才は、間違いなく他の監督なら「第三種接近遭遇」の「後」を描くはず（むしろ「後」から始めて「遭遇」は省くことさえあり得るだろう）のところを、そこをゴールに設定した、ということである。『激突！』が「激突＝対決」に至った途端に終わってしまったように、こちらも「未知との遭遇＝第三種接近遭遇」が果たされたところでエンディングを迎える。

　ここで地球人をＡ、宇宙人をＢとしよう。この映画は「Ｂ→Ａ」の、最初は片鱗を散発させ、中盤からはあからさまに見せていく。そしてラストで「Ａ→Ｂ」が加わることによって「Ａ⇄Ｂ」となる。つまり、やはり一方向が双方向になると終わるのだ。『激突！』と

『未知との遭遇』

©1977, RENEWED 2005 ©1980 COLUMBIA PICTURES INDUSTRIES, INC. ALL RIGHTS RESERVED.

同じなのである。そこまでの時間をひたすら遅延させてゆくところもよく似ている。つまり二作とも「事件＝出来事」が起こるまで、の映画なのだ。

この発想は、繰り返すが非常に抽象的なものであり、スピルバーグ映画のほとんど総ての雛形と言ってもいいような気もする。単一のベクトルが双方向になるまでのプロセスを引き延ばしてゆくこと、これがスティーヴン・スピルバーグの映画の基本モデルなのであり、そのことは最初期のこれら二作を観ることでも確かめられる。まあ、もちろん例外はあるわけですが。

『続・激突！／カージャック』『タンタンの冒険／ユニコーン号の秘密』『レディ・プレイヤー1』

Sugarland Expressは「輝きへの道」だった

切通理作
Kiridoshi Risaku

スティーヴン・スピルバーグの劇場デビュー作『続・激突！／カージャック』（The Sugarland Express）の冒頭、黒バックに、これはテキサスで実際に起こった事件を元にしている……という字幕が出る。

筆者は今回の原稿を書くにあたって、自らに再発見を促すため、若き日の初見以来、何回目かの鑑賞をしたのだが、この冒頭で早くも「気づき」があった。

スピルバーグは、ファンタジーやジャンル映画の作家から始まっているように思っていたが、実は、『シンドラーのリスト』や『ミュンヘン』などのような、実話をもとにした映画化というのを、既にデビュー作ではじめていたのだな……と。

デビュー作にはその作家のすべてがあるといわれる。『続・激突！／カージャック』を観るたびに、私はその時点での近作を含む、スピルバーグの作家性について新たな発見をした気になる。

黒バックの冒頭スーパーが空けてすぐに写し出される、橋を渡るヒロイン。比較的近作の『ブリッジ・オブ・スパイ』に連なる、境界線を渡ろうとする主人公の、最初の行動が「映画監督・スピルバーグ」の始まりを告げている。

主人公若夫婦の、子どもに会えなくなる理由が、手続き上の行き違いという「個人対システム」の構図の中で捉えられている点は、まさにスピルバーグの主人公の「戦い」のはじまりをも示しているかのようだ。

『続・激突！／カージャック』

© 1974 Universal Studios. All Rights Reserved.

システムから逸脱してしまうこの男女。夫の方は妻のそのかしで脱獄し、二人は成り行きで警官を人質に逃亡劇。またその渦中で銃撃戦すら演じる羽目になる。すべては子どもに会いに行かんがため、

パトカーの追っかけに描写の多くを捧げるこの映画は、邦題にあるようにスピルバーグの前作であるテレフューチャー『激突！』（テレビ放映後追撮してヨーロッパ、日本で劇場公開）の「カーアクション主体の映画」というかたちを受け継いでいるが、同時に、インディ・ジョーンズの連作や、それと自覚的な相似形を成す『タンタンの冒険／ユニコーン号の秘密』、あるいは『１９４１』にも連なる、「永遠に続くかと思われる追っかけ劇」「そこに付随する破壊」こそが映画の本体である……という姿勢を再認識させる。スピルバーグの映画では、それ以前は鈍重さこそが魅力だと思われていた古代の恐竜さえ、走る（『ジュラシック・パーク』）のだ。

処女作において、逃亡の旅の途中、フト一息付けた場所で見た無音のカートゥーン・アニメで描かれる「墜落」。自らのデッド・エンドを重ね合わせたのか、子どもに返ってアニメに擬音を付けはしゃいでいた無邪気さから一転、暗然とした表情になる夫。このくだりは、のちの製作総指揮作品『ロジャー・ラビット』での「アニメの主人公は決して死なない」ことがまさにトラウマになるありようを予見している。ファンタジーと現実との境界を観客に暗示させている。むろんこれは『インディ・ジョーンズ／最後の聖戦』における、不死の聖杯を手にするのか、崖下に落ちて死ぬのかという究極の選択ともつながっていく。

また、このパトカージャックの犯罪を冒したカップルが、子どもに会えない夫婦だと知った大衆が、彼らを支持するために声援を送るお祭り騒ぎっぷりは、『レディ・プレイヤー１』における、バーチャル世界を独裁者から守るために戦う少年少女たちに味方する多くの人々を思わせる。だがスピルバーグは、主人公に寄せる民衆の

『続・激突！／カージャック』

© 1974 Universal Studios. All Rights Reserved.

革命的盛り上がりに、一時期焦点を当てるが、それでお話をしめくくることはしない。あくまで物語を個人に返していく。

それどころか、スピルバーグ本人はこの処女作に言及する時、若夫婦をおだてて過大に祭り上げる民衆こそが悪役ではないかという発言すらしている(『スピルバーグ　その世界と人生』リチャード・シッケル著)。考えてみれば、民衆の蜂起的感情は、彼自身がその血を引き継ぐ、ユダヤの人々への排除の感情の盛り上がりとも表裏一体だ。ここにはスピルバーグの「大衆」に対する距離がうかがえる。それを『シンドラーのリスト』における、モノクロ映像の中の赤いコートの少女の存在をめぐるスピルバーグの発言に結びつけるのも可能であろう。スピルバーグは、〈誰にでも見えているのに手も触れられない少女の存在は、ユダヤ人虐殺のことを誰もが知っていながら、有効な手立てを打とうとしなかった〉象徴であると語っている(前同書より)。

それぞれ別個の原作や企画成立事情はあれど、それらすべてに対し「これは私のための物語だと思った」と創作の動機を語り、自分の物語にカスタマイズしてきたスピルバーグの血と肉は、処女作からすべての作品に流れている。

虚構と現実を往還し、壁をブチ破る主人公

そして今回の処女作鑑賞で改めて気付いた最大のポイントは、クライマックスに至る展開で、夫こそ死に至るものの、若夫婦の妻の方は、逮捕後わずか15ヶ月で釈放され、引き取ることが出来た我が子と一緒に暮らしている……という最後のスーパーの存在であった。

筆者はそれまで、この意味合いをあまり大きく考えてこなかった気がする。若者が体制に押しつぶされていく物語という点で、ニューシネマの尻尾を引きずっているとも思われる『続・激突！／カージャック』だが、その割には「救い」を持たせたしめくくりに感じ、若い頃の視聴時は中途半端に感じた記憶がうっすらとある。

だがいまこのラスト・メッセージに遭遇すると、違った感慨を覚える。これは「救い」ではなく「乗り越え」なのではないか。

『シンドラーのリスト』『ターミナル』『キャッチ・ミー・イフ・ユー・キャン』他多数の作品に連なる、境界線に阻まれながらそれを乗り越えてきた主人公の、最初の一人が、本作のヒロイン、ルー・ジーン(ゴールディ・ホーン)であったことが、私の中でより明確になったのである。

このスーパーの持つ、それまで同じ映画で描かれていた次元との「飛躍」はどうだ。死んだ夫クロヴィスに罪が押し付けられたことは想像できるとはいえ、ルーはどうしてそこまで刑が軽くて済んだのか。前科があると言うだけで親失格の烙印を押されていたのに、あれだけの事件を起こすというさらなる負荷がありながら親権を取り戻すことが出来たのはなぜか？

その経緯としては、世間の人々が彼らに同情したとか、追う側の警部たちの恩情的な助力があったからなど、いろいろなプロセスが想像できる。『ブリッジ・オブ・スパイ』のトム・ハンクスや、『アミスタッド』のアンソニー・ホプキンスのような、法をテクニカルに意訳し、その本来の公正さに血肉を通わせる人物の存在も、あるいはあったのかもしれない。

だが、それらは映画では一切すっ飛ばされている。答えは、たった一つ。「これは事実を元にした映画だから」。

この突破点一つで、壁はブチ破れる。映画は「現実」すらも利用して、観客のバッド・エンド感を超克する。

『タンタンの冒険／ユニコーン号の秘密』はまさに「壁をブチ破れ！」という精神のみによって支えられた活劇映画であった。

古典的な児童読み物から抜け出てきた少年タンタンは、設定上孤児であるが、画面上はいかなる背景もまとわせず、また精神的動機付けも描かれず、話の始まった時点から「少年であり探偵」という属性を持っているが、その属性はいつ、どのようにして培われたのかという説明も皆無である。

彼はただ、遭遇した出来事によって当たり前のように好奇心を触発され、聖杯探しという目的を疑わず、いかなる危険もものともしないで、目の前の謎を解き、立ちはだかる障壁を乗り越えんとする。

冒険を共にする相棒たる酔っぱらいの中年男・ハドック船長はそれとは真逆に、現実の自分には否定的な風情である。どうせ自分になんかなにも出来やしないと思っている。

未来のある少年の無謬なる冒険心と、酒浸りでやる気がなく未来もない中年男。このあまりに極端な表裏関係。

しかし、この中年男は、先祖のフランソワ・ド・アドックが海賊だったという発奮材料がある。そこに「立ち返った」時、彼はいかな

『タンタンの冒険／ユニコーン号の秘密』

© 2011 Paramount Pictures.

る困難にもおそれず立ち向かう堂々としたふるまいの出来る男になっているのだ。

現実には、見上げた大人は力強く万能に感じられ、自分自身はまだまだ庇護される存在であることを自覚せざるを得ないというのが、多くの人間の少年時代だと思えるのだが、ここではそれが逆転している。

子どもから見た、力強く逞しい存在が「父」であるとするなら、これは、象徴的な意味での「父」になれなかった男が、子の世代と冒険を共にすることで、己の人生を取り返していく物語だともいえる。そして子の世代は、父がいないということにすらまったく無自覚なのである。いないのだから喪失感情も持ちようがない。彼は彼自身として充足しているからこそ無敵だ。

そして筆者が重要だと思えるのは、ハドック船長にとっての「海賊時代」というのは、彼の「過去」ではなく、先祖の人生（劇中に「前世」という言葉も登場する）であるということだ。生身で培ってきた経験知ではなく、自分自身がそこに「気付く」だけで、劇的に人格が塗り替わる。

近作『レディ・プレイヤー1』の主人公である少年ウェイド・ワッツもまた、現実に生きながら、バーチャルな空間と行き来するフィードバック・ループたる属性を持っている。彼もまた孤児だが、そのことに思い煩う描写は見られない。引き取られた叔母の愛人から手痛い仕打ちを受けても、自らが耽溺するもう一つの世界「オアシス」の創造主（つまり象徴的な父）たるトマス・ハリデーの生き方をたどることで、聖杯を得る契機とする。彼の努力もまた、内面的な発現のみに注がれている。金もなくバーチャル世界を泳ぎ回るための装備も不十分なワッツは、あらゆるスキルを持ったゲーマーや企業によって訓練された者たちよりもその「気付き」が上回ることによって、勝利するのだ。

象徴的な父トマス・ハリデーが公から消去していたのは、オタクゆえ愛する女性にもう一歩踏み込めなかったという過去。つまり「現実」に踏み出せなかった後悔だ。ハリデーは生涯独身だった。

親のいない「子」と、子を持たない「親」。前者が現実からバーチャル、後者がバーチャルから現実に向かう時、両者は立ちはだかる「壁」をぶち破るための共働者となる。その時、子の世代の横に居るのは、戦う少女アルテミスだ。彼女はあのルー・ジーンの転生ともいえるかもしれない。

「輝き」の前で「改心」したのはなぜか

『レディ・プレイヤー1』の主人公であるワッツ少年は、『続・激突！／カージャック』でのルーの夫クロヴィスのようには、立ちはだかる壁にぶつからないで死なずに済んだのはなぜか？　「原作がそうだからだ」と言ってしまえばそれまでだが、スピルバーグがその結論にどうやって導いたのかをみていきたい。

オアシスの独占をもくろむ大企業ＩＯＩ（イノベイテブ・オンライン・インダストリーズ）社長ノーラン・ソレントは、あらゆる手段を用いてもワッツにかなわないため、ついに自ら銃を持ち、リアル世界で彼に狙いを定める。だがソレントは引き金を引こうとして、出来ない。聖杯「エッグ」をゲットしたワッツの手の中の「光」に打たれたかのように、彼は退いてしまうのだ。

本作の仇役たるソレントの、この一瞬の怯み、改心は何によるものなのか？

その答えを一つに限定するのは野暮だろう。

だが私は、スピルバーグの処女作『続・激突！／カージャック』との何度めかの再会で、そのキーになるものを見つけた気がした。まるでトマス・ハリデーのアーカイブからキーを探し出すワッツ少年のように。

『続・激突！／カージャック』の主人公は、これまで述べてきた通り、ルーとクロヴィスの若夫婦であるが、もう一方の主人公は、「人質」として彼らと同行する羽目になる若き警官と、警察の事件担当として、彼らと時に無線で対話するタナー警部。つまり「追う側」である。

若夫婦が逃避行の最中に、スーパーの特典であるゴールド・スタンプを集めているのを見たタナー警部は、その無邪気な幼稚さに呆れながらも、思わず微笑を浮かべてしまう。この瞬間、自分が追っている「犯人」の行動が邪気のない、童心そのものに見えてくるのだ。だからタナー警部は、彼らを射殺する計画を進めながらも、一方でそのことに抵抗を感じている。

『レディ・プレイヤー1』で「追う側」であるソレントが、ワッツ少年を撃つのをためらったのは、ソレントにとっては実利の追求の象徴であった「エッグ」が、この一人の少年にとって「童心」そのものであったことに気づいたからではないだろうか。どんな悪人でも、自分の「童心」を躊躇なく撃ち抜くことなど、出来はしない。

『レディ・プレイヤー1』

写真：Everett Collection／アフロ

『続・激突！／カージャック』のタナー警部にしても、最終的にクロヴィスを死に至らしめ、ボロボロになったルーを逮捕する結果になった時、ほろ苦い思いに包まれてしまうのだ。追う側の警部は、追われる側に対して、体制につく者として保護管理する立場……つまり象徴的には「父親」の役割も担うことになる。タナー警部の抱くほろ苦さは、社会秩序は守れたが、この未成熟な若者たちの父親役にはなれなかったというほろ苦さだったのかもしれない。

対して、『レディ・プレイヤー1』のソレントは、自らが、オアシスの創造主ハリデーを乗り越えようとする……つまり「父親殺し」を目的とする男である。自分の意見が生前のハリデーに採り入れてもらえなかった彼は、自分こそが代わって権力を握るべきだと思っている。

だがそのソレントが、「エッグ」を手に入れんとしている少年に銃を向け、生殺与奪を握る側になった時、その相手の「童心」に触れ、自らの父性に目覚めたとはいえないだろうか。父殺しをしようとしていた男が、父親の視点に目覚めるということは、つまり自分はもう父になっていると気づくことだ。もはや自分は父殺しを目指す必要はない事を悟り、彼は銃を下ろしたのではなかったか。

そう捉えることが出来る心理的傍証として、筆者は『インディ・ジョーンズ／最後の聖戦』のクライマックスを挙げたい。

果たして父と子はいかにして分かり合うのか。それは、同じものを見つめているお互いを了解し合った時だろう。インディは考古学者の父が家庭を顧みない男であったことに屈折した思いを抱いていたが、この映画の中で聖杯の探索という同じ目的の冒険を共にすることで、かつて心に空いた穴を癒していく。だが父は、息子と心を通い合わせたかと思った次の瞬間、もう踵を返し、目的の方に顔を向ける。映画はこの繰り返しを描いていく。

そして最後に、崖から落ちそうになったインディが、片手で父の手に捕まりながら、もう片方の手で不死の聖杯を拾おうとした時、父は「もういいんだ」と息子に語り掛ける。

下に落ちて死んでしまうという現実と、不死の聖杯という夢。その境界を視野に収めることの出来た父親は、ここで息子に生きることを選択させる。

生きることを選んだ息子に、父は、自分の冒険の真の目的は「輝き」を見る事だと告げる。そして地平線の向こうの大きな夕陽に向かって走る馬に乗る父子の姿が、その輝きの中に溶け込んで、映画は終わる。

かつて『未知との遭遇』のリチャード・ドレイファスは、妻子を残して「輝き」の向こうへ去っていってしまった。だがここでは、輝きを輝きとして心に宿した二人が、いままさにまばゆい光の中にあることを、観客に告げ知らせるのである。

時に人を排除しても己の欲望を果たす力の象徴となる「輝き」が、同時に、人と人の垣根を乗り越える「輝き」ともなる。スピルバーグの映画は、そのことを描き続けているのだと思う。

作品論｜03

『JAWS／ジョーズ』『BFG:ビッグ・フレンドリー・ジャイアント』
子どもたちの世界へ

大寺眞輔
Ohdera Shinsuke

『JAWS／ジョーズ』
©1975 UNIVERSAL STUDIOS. ALL RIGHTS RESERVED.

テレビ映画として製作された『激突！』などで評判を呼んだスティーヴン・スピルバーグは、『続・激突！／カージャック』で長編劇場用映画デビューを果たした。ハリウッドで話題の新鋭監督となった彼が、次に引き受けた企画が『JAWS／ジョーズ』だった。現代アメリカ映画のレジェンドともなったこの作品は、公開された一九七五年当時最大のヒット作であり、現在に至るまでハリウッドのビジネスを根本的に変容させてしまった映画でもある。「あご」を意味する言葉「Jaws」がサメ映画の代名詞として流通するようになったのは、その巨大なムーブメントの小さな一エピソードに過ぎないだろう。そしてこの全体を動かすエンジンとなったのが、恐怖というプリミティヴな感情である。『JAWS／ジョーズ』とは、海洋版『激突！』であり巨大なモンスターが非合理に襲いかかる映画だが、その根源には海や水に対する自らの恐怖が存在していた、とスピルバーグは述べている。彼は子どもの頃から泳ぎが苦手で、水に対して常に恐怖を拭いがたく感じていたとのことだ。

『JAWS／ジョーズ』はもちろん単に恐怖を描いただけの作品ではない。人食い鮫が出たにもかかわらず、観光収入のため海開きを強行する市長（マレイ・ハミルトン）や、しぶしぶそれを黙認する警察署長ブロディ（ロイ・シャイダー）からは、七〇年代初頭にアメリカを揺るがした、ウォーターゲート事件に連なる政治的腐敗の影を認めることが可能だ。また、自分の子どもたちにさえ強く命令することが出来ないブロディの弱々しい姿からは、父性や男性性の衰退という、典型的なスピルバーグ的主題を読み取ることもできるだろう。一方、七四年に刊行されベストセラーとなった原作では、ブロディの妻エレン（ロレイン・ゲイリー）が海洋学者フーパー（リチャード・ドレイファス）と浮気しており、フーパーはラストでサメに食い殺される。ここに見いだせるのは古典的モンスター映画に顕著な道徳律である。だが、浮気もせずラストで生き残る映画版のフーパーは、こうした前時代的要素を払拭したものだと言えるだろう。

　スピルバーグが消したのは物語の道徳的側面ばかりではない。彼は映画の大半においてサメの姿さえ消し去っている。プロデューサーたちからこの映画の企画を持ちかけられた時、彼が提起した唯一の条件は、冒頭から一時間はサメの姿を見せないというものだった。見えるサメより見えないサメの方が恐ろしい。爆発する爆弾ではなく、爆発しない爆弾によって観客の緊張を高めること。それは、典型的なヒッチコック・スタイルだと言って良いだろう。実際には、撮影のために用意された機械仕掛けのサメの模型（ブルースという愛称で呼ばれた）が海水の中でしばしば故障したため、当初のプラン以上にサメを隠す必要が生じたとのことである。いずれにせよ、大金を投じて作られたサメの模型ではなく、水中の見えないサメを隠喩する桟橋の残骸や黄色い樽の方が、はるかに効果的に観客の心へと恐怖を植え付けていったのだ。サメの映像を隠すもう一つの手法である水中での主観カメラと、主としてその映像にかぶせられたジョン・ウィリアムズのアイコニックな音楽もまた、同様の効果を上げているだろう。

　近年、『ＪＡＷＳ／ジョーズ』成功の秘密を興行的側面から分析する研究が幾つか行われた。（註1）それによると、この作品は一九七五年サマーシーズンに公開され歴史的ヒットを収めたが、それまで映画界ではこの時期をむしろ閑散期と捉え、大予算を投じた注目作は年末に回されていたとのことだ。『ＪＡＷＳ／ジョーズ』で描かれるように、人々は夏休みにはビーチへと向かい、太陽が輝く季節に映画館で過ごす習慣はなかった。現在、映画会社はこぞってこの季節に大作を投入し、大きな広告キャンペーンを展開する。その原点に位置するものこそ、『ＪＡＷＳ／ジョーズ』の大ヒットであったのだ。だが、この映画はバカンス客の行動パターンを直接変えたのではない。むしろ、それまで映画界では等閑視されていた新しい観客層を発掘し、そのムーブメントを拡げていったと見るべきなのだ。その新しい観客とは、モールラットと呼ばれた、ショッピングモールにたむろする若者たちである。

　モールラットたちは、複雑なキャラクター描写や重層的物語構成よりも、ダイレクトに感性を揺り動かすＢ級映画特有の強い刺激を好む。鬱屈した日常の繰り返しの中で、何か新しい面白いものを求め、気に入った映画があれば何度でも繰り返し劇場に通う。そのための時間も膨大に所持している。彼らにとって、因果応報のような古典的道徳律は単なる厄介物でしかない。子ども時代の原初的恐怖に直接訴えかける『JAWS／ジョーズ』のシンプルさこそ、まさに彼らの最大の好物だったのだ。この映画の衝撃としてしばしば語られるオープニング・シークエンスは、こうしたモールラットたちの退屈な日常に暴力的に侵入してくる、非日常的で得体の知れない何かへの恐怖と期待を描いたものだと言えるだろう。まだ日も上がらない早朝、海辺にたむろして音楽と酒を楽しむ若者たちの中から、一組の男女が抜け出していく。先に海の中へと入った金髪女性に対し、男は波打ち際で服を脱ぐのに手こずり、そのまま眠りこけてしまう。若者たちにとっての日常的な風景は、しかし、突然奇妙に非人間的な動きをはじめた女性の映像によって、根源的に変容させられてしまう。暗い水面下の見えない何かによって暴力的に振り回される彼女は、やがて水中に引きずり込まれ、後にはブイの立てる音だけが静かに残される。後年『イット・フォローズ』が見事にその要点を抽出して見せたこのシークエンスの魅力とは、退屈に反復される日常に突然侵入し、残酷に変容させてしまう子ども時代の原初的恐怖そのものであった。

凡庸な風景の中に暴力的に回帰する子ども時代の恐怖にこそ『JAWS／ジョーズ』の大きな衝撃があったとして、スピルバーグがおよそ四〇年後に撮った『BFG：ビッグ・フレンドリー・ジャイアント』では、事態は全く異なった様相を見せる。確かに、この作品にもまた巨大なモンスターが登場するだろう。孤児院で育った

『JAWS／ジョーズ』

© 1975 UNIVERSAL STUDIOS. ALL RIGHTS RESERVED.

主人公ソフィー（ルビー・バーンヒル）は、いつものように一人孤独に夜更かしして本を読んでいた。ふとカーテンを開けた彼女は、通りの奥に巨大なＢＦＧ（マーク・ライランス）の姿を見つけてしまう。そして自らの存在を人間に知られることを怖れた彼は、ソフィーを巨人たちが住む国へと連れ帰るというのが、この映画のオープニングだ。なるほど、この美しい物語の導入部は『ＪＡＷＳ／ジョーズ』と構造的に類似していると言えるだろう。だが、孤独な夜の相棒としてソフィーの足元にまとわりつく一匹の猫は、通りで巨人が倒すゴミ箱に驚いて逃げ去っていく猫たちの映像をあらかじめ準備している。巨人の登場は慎重に計画され予告されたものであり、むしろ願われたものでさえあるのだ。事実、ソフィーは夜中に外を見てはいけないと口にしながら、その警句と矛盾した行動を取る。彼女が発見する巨人の姿は、日常に突然侵入する驚きではなく、恐れや不安や好奇心、そして冒険心や勇気などがないまぜになった、子ども時代の不定型なときめきと輝きが起動する瞬間そのものだと言うべきだろう。

原作を執筆したロアルド・ダールは、スピルバーグ同様、子ども時代の様々な不幸や恐怖を生涯トラウマとして抱え、同時に自らの創造的源泉ともした作家だった。だが彼の不幸はあまりに激烈であり、社会的成功によっては贖うことの出来ない暗い情熱やブラックユーモア、反社会的風刺精神によって彼の作風は特徴付けられていくことになる。ダールは女性差別主義者でありレイシストであり反ユダヤ人主義者でさえあったとしばしば指摘される。（註２）一見したところ、スピルバーグとは真逆の人物であるかに見える。そんな彼が、七歳になる娘を病気で失った悲嘆の中で執筆したのがこの児童文学だ。もともと二メートルに及ぶ身長を誇ったダールは、さらに竹馬に乗ってその姿を誇張し巨人を演じることがあった。子どもたちが眠る寝室を窓からのぞき込み、彼女たちに夢と恐怖がない交ぜになった子ども時代の美しい記憶を演出していたとのことである。ペシミズムの厚い殻とアイロニーの鋭い棘に隠された、ダールのこうしたピュアな心情をすくい取り、スクリーンへと移植することに成功したのは、脚本を担当したメリッサ・マシスンの功績が大きい。

ハリウッドで生まれ育ったマシスンは、両親の友人フランシス・コッポラの子供たちのベビーシッターをした経験から、彼が製作総指揮を務めた『ワイルド・ブラック／少年の黒い馬』で脚本家デビューを果たす。興行的には成功しなかった同作だが、スピルバーグは子どもたちへと向けられた温かい眼差しに深い感銘を受けたという。スピルバーグがはじめてマシスンと出会ったのは、後に夫婦となるハリソン・フォードと共に、彼女が『レイダース／失われたアーク《聖櫃》』撮影現場を訪れた時のことだった。『ＪＡＷＳ／ジョーズ』がもたらした巨大な成功によって、壮大なブロックバスター作品ばかりを求められていたスピルバーグは、当時、自分が本当に作りたい作品は何かと迷っていた。『未知との遭遇』で出会ったフランソワ・トリュフォーからも、子どもの眼差しから改めて映画と向き合うべきだとアドバイスされたとのことである。本好きで孤独な子ども時代を過ごしたマシスンの中に、自分と同じ魂を感じ取ったスピルバーグは、直ちに彼女に向かって一つの物語を語って聞かせた。それは、少年と友好的な宇宙人が心を通わせる物語だった。スピルバーグは彼女がそれを脚本化することを望み、こうして生まれたのが『E.T.』だった。

マシスンが変名で参加した『トワイライトゾーン／超次元の体験』中の一編を挟んで、『E.T.』と『BFG：ビッグ・フレンドリー・ジャイアント』はまるで双子のようによく似た二本の映画であるだろう。スピルバーグとマシスンという、子どもを愛し子どもの心を持った二人のクリエイターがタッグを組んで残した、たった二本の長編映画でもある。その魅力の核心は、人間よりも遥かに大きなBFGが、逆に巨人たちの国ではひときわ小さないじめられっ子だったというパラドクスにこそ存在する。人間の国と巨人たちの国で、それぞれマイナーな存在だったソフィーとBFGが出会い、サイズの違いを越えて心を通わせる。そして、互いに勇気を手にするまでの物語だ。勿論、BFGは俳優のモーションキャプチャを通じてスクリーン上にその動きを再生成されたCGだ。だが、物語の精神を最大限に尊重するため、実際の撮影現場においてスピルバーグは、ソフィーを演じたバーンヒルの視線の先に、必ず本物のライランスを配置したとのことである。バーンヒルは床の下で、ラ

『BFG：ビッグ・フレンドリー・ジャイアント』
© Everett Collection／アフロ

イランスは高い台の上でそれぞれ実際に演技し、視線を交わし合っていた訳だ。ＢＦＧは確かにファンタジーであるだろう。だが彼らの眼差しの交換は本物であり、それはスピルバーグとマシスンという二人のクリエイターの貴重な交わりにもつながっていく。メリッサ・マシスンは、『ＢＦＧ』の撮影が終了した二〇一五年に亡くなった。六十五歳だった。『ＢＦＧ』は彼女に捧げられた映画である。

註１：一例として、『ＪＡＷＳ／ジョーズ』公開四〇周年を記念してDe Montfort University Leicesterで行われた二〇一五年のシンポジウムにおいて映画研究者Peter KramerとSheldon Hallの二人によって、この作品が「最初のブロックバスター」であったとする説が再検証された。http://www.dmu.ac.uk/about-dmu/news/2015/june/film-academics-mark-40th-anniversary-of-blockbuster-jaws.aspx

註２：「Roald Dahl: A Biography」(Jeremy Treglown, Harvest Books, 1994)「Storyteller: The Authorized Biography of Roald Dahl」(Donald Sturrock, Simon & Schuster, 2010)などダールの伝記ではしばしば彼のダークサイドについても触れられている。彼の著作はあまりに「政治的に正しくない」記述が多すぎたため編集者によって毎回膨大に修正を依頼され、作品によっては完全に書き換えられたこともあったとのことだ。たとえば『ＢＦＧ』に登場するいじめっ子の巨人たちは草稿段階では黒人のカリカチュアであったとされる。反ユダヤ人主義については、彼自身が一九八三年のインタビューで次のように述べている。「ユダヤ人の性格には強い憎しみを抱かせる側面がある。どんなものであれアンチが存在するのには常に理由があるんだ。ヒトラーのようなクズでさえ、ユダヤ人を選んだのには理由があるんだよ。」(https://www.newyorker.com/magazine/2005/07/11/the-candy-man)

『1941』『ミュンヘン』
「見えない何か」と「ホーム」をめぐる闘争

黒岩幹子
Kuroiwa Mikiko

『1941』

© 1979 Universal Studios and Columbia Pictures Industries, Inc. All Rights Reserved.

「サメのことはそれほど怖いと思わなかった。怖かったのは水だ。そして海中にいる、目には見えない何かの存在だった」*。スピルバーグによるこの発言は、もちろん『JAWS／ジョーズ』についてのものだが、『JAWS／ジョーズ』のパロディ――同作のオープニングで海中にいる「何か」に襲われた少女が、今度は海中にいた潜水艦に突き上げられ、潜望鏡につかまって悲鳴を上げる――によって幕を開ける『1941』にも関わってくるものだろう。1941年12月の真珠湾攻撃の直後、次は西海岸が日本軍の標的になるのではないかという恐怖が蔓延するカリフォルニアで起こった騒動を描くこの作品において、サメの代わりとなるのが日本軍の潜水艦である。市民たちは日本軍を怖れているというよりも、日本軍がいつ、どこから、どのような手段で攻めてくるかがわからないことに怯えている。しかし『JAWS／ジョーズ』と違うのは、冒頭のシーンからいきなり潜水艦がその姿を現わすように、私たち観客にとって「目には見えない何か」が存在しないということである。映画の登場人物たちにとっては見えない敵を、私たちは逐一見ていくことになる。「見えない何かの存在」に恐怖し、パニックに陥る人々の姿を、彼らには見えていない何かをあからさまに見せることによって描くことで笑いを生み出す。ホラー映画の手法を反転させることでコメディ映画を作る。それこそがスピルバーグが『1941』でやろうとしたことであろう。

だが、どうやらその目論見は外れたようで、公開前に行われた試写に立ち会ったスピルバーグは、件の『ジョーズ』のパロディシーンでは会場が爆笑に包まれたものの「その後の2時間で起こった笑いはほぼ四回ぐらいだった」*と回想している。本作を数少ないスピルバーグの失敗作とする声が多いのも、ひとえにコメディ作品であるのに笑えないためだろう。では、登場人物たちには「見えない何か」を観客に見せることによって笑いを生み出すことはできないということなのだろうか。否、同時代に日本でドリフターズのコント番組を観て「志村、後ろ！後ろ！」と叫んでいた子供のひとりだった身からすれば、その方法論はあながち的外れではないように思える。おそらく問題は方法論それ自体ではなく、それが実現されているかどうか。具体的に言えば、登場人物たちが「見えない何かの存在」に怯えていることを見せることができているかどうか、にある。

本作において人々が「目には見えない」ものに恐怖する様が最も明白に描かれているのは、序盤のデパートの場面だろう。ダンス大会で着る服を万引きするために青年（ボビー・ディ・シッコ）が試着室に隠れて警報機を鳴らすと、その音を聞いた客が「空襲よ！」「日本軍だわ！」と叫び、デパート中が大騒ぎになるというもの。またこの場面の前後ではラジオのニュース放送に聴き入る人々が映し出されるなど、敵の姿が「見えない」ために「聴くこと」で情報を得ようとしているのがわかる。ところがその直後、早速その行動を否定する者が現れる。戦闘機トマホークに乗って単独で日本軍を迎え撃とうとしているケルソー大尉（ジョン・ベルーシ）だ。給油のために立ち寄った店でケルソーが昨夜サンフランシスコで空襲があったと話すと、客のひとりがシスコ空襲はデマだとラジオで言っていたと応える。するとケルソーはラジオを銃で撃ち「ラジオはデタラメだ」と言い放つ。耳から入ってくる情報を信用せず、自分の目で見たものしか信じない男の登場である。実際ケルソーはその後、自分の目で飛行機を見つけて追い回し、潜水艦にまでたどり着く。ただし彼が攻撃した飛行機が日本軍のものではなかったように、彼は自分が見ているものが何であるのかを判別することができない。つまり自分で見たものしか信じないくせに、ちゃんと見ることができないのだ。

そして本作においてケルソーという男は決して例外的な存在ではない。この作品に登場する人物たちは悉く可視できるものをちゃんと見ていない人物ばかりなのである。終盤における崖の上に建つ家の主（ネッド・ビーティ）が海上に姿を現わした日本軍の潜水艦を軍が置いていった戦車で迎え撃とうとする場面が顕著な例だ。家主は戦車の照準器を潜水艦に合わせるが戦車砲の先が自分の家に向いていることが（彼の見た目のショットではそれが見えるにも関わらず）見えていないし、一方の潜水艦の上にいる日本軍の兵士たちも、ライトがついて観覧車やメリーゴーランドの姿が露わになった遊園地を見るも、それを軍事工場だと思い込んで砲撃してくる。かようにここには「見えない何か」に対して騒ぐ以前に、正体が見えているものさえもそれが何であるのかがわかっていない人間ばかりだ。するとこの作品に頻出するグルグルと回転する事物（潜水艦の壊れた羅針盤、操縦に慣れてない大尉が離陸させようとする飛行機、民間人が操縦する戦車、観覧車など）も、方向が定まらない／どこを見てよいのかわからない様を表象しているというよりも、目を回して何も見えていないことを表しているように思えてくる。

　こうして映画の登場人物たちには「見えない何か」を観客には見せるという構図はあやふやなものになってしまう。彼らは見えないものを気にする以前に見えるものも見ていないのだから。唯一の例外が、あらゆる騒動を無視して映画館で『ダンボ』を鑑賞するクラインシュミット大佐（ロバート・スタック）ということになるだろう。騒乱の一夜が明け、海岸を訪れて何が起こったのかと訊ねるこの大佐に、結局戦車で家を壊してしまった家主は「昨夜敵を発見してから我々は団結しアメリカ人の魂を見せてやった。どんな犠牲を払おうともアメリカ人として前進できる」と熱く語る。自国を守るためには、自分の家が犠牲になっても構わないとする彼は、しかしその直後に国を守ることとは関係なく、自分の（視野が狭かった）せいで完全に家を失ってしまう。つまり本作で描かれるのは、見えない敵から自分たちのホーム（国）を守ろうとして、見えるものも見ないで行動を起こした結果、自分たちの手でホーム（家）を破壊してしまう人々の姿だ。その光景を見ていたクラインシュミット大佐が「戦いは長引くぞ」と言うのが『１９４１』の最後の台詞だ。

　スピルバーグはそれから約25年後、再び「ホーム」を守るために「見えない何か」と闘い、結果として「ホーム」を失ってしまう男の

『1941』

© 1979 Universal Studios and Columbia Pictures Industries, Inc. All Rights Reserved.

物語を、『１９４１』の対極にあるような暗く重い映画で語っている。『ミュンヘン』である。ミュンヘンオリンピック事件の実行犯とされるパレスチナ過激派組織「黒い九月」の十一人を暗殺するというイスラエル首相の〝勅命〟による報復作戦を描いたこの作品は、その作戦のリーダーに選ばれた主人公アヴナー（エリック・バナ）の視点から描かれる。『１９４１』の登場人物と違ってアヴナーは「見ること」に長けており、また、暗殺の対象者たちもばらばらに潜伏しているとはいえ、情報提供者に報酬を支払えば捜し出すことができる。ゆえに時間はかかるものの、アヴナーたちは着々と標的を殺していくのだが、「戦いが長引く」ことによって見えない敵が出現する。アヴナーらが遂行する報復行為に対する報復を行う者たちだ。

この作品はある出来事を契機に大きく転換する。それは暗殺実行班の五人から最初の犠牲者が出る場面、〝掃除屋〟のカール（キーラン・ハインズ）が頸動脈を切られ死んでいるのをアヴナーが発見する場面だ。アヴナーはホテルの廊下で香水の匂いを嗅ぐことによってカールに異変が起きたことを察知する。少し前にホテルのバーで同じ香りをまとっていた女に誘惑されたからだ。アヴナーは敵を「見た」にも関わらず、それが敵であることがわからなかった。さらにカールを殺害したその女も何者かわからぬ敵に雇われたにすぎない。アヴナーは死体となったカールの足元で慟哭する。アヴナーを慟哭させたものは何か？　仲間を殺された怒り、見えない敵に対する恐怖もあるだろう。しかし何よりも自分が信じてきたものと自分自身を見失っていること、その存在が揺るがされていることを思い知り、絶望に身悶えされたのではないだろうか。アヴナーが信じてきたもの、それはイスラエルという祖国であり、自身が請け負った任務もその「ホーム」を守るために必要なものであるという信念こそが殺人を犯す上での唯一の拠り所であったはずだ。だがその実、彼はその任務に就くことによってモサド（イスラエル諜報特務庁）を退職させられ、「公式には存在しない」人間として扱われる。イスラエルが公式に報復活動を行っていないことにするためだが、それは国はアヴナーたちを守ってはくれない、その存在を認めてはくれないということでもある。

その後、アヴナーたちはまず見える敵であるカールを殺した女を殺害し、血を流す彼女の裸体を凝視する。彼らにとって任務以外の初めての殺人。それでもさらにふたりの仲間が殺される（爆弾製造係のロバートが隠れ家もろとも爆破される場面は、別の隠れ家でアヴナーが自室に爆弾が隠されていないかを疑ってロバートが起爆装置として使用したベッドのマットレスや電話器を解体する様と並行して映し出される）。そして残されたチームのふたりは「家に帰るために」ミュンヘン事件の首謀者の家を襲撃しようとするが、失敗に終わり、ようやくイスラエルへの帰国を許される。そこで待っていたのは、彼らの情報提供者であり同時に彼らの報復に対する報復を行う敵にとっての情報提供者でもあるフランス人の身元を明かすように迫るモサドの上官だった。アヴナーはその上官の要求を「僕はあなたの部下ではない。僕は存在しない」と言って拒絶する。その時、薄暗い部屋の中で浮かび上がるアヴナーの目は上官を見ていない。そこにある事物を見ていない。「よく見る」力を持っていた彼は暗殺活動の任務を解かれるとともに、見えるものを見ることをやめてしまったのだ。

ではアヴナーその目で何を見ているのか。スピルバーグはそれを彼がようやく帰ることができた妻子が暮らす家、イスラエルではなくニューヨークに構えたその新居で妻とセックスをする場面で示す。夫婦が交わる最中にアヴナーが見るのは妻ではなく、ミュンヘンオリンピック事件で人質となったイスラエル人が銃殺される光景だ。私たちはアヴナーが実際には見ていないその光景を、報復作戦を実行する中で悪夢として見てきたことを知っている。しかしスピルバーグはここで初めて目を見開いたアヴナーの顔とその光景を交互に繋ぎ、それをアヴナーが実際に見ている光景として映し出す。その演出はラストシーンで撮影時にはもうなかった世界貿易センタービルをCGで登場させることにも通じる。スピルバーグはこの映画で描かれる報復合戦と9・11後にアメリカが報復のために行った戦争を同列視しているわけではないだろう。だがアヴナーにとって国家間の争いの犠牲となって殺された人たちがいるという事実が唯一見える光景として残ったように、大勢の犠牲者とともに消えて見えなくなった世界貿易センタービルの不在こそを

9・11後に生きる私たちは見なければならない。

＊リチャード・シッケル「スピルバーグ その世界と人生」（大久保清朗・南波克行訳、西村書店）より引用

『ミュンヘン』

© 2017 DW Studios L.L.C. and Universal Studios. All Rights Reserved.

『レイダース／失われたアーク《聖櫃》』
『インディ・ジョーンズ／魔宮の伝説』
『インディ・ジョーンズ／最後の聖戦』
『インディ・ジョーンズ／クリスタル・スカルの王国』

洋画劇場の観客が見た夢と冒険

三留まゆみ Mitome Mayumi

TVの洋画劇場が日常であり、娯楽のひとつだった昭和後期の子どもたちにとって『猿の惑星』（1968）と『激突！』（73）のオンエアは大きな事件だった。『猿の惑星』は映画の底知れぬ面白さと驚きを、『激突！』は映画の底知れぬ怖さを教えてくれた。今ではもう考えられないことだが、不特定多数の人間が定時にそれぞれのTVの前に集い、同じ時間を共有する。CMでその流れが中断されることがあっても、ときには本編がばっさりカットされていることがあっても、あれはたしかに映画の時間だった。子どもたちは映画の時間を共有した。そして、興奮は翌日まで持ち越され、教室はきのうの映画の話で盛り上がった。『激突！』のはじめてのTV放映は一九七五年の年明け。淀川長治さんの『日曜洋画劇場』で、タイトルは『激突！～殺人トラック・ハイウェイ大暴走』だった。監督はスティーヴン・スピルバーグ。カッコいい名前だなと思った（「～バーグ」という名がユダヤ系であるのを知るのはもっとあとだ）。その名前はあの夜、TVを観ていた子どもたちの脳裏に焼きつき、その一部は熱狂的なファンとなって彼の映画を追いかけることになる。TV映画としてつくられたこの作品をTVで初体験できたことも私たち子どもにとってはラッキーな出来事だった。

『激突！』撮影時は二十四歳だったスピルバーグは一九七四年に『続・激突！／カージャック』で映画監督デビューする。けれども、あの日の子どもたちを熱狂させたのはやはり二作目の『JAWS／ジョーズ』（75）だろう。そう、大型トレーラーの次に無言で

『レイダース／失われたアーク《聖櫃》』

TM & © 1981-2016 Lucasfilm Ltd. All Rights Reserved. Used Under Authorization.

容赦なく襲ってきたのはサメだった。そして、『未知との遭遇』(77)がやってくる。一九七七〜七八年はＳＦの年で、もちろんそれはジョージ・ルーカスの『スター・ウォーズ』(77)ではじまったのだが、日本では公開が遅れに遅れ、そのあいだに『惑星大戦争』(77)や『宇宙からのメッセージ』(78)などの和製『スター・ウォーズ』(?)もつくられた。七八年二月、『未知との遭遇』公開。六月、『スター・ウォーズ』公開(先行上映)。映画ファンのあいだではどちらが好きかの論争もあったが、『激突！』の子どもたちの多くはどっちも好きで、ルーカス(これまたクールな響きの名前だった)の名はスピルバーグと同じく、特別なものになった。

だから、そのふたりのヒーローによる『レイダース／失われたアーク《聖櫃》』(81)はまさに夢の競演映画だった。子どもたちはすでに「いっちょまえ」の映画ファンになっていたが、初日を前にした気持ち、映画の興奮は、あの夜と同じだった。それはだれもが待っていた映画だった。「冒険活劇」というどこかなつかしいジャンルをスピルバーグ&ルーカスは粋なスタイルで現代によみがえらせた。主人公インディアナ・ジョーンズを演じるのは『スター・ウォーズ』のハン・ソロこと、ハリソン・フォード。もう、いきなりのオープニングから魅せる、魅せる！ ムチのひと振りにはじまって、いくつもの罠(トラップ)をくぐり抜けての黄金像ゲット、同行者の裏切り、ものすごいスピードで転がり迫る巨大丸石からの逃走(boulder chase と呼ばれているあのシーン！)、そしてせっかく手に入れた黄金像をベロックという横取り野郎に「今回も」奪われるまでを一気に観せる。約十分間のなんと贅沢な導入部。遊びたっぷりのパラマウントのロゴに続いてタイトルが出ているので、正しくはアバンタイトルではないが、これは「００７」を意識したものだろう。

そう、そもそものはじまりはスピルバーグがルーカスに「『００７』を監督したい」といったことだった。彼は『ＪＡＷＳ／ジョーズ』のあと、それから『未知との遭遇』の大成功のあとに、「００７」のプロデューサー、アルバート・Ｒ・ブロッコリに自分が監

『レイダース／失われたアーク《聖櫃》』

TM & © 1981-2016 Lucasfilm Ltd. All Rights Reserved. Used Under Authorization.

TM & © 1981-2016 Lucasfilm Ltd. All Rights Reserved. Used Under Authorization.

督やりたい旨オファーして断られていた。『スター・ウォーズ』公開直前の話とあるので、二度目の「No」をもらう前だと推測するが、「ならば、これはどうだ?」とルーカスから提案されたのが『レイダース』だった。シリーズ四作目『インディ・ジョーンズ／クリスタル・スカルの王国』(08)ではインディアナが第二次世界大戦中にCIAの前身である戦略諜報局に籍を置き、MI6のマックこと、ジョージ・マクヘイルとソヴィエトで活動していたことが明かされる。冒険家が本業のパートタイムの大学教授に加え、秘密諜報員でもあったわけだ。「007」が大好きなスピルバーグが初代ボンド、ショーン・コネリーを『インディ・ジョーンズ／最後の聖戦』(89)でインディアナの父にキャスティングしたのも当然の展開だった。

ボンドがモデルでもあるのでインディアナは女性にモテるという設定である。考古学を教える大学ではいつも女子学生たちの熱い視線を受けているし、『インディ・ジョーンズ／魔宮の伝説』(84)では冒険を共にする上海のクラブ「オビ＝ワン」の歌姫ウィリー(ケイト・キャプショー＝現スピルバーグ夫人)と、手こずりながらもラブラブになる。『最後の聖戦』のエルザ(アリソン・ドゥーディ)とも、『クリスタル・スカルの王国』のイリーナ・スパルコ大佐(ケイト・ブランシェット)とも堂々対峙できるインディアナだが、惚れた相手にはとことん弱いらしく、恩師の娘で、かつての恋人マリオン(カレン・アレン)にはうまく気持ちを伝えることができない。そのマリオン(酒に強く鼻っ柱も強くてパンチも強い)は、二作目、三作目には登場せず、最終作から十九年後という設定の『クリスタル・スカルの王国』でとんでもない秘密を抱えて威風堂々のカムバックをする(いや、本人にとっては「秘密」ではないか)。

少々、話がそれるが、『レイダース』で彼女を観たとき、「やっぱり、マーゴット・キダー(『悪魔のシスター』)に似てる!」と思った。『アニマルハウス』(78)のころから感じてたことだ。七〇年代初頭、スピルバーグやルーカスは兄キ分であるブライアン・デ・パルマのマンハッタンビーチ(カリフォルニア)の部屋に入りびたっていた。ふたりともかちかちのオタク青年で、スピルバーグのベルボトムのジーンズはママがかけてくれたアイロンでいつも三角形をしていたという。映画の仕事でも一歩先をいっていたデ・パルマ兄キには素敵な恋人がいて、トップレスでよくビーチを散歩したりしていた。それがキダーだった。彼女がスピルバーグたちの気持ちを乱したのは想像に難くない。キダーは間違いなく彼らの女神だった。そして、のちにつくりあげるインディアナこそは彼らの理想。なってみたいヒーローで、その恋人はかつての女神にそっくりな女の子でなければならなかった。

そのインディアナ、実は行く先々でものすごく人を殺してる。その3/4くらいはさくっと殺ってるので、観ているこちら側もさくっと流している。けれども、その一方でスピルバーグ印の残酷描写も満載だ。代表格は『レイダース』の「どろどろに溶解するトートの顔」で、彼の右手の「刻印」を思い出すとさらに恐ろしさが増す。同じく、アークに封じ込められていた「精霊」によって頭部が爆発する横取り野郎ベロック（彼の場合ある意味考古学者としての殉死）や、生きながら頭がしぼんでいったデートリヒ大佐も想像を超える恐ろしい死に方だった。『魔宮の伝説』のゲテモノ晩餐会や、心臓わしづかみ司祭も大いなるトラウマ。いや、そういった特化したシーンじゃなくても、シリーズを通してヘビがうじゃうじゃだったり、ネズミまみれだったり、本当にスピルバーグは意地が悪い。子どもだったら絶対に泣く。それがCGなんかじゃないことを知ってる大人も泣く。『クリスタル・スカルの王国』のあの人喰い軍隊アリがCGだとわかっていてもやっぱり泣くだろう。恐ろしいシーンはそれだけじゃない。たとえば、冒頭のエリア51にある核実験直前のサバイバルタウン（実験場）。昔、藤原新也の写真集で見たのとそっくりの人工的な街に無数のマネキンが配置されている。TVを見る家族。新聞配達の少年、犬を散歩させる人。アイスクリーム屋までいる。ピーカンの真っ昼間の、その静寂が怖い。このイミテーションの街の地続きには『レイダース』のエンディングに出てきたあの巨大な機密保管倉庫があって（「そうか、あれはこんなところにあったのか！」とみな叫んだはずだ）、磁気を発する謎のミイラの争奪戦の途中で例のアーク（聖櫃）もちょっとだけ姿を見せる。インディアナはそこからスパルコ大佐（KGBエージェントでもある女性科学者）たちを振りきって逃げてきたところで、なんとか逃げおおせたかと思いきや、カウントダウンがはじまるというのが第四話の「007」的導入部。

一九五七年。第二次大戦もナチももはや過去のものだが、冷戦がはじまり、マッカーシズムの嵐が吹き荒れ、インディアナの敵は以前より複雑になっていた。彼自身もずいぶん年をとった。

前作『最後の聖戦』は聖杯を巡る冒険であると同時に父と息子の物語だった。インディアナの少年時代をリヴァー・フェニックスが演じ（彼を推薦したのはハリソン・フォード。ふたりは『モスキート・コースト』で父子役で共演している）、あのフェードラ帽にまつわる出来事、ムチとの遭遇（ムチであごに傷を負うシーンあり）、ヘビ嫌いになった理由、それから、あまりうまくいってなかった父との関係が描かれる。年表によ

『インディ・ジョーンズ／クリスタル・スカルの王国』

TM & ©2008,2016 Lucasfilm Ltd. All Rights Reserved. Used Under Authorization.

れば、このときインディアナは十三歳。彼がはじめて手にする宝はコロナードの十字架で、盗賊団から奪還するも、直後にその「喪失」も味わう。「インディアナ」という名前が本名ではないこともこの第三作で明らかになる。正しくはヘンリー・ウォルトン・ジョーンズ・ジュニアで、父と同じ名を嫌い、「インディアナ」を名乗るようになるのだが、それは彼が少年時代にかわいがっていた犬の名前だった。ちなみにミドルネームの「ウォルトン」はルーカスからきている。ルーカスもまた父と同じ名前を持ち、フルネームは「ジョージ・ウォルトン・ルーカス・ジュニア」。ルーカスと父も、インディアナと父（シニア）のような「緊張した関係」で、そこから生まれたのが『スター・ウォーズ』だった。八九年、この映画がつくられた年に彼は母を亡くしている。父との和解もあったようだ。『最後の聖戦』は父との関係修復と和解の物語だ。父子は冒険を共有し、（父にとっては孫娘のような）女も共有する。インディアナのセリフにもあるように研究一筋の学者バカだった父は病気の母を顧みなかった。そのせいで早くに母を亡くしたと彼は思っている。

「父ひとり、子ひとり。普通の父親を持つ子どもがうらやましかった」

インディアナの言葉に「犬がいるような普通の家庭に生まれたかった」といった『マイ・プライベート・アイダホ』（91）のフェニックスが、彼自身の幼年〜少年時代が重なる。

「不完全な家庭」はスピルバーグ映画の特徴のひとつでもある（スピルバーグ自身も後年まで父との確執を抱えていた）。続く『クリスタル・スカルの王国』でインディアナは自分が父であること、すでに父親だったことを知る。なによりもあっぱれなのは帰ってきたヒロイン、マリオンで、「この母にしてこの息子あり」の堂々のシングルマザーぶり。マットと呼ばれる息子（シャイア・ラブーフ！）の本名はヘンリー。すなわち、ヘンリー三世。まったくの確信犯である。マリオンを地でいくようにいい感じに年をとったカレン・アレンが本当にキュートで、やはり彼女はインディアナにとっての、スピルバーグ&ルーカスにとっての女神だった。『魔宮の伝説』でキー・ホイ・クァン扮するショートや幽閉された子どもたちの父になりかけたインディアナがこの物語で、「そして父になる」。

余談だが、コネリーとフォードは十二歳しか違わない。『最後の聖戦』公開時、コネリーは五十八歳。『クリスタル・スカルの王国』公開時、ハリソン六十四歳というのはなんだか驚きだ。シリーズは全五作で、完結編にあたる「5」は二〇二一年の公開が決まっている。ルーカスは製作総指揮から降りてしまったが、公開時には七十九歳になるインディアナはどんな活躍を見せてくれるのだろう（次作はディズニー映画になる）。「異次元人」の次にくるのはなにか？『最後の聖戦』でインディアナたちを見送った聖杯の騎士に想いを馳せながら、『激突！』の夜の子どもたちはインディアナのさらなる冒険を夢見る。あの日の子どもたちはもうすぐヘンリー・シニアの年になる。

作品論｜06 『E.T.』『A.I.』

凍り付いた世界

佐藤亜紀
Sato Aki

二十世紀の最後の四分の一と二十一世紀の最初の四分の一をひと繋がりに経験する、というのは、なかなかに奇怪なことのような気がする。

幾つかの要素が、その間に生活には付け加わった。一番大きいものはデジタル技術で、机の上にはノートパソコンが出現し、ネットに接続された。結果として、何故か映画へのアクセスの経路が徐々に、だが確実に変わることになった。一九八〇年には情報誌を買って名画座を渡り歩いていた。ビデオとレーザーディスクが出現し、DVDとブルーレイの時代にはレンタルビデオ屋通いが常態化したが、現在はネット配信の比重が大きくなっている。この項を書くために見直した『E. T.』も『A. I.』も、amazon のレンタルを利用している。大判の iPad Pro で見る環境は快適そのものだ。勿論、そう言うと大顰蹙する人々も世の中にはいるが。

小さくはない変化だが、全ては完全に切れ目なく、滑らかに続いた。幾つもの歴史的事件と惨事がいつに変わらず起こったが、その衝撃も平穏無事の中に吸収されて消えたように思えた。まるで永遠のエドワード朝を生きるようなものだった。昨今の電話の普及ぶりは驚くべきものだね、はっはっは、とか言っているような感じだ。にも拘らず、ふと気が付いて見ると世界は七四年とは様変わりしている。

例えばスピルバーグの『続・激突！ カージャック』を今見るのは幾らかショッキングなものではある。それぞれ収監中の夫婦が里子

『E.T.』

© 1982 & 2002 UNIVERSAL STUDIOS. ALL RIGHTS RESERVED.

に出された子供を取り返すために脱獄し、地元住民の熱い声援を受けながら逃走するという筋書きは、今日でも、おそらくリメイクは可能だ。ただ、その光景はかなり異なるものになるだろう。七四年のテキサスの田舎の住民は、どの程度リアルなのかは措くとしても、圧倒的に暮らし向きがよく見える。かつ白い。リメイクすれば非常に多くのマイノリティが、スクリーンには、現れることになるだろう。主人公夫妻も、いずれかは、もしかすると両方が、ヒスパニック系かアフリカ系ということになるだろう。それが政治的正しさを意識した映画の嘘なのか現実を反映しているのかは不明だが、ただ、世界は不穏な荒れ果てた場所として、住民たちは遥かに貧しい人々として描かれるであろうことは確かだ。七四年のアメリカもお世辞にも景気がいいとは言えなかった――むしろ失業率の高さや貧困を語られることの方が多かったにも拘らず、その世界は、今日では、殆ど牧歌的にさえ見える。

封切り後三十年以上してから『E.T.』を見直して感じるのも同じ困惑だ。中産階級の住むカリフォルニア州中部の郊外住宅地と近くの山林にほぼ限定された舞台は、実に平穏無事だ。主人公の家庭もその例に漏れない。夫に捨てられたワーキングマザーが子供三人を育てている家庭、と聞いた時想像するような危うさは欠片もない。安定した、永遠不変の、殆どピーナッツ・ブックスの世界。

これもまた映画の嘘だった――という可能性もないではない。実際、この頃のスピルバーグは、映画をあまり熱心に見ない人々からは平穏無事なファミリームービーの監督と認識されていた。或いは舐められていた。ある意味、破壊と大量殺戮の帝王である宮崎駿がジブリのおじさんと舐められているのに似たようなものだ。今でも、壊れた世界の冷たい荒廃を撮らせたら絶品だと考えている人はそう多くない。

ただ、『E.T.』には奇妙な欠落や歪みがあちこちにある。何故オープニングは殆どホラー映画なのか、話が始まるそれほど前ではないと推測できるのだが、いつ、どのようにして父親は女と一緒に国境の南に逃げたのか、何故、謎の政府機関はあれほど不穏に、殆どゲシュタポのように家の周囲を徘徊しているのか、どういう事情で宇宙人は唐突に川に落ちて死にかけており、死んだ後は突然復活するのか、マウンテンバイクごと宙に浮いていても少年たちが必死でペダルを踏み続けるのは何故か。腰に下げたキーホルダーだけで悪役然と識別されているNASAの男は（しかもその位置は右だったり左だったりして一定しない）、いつの間に第二の父親然と母親の脇に立つに至ったのか。

無意識の書き換え、或いはいわゆる検閲を疑いたくなるような欠落と歪みだ。フロイト派の分析者なら何か一本書きかねないくらいの、と言ってもいい。ただ、時代を代表するような映画に限って支離滅裂、というのはよくあることだ。実際、「E.T.」は八〇年代前半を代表する映画の一本であり、この支離滅裂にも拘らず

――或いはだからこそ――モノクロ時代のアメリカ映画の傑作と並べてもひけを取らないクラシックになりおおせているとは言えるだろう。事件を次々に叩き付け危機や閉塞から解放へと導く手際は実に大したものであり、何故空中でペダル漕いでいるんだ、にも拘らず、宙を行くマウンテンバイクには奇跡的な快感がある。だから何が隠されているのか誰も怪しまなかったし、おそらく今も、誰も怪しまない。

　この欠落、または歪みが隠しているものがあぶり出されるのは四半世紀経ってから、映画ではなくケーブルテレビ局ＡＭＣのテレビシリーズ『ブレイキング・バッド』においてかもしれない。『Ｅ．Ｔ．』のカリフォルニア州の郊外住宅地は、『ブレイキング・バッド』を見た後では、同じロケ地かと一瞬錯覚するくらい似ている（特に主人公の義弟夫妻が住まう住宅地がそっくりだ）。おそらくは後者が意図的に、そういう場所を選んだのだと思われる。汚染防止のために家全体を覆うビニールシート、家の中に組み立てられたビニールハウス、白ではなく黄色のハズマットスーツとマスク等、視覚的引用または言及は多い。主人公は七四年には高校生で実によくアメリカン・ニューシネマと呼ばれた種類の映画を見ており、八二年には高度な技術力を持つ化学者として得意の絶頂にあり、二〇〇八年には、何があったのかは語られないまま、しがない化学教師としてニューメキシコ州アルバカーキの郊外に逼塞していて、肺ガンを宣告されても、治療費を払う金もない。

『E.T.』

© 1982 & 2002 UNIVERSAL STUDIOS. ALL RIGHTS RESERVED.

今日では、『E.T.』が押し隠そうと試みたものははるかにはっきりと見える。あの郊外住宅地に彼らが精神的に閉じ込められたままじり貧に陥って行くであろうということ、あの時点でさえ出口は宇宙空間しかないと言うことだ。外に出る機会を提示され拒否したエリオット少年が生涯閉じ込められたまま、前世紀末から今世紀初頭にかけての中産階級の崩壊に連動するじり貧の人生を送るのか（NASAの男の役どころは看守で、でなければ終始腰にぶら下げた鍵をちゃらちゃら言わせている筋合いはない）、いつかは切れて「空を飛ぶ」日が来るのかどうかはわからない。エリオット少年の父親の場合には、それは「国境の南」だった。ウォルター・ホワイトの場合には、ドラッグビジネスのレッドオーシャンに乗り出すことであった。

もうそのくらいしか、この世に出口はないんだよ。

さて、冷血と貧困の二十一世紀が始まった頃には、スピルバーグは既に『シンドラーのリスト』と『プライベート・ライアン』の監督であった。出口の見えない状況に囚われた人々が、時としては無惨に殺されて行く映画の巨匠である。時々は、その出口なし自体が限りなく恐ろしい。『プライベート・ライアン』の冒頭、上陸用舟艇の中で身動きの取れない兵士を陸からの弾丸が撃ち抜く音には震え上がったものだが、『A.I』の静かな暴力性も、ある意味では、劣るものではない。成長することのない子供型ロボットは、垂直と水平の交差する、窓の開かない――出入り口はエレベーターになっている家に閉じ込められ、母親とされた女を永遠に愛する呪いを掛けられる。薄い青と黄ばんだ茶色の交錯する空間は冷たい。触ったら手が貼り付きそうなほど凍り付いている。子供型ロボットが自ら外に出る、という描写はない。外に出るのは「母親」に連れ出されて捨てられたからで、永遠の愛の呪いに縛られたまま、彼は、人間型をした人間ではないものとしてロボットが春を鬻《ひさ》ぎ見世物として破壊される世界に放り出されるが、望むことはひとつだけ、人間の子供になってあの牢獄に戻り、母親に愛されて暮らすことだ。望みが叶うのは二千年後、地上が分厚い氷に覆われ人類が死に絶えた後のことだ。

正視に耐えないほど惨たらしい話だ。丁寧なことにスピルバーグは、人に見えるものを人は人と認識する、という錯覚を、二度、暴いてみせる。冒頭の、レンブラントの「解剖学講義」を彷彿とさせる場面では、レクチャーを聞く人々の中に紛れ込ませてあったロボットが左手を刺され、顔面に見えたカバーを開かれる。観客はその惨たらしさに身を縮める。途中のサーカスの場面では、本物の子どもそっくりのロボットを破壊するという見世物に客が反発して大混乱が起こる。そこでは見世物の観客が、スクリーンの前の観客を――その混乱を代弁する。

子供は偽物であり、母親に対する愛もプログラムされた偽物だ。にも拘らず、薄青が消え黄色い光が溢れる空間で、あれほど愛を望んだ「子ども」が一日だけ、偽物の母親と完璧に満たされた時間を過ごす時間は美しい。出口のない空間の中で、出口のない欲求を強いられた人間ではないものが、複製された対象を相手に、束の間の充足を得る。これ以上に奇妙で、しかも美しい光景は、他にはソダーバーグの悪名高き『ソラリス』くらいしか見たことがないが（そして触れたら手が貼り付きそうな凍り付いた空間の感触、という点で両者は非常によく似ているが）、それについてはまた別途考える必要がありそうだ。

『A.I.』

写真：AFLO

作品論｜07

『カラーパープル』『アミスタッド』
映画作家としてのスピルバーグの挑戦

佐藤利明 Sato Toshiaki

『カラーパープル』
写真：Album／アフロ

『JAWS／ジョーズ』『未知との遭遇』『E.T.』「インディ・ジョーンズ」シリーズなど次々とビッグヒット作を創出してきたスピルバーグが一九八五年、映画作家としての勝負をかけて取り組んだ初のストレート・ドラマが、アリス・ウォーカーのピュリッツァー賞受賞作を原作にした『カラーパープル』である。

アフリカ系アメリカ人作家、アリス・ウォーカーが一九八二年に発表した小説「カラーパープル」は、二〇世紀初頭のジョージア州のアフリカ系アメリカ人女性、セリーが強権的家長主義の黒人社会で、父親による性的虐待、夫のDVを受け、自由を奪われた日々のなか、それでも自我を持ち、自分自身の流儀を貫いていく姿を感動的に描きベストセラーとなった。

原作について、スピルバーグはこう語っている。「僕は怒った。笑った。そのうちに泣いていた。セリーの物語が白日の元にさらされていくのを目のあたりにしながら、ぼくはすべてを一時に感じとっていた。これはここ何年か読んだ中で最高の傑作だ。強烈で心を揺さぶる……」（劇場用プログラム）。

二〇世紀初頭から一九三〇年代末にかけてのアメリカ南部を舞台に、黒人社会での「女性の自立の物語」の映画化にあたり、スピルバーグはアリス・ウォーカーに協力を要請。彼女がサンフランシスコの舞台に立っていた、コメディアンで舞台女優のウーピー・ゴールドバーグを見出して、ヒロインのセリーに抜擢。彼女にとってはこれがスクリーン・デビューとなった。

一九〇六年、ジョージア州の小さな町。父親から性的虐待を受け、二度の出産を経験している少女セリーは、父親の判断で男やもめのアルバート・〝ミスター〟・ジョンソン（ダニー・グロヴァー）の妻にさせられる。しかし、結婚とは名ばかりで、強権的なエゴイストである〝ミスター〟は、彼女に労苦を強いる。

白人からの黒人への差別でなく、男性優位の黒人社会を徹底的に描いて、観客の問題意識を喚起してゆく。

セリーの最愛の妹・ネッティ（アコスア・バシア）は、父の性的虐待から逃れて、セリーの元へやって来るが、〝ミスター〟の求めを拒否して追い出され、セリーと生き別れとなる。読み書きを学んだネッティは、セリーへの手紙を書き続けるも〝ミスター〟に握りつぶされ、セリーの手に渡ることはなかった。

セリーは、自分のお腹を痛めた子には会うこともままならなかったが、ある日、町の商店で偶然、七ヶ月の娘を抱いた養母と出会い、その手で抱くことができた。こうしたささやかな幸せと希望が、散りばめられ、セリーと観客の安堵となっていく。その眼差しの暖かさ。

ジョン・フォードが『怒りの葡萄』（１９４０）で世界大恐慌の中、流民となった農民たちの姿を、アメリカの現実のなかで描き、フランク・キャプラが『素晴らしき哉、人生！』（46）で人間の善意を描いたように、スピルバーグは南部の黒人社会の姿を、流麗な語り口で描いている。

アルバートの息子・ハーポ（ウィラード・ピュー）の妻・ソフィア（オプラ・ウィンフリー）は、誰に対しても「押さえつけられ、支配されること」を極端に嫌い、ついに白人である市長を殴り倒してしまう。この毅然としたソフィアの姿勢に、セリーは背中を押され、自我が芽生えてゆく。

もう一人重要なのが、〝ミスター〟の恋人だったブルース歌手・シャグ（マーガレット・エイヴリー）。牧師の娘に生まれたものの、歌手となり生々流転、様々な苦労を重ね、天職であるシンガーとして

『アミスタッド』

TM & © 1997 DreamWorks LLC. All Rights Reserved. TM & © 2014 DWStudios L.L.C. All Rights Reserved.

男たちの女神となっている。酸いも甘いも噛み分けたシャグが、無口で気後れがちなセリーの優しさを知り、セリーは女性としての自信と誇りをシャグから学んでゆく。

ソフィア、シャグ、セリー。この三人の女性は、男性社会の中で抑圧されながら、女性として成長し、挫折しながら、自らの手で幸福を掴もうとしていく。

さて、ハーポが開いた酒場で、シャグがバンドを従えて歌う場面がある。セリーに捧げる「セリーのブルース」を歌うシャグ。精一杯のオシャレをしたセリーは、他の女性たちにそのスタイルを嘲笑されるが、シャグがセリーのために歌った瞬間、セリーはその夜の主役となる。音楽を手がけたのはクインシー・ジョーンズ。マーガレット・エイヴリーの吹き替えをタタ・ヴェガが担当して、この主題歌は大ヒットした。

もともと、スピルバーグは『E.T.』の直後に、クインシー・ジョーンズとブラック・ミュージックをフィーチャーしたシネ・ミュージカルを企画していたこともある。

この「セリーのブルース」のシークエンスから『カラーパープル』の女性たちが生き生きと輝き出す。そこからラストまでの語り口と次第に増してくる幸福感は、ハリウッドのクラシック映画を観る味わい。

意識を持ち輝き出す女性たちとは裏腹に、強権的な〝ミスター〟は酒に溺れ、侘しい晩節の姿は対照的。ダニー・グロヴァーが身勝手な男の末路を巧みに演じている。特に彼のラストカットは印象的だ。

黒人社会の閉鎖的な男性主義から始まり、ヒロインの自我の目覚め、そして彼女たちが幸福を勝ち取ってゆくプロセスは、ハリウッド映画黄金時代が持っていた風格、性善説に根ざしていて心地良い。

第五八回アカデミー賞では、作品賞を含む一〇部門でノミネートされ、スピルバーグの映画作家としての真価が問われたが、一つも受賞することが叶わなかった。作品賞は一九九三年の『シンドラーのリスト』まで待たねばならない。

しかしスピルバーグは『カラーパープル』をきっかけに、『太陽の帝国』(1987)、『シンドラーのリスト』(93)と、歴史に翻弄された人々をテーマにした歴史ドラマを手がけるようになった。

さて一九九四年、スピルバーグは、元ディズニーのジェフリー・カッツェンバーグ、レコード会社オーナーのデイヴィッド・ゲフィンと映画製作会社ドリーム・ワークスＳＫＧを設立。同社でのスピルバーグ監督作の第一作目となったのが、『カラーパープル』の物語から、およそ一〇〇年前の黒人奴隷解放のきっかけとなった「アミスタッド号事件」を描く『アミスタッド』(一九九七年)だった。

一七世紀からアメリカは、奴隷制度が施行されていて、黒人奴隷の多くはアフリカから運ばれ、過剰なまでの生産の労働力としての価値を持っていた。

ポルトガルの奴隷船でアフリカからキューバのハバナへと運ばれてきた五三人の奴隷たちがスペイン人に買われ、一八三九年六月二七日「ラ・アミスタッド号」でキューバのプエルト・プリンシペに向けて出航。

その航海で死の恐怖を感じた奴隷たちは、勇者であるシンケ(ジャイモン・フンスー)は、反乱を起こして船を乗っ取る。しかし、二ヶ月後にアメリカの沿岸警備船「ワシントン号」に取り押さえられ、シンケたちは殺人と海賊行為の罪に問われ、アメリカの刑務所に投獄されてしまう。

裁判は前途多難。スペイン女王(アンナ・パキン)は、「ラ・アミスタッド号」はスペイン船籍であり、その積荷であるシンケたちは、スペインのものだと返還を要求。船の舵取り役は自分たちが購入した奴隷と主張、さらに船をだ捕したアメリカ軍将校は、謝礼として所有権を主張する。

彼らを救おうと立ち上がったのが、奴隷解放論者のルイス・タバン(ステラン・スカルスガルド)と黒人の新聞記者のセオドア・ジョッドソン(モーガン・フリーマン)。二人は、野心溢れる若手弁護士、ロジャー・ボールドウィン(マシュー・マコノヒー)に依頼をして、生き残った三九人のアフリカ人たちを守ることとなる。

さらに現職大統領のマーティン・ヴァン・ビューレン(ナイジェル・ホーソン)としては、黒人を有罪にできないと、奴隷解放論者と見なされ、間近に迫った選挙で南部の票を得られなくなる。様々な思惑のなか、裁判が進められてゆく。

この『アミスタッド』の企画は、映画『フェーム』(80)やドラマ『フェーム/青春の旅立ち』(82~87)に出演したダンサーで女優のデビー・アレンが、大学生の時から温めていたもの。しかし、その企画は映画関係者の目に留まることはなかった。一九九四年、『シンドラーのリスト』を観て「彼なら理解してくれる」とスピルバーグに持ちかけたのである。

スピルバーグは「ラ・アミスタッド号」について僅かな知識しか持っ

『アミスタッド』

TM & © 1997 DreamWorks LLC. All Rights Reserved. TM & © 2014 DWStudios L.L.C. All Rights Reserved.

ていなかったが、「物語に捧げる彼女の情熱に感動しました。彼女は自分の目を通して見た物語を人に伝えることの出来る素晴らしい能力を持っていました」（劇場用プログラム）と語っている。

この「物語を人に伝える」視点が本作にも貫かれている。裁判の雲行きが怪しくなり、絶体絶命という時に、モーガン・フリーマンのセオドア・ジョッドソンたちが救いを求めるのが、アメリカ革命の父・ジョン・アダムズ大統領の息子であり、元大統領のジョン・クインシー・アダムズ議員（アンソニー・ホプキンス）。最高裁判所でシンケたちの弁護を行うことを引き受けたアダムズは、ジョッドソンにこんな問いかけをする。

「法廷では、良い物語を語るものが勝つ。彼らの物語とは？」

「西アフリカから来た　黒人たちです」

「ではなく、彼らの物語を知りたい」アダムズはジョッドソンに話しかける。

「君の故郷は？」

「ジョージア州です」

「違うだろ？　君は多くの障害と苦難を乗り越えて奴隷解放運動に一生を捧げた元奴隷。それが君の物語だろう？」。

ここでのアンソニー・ホプキンスのモーガン・フリーマンへの眼差しがいい。スピルバーグがデビー・アレンに感じた「物語」が、ここにリレーションされて、感動的なクライマックスへと導いてくれる。

『アミスタッド』のアンソニー・ホプキンスの老獪さと風格には、フランク・キャプラ作品のライオネル・バリモアのような、往年の名優を感じさせてくれる。スピルバーグ作品が、往年のハリウッド映画のような豊かさを感じさせてくれるのは、こうした魅力的なシーンを創出してくれるからに他ならない。

もう一つ、極めてハリウッド映画的なシークエンスがある。ある男が獄中生活で聖書の挿絵を見て、キリスト受難の物語を理解するようになり、シンケに話す。ある日、出廷の途中でシンケが、ふと目をやった船のマストに、十字架のイメージを観る。シンケが西欧社会そのものを理解し始めるきっかけの「物語」として演出されているのだ。

ユダヤ人の物語を紡いだ『シンドラーのリスト』に続いて、黒人奴隷解放のきっかけの物語『アミスタッド』を演出したスピルバーグだったが、批評家から賞賛されたものの、世界的大ヒットとは言えず、アカデミー賞ではアンソニー・ホプキンスの助演男優ほか四部門のノミネートにとどまった。

『カラーパープル』では男性優位の黒人社会からの女性の自立を、現代史のなかで描破したスピルバーグは、アフリカ系アメリカ人についての物語を『アミスタッド』で語り、現代のルーツとしての「歴史の中の人々のドラマ」を描き続けている。それはダニエル・デイ＝ルイス主演『リンカーン』（2012）へと繋がってゆくこととなる。

RAIDERS OF THE LOST ARK, 1981
レイダース／失われたアーク《聖櫃》

TM & ©1981-2016 Lucasfilm Ltd. All Rights Reserved. Used Under Authorization.

TM & ©1984-2016 Lucasfilm Ltd. All Rights Reserved. Used Under Authorization.

INDIANA JONES AND THE TEMPLE OF DOOM, 1984
インディ・ジョーンズ／魔宮の伝説

TM & © 1989, 2016 Lucasfilm Ltd. All Rights Reserved. Used Under Authorization.

INDIANA JONES AND THE LAST CRUSADE, 1989
インディ・ジョーンズ／最後の聖戦

TM & ©2004 Dream Works LLC. All Rights Reserved.
TM & ©2014 DW Studios L.L.C. All Rights Reserved.

THE TERMINAL, 2004
ターミナル

TM & ©2002 DREAMWORKS L.L.C. ALL RIGHTS RESERVED.
©2012 DW Studios L.L.C. All Rights Reserved.

CATCH ME IF YOU CAN, 2002
キャッチ・ミー・イフ・ユー・キャン

写真:Collection Christophel／アフロ

© 1993 UNIVERSAL CITY STUDIOS, INC. AND AMBLIN
ENTERTAINMENT, INC. ALL RIGHTS RESERVED.

SHINDLER'S LIST, 1993
シンドラーのリスト

| Steven Spielberg |

写真:Album／アフロ

THE COLOR PURPLE, 1985

カラーパープル

写真:Everett Collection／アフロ

READY PLAYER ONE, 2018

レディ・プレイヤー1

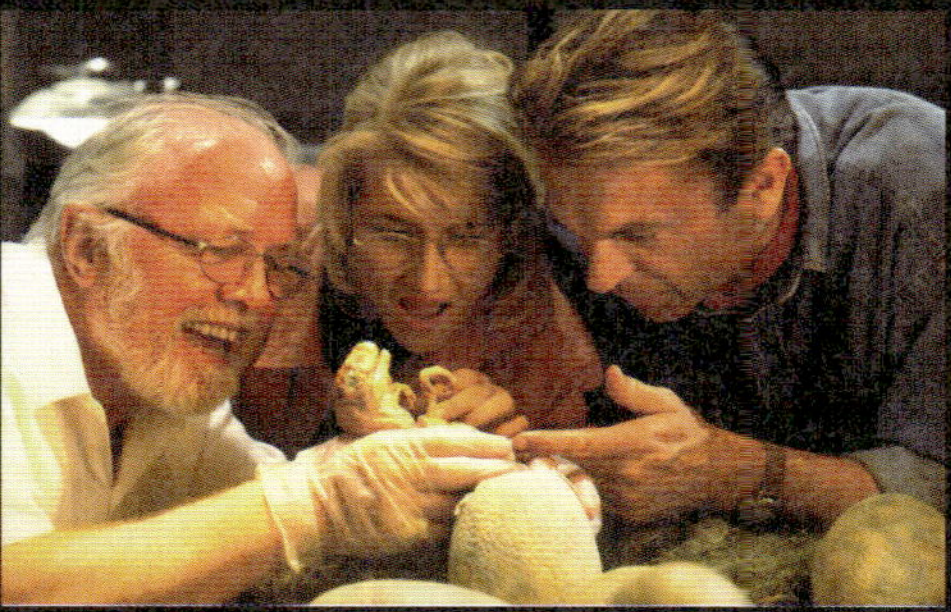

Film TM & (C) 1993 Universal Studios and Amblin Entertainment, Inc. All Rights Reserved

JURASSIC PARK, 1993
ジュラシック・パーク

CLOSE ENCOUNTERS OF THE THIRD KIND, 1977
未知との遭遇

©1977, RENEWED 2005 ©1980 COLUMBIA PICTURES INDUSTRIES, INC. ALL RIGHTS RESERVED.

写真:Album／アフロ

HOOK, 1991
フック

写真:Everett Collection／アフロ

THE BFG, 2016
BFG:ビッグ・フレンドリー・ジャイアント

INDIANA JONES AND THE KIGDOM OF THE CRYSTAL SKULL, 2008

インディ・ジョーンズ／クリスタル・スカルの王国

TM & © 2008 , 2016 Lucasfilm Ltd.All Rights Reserved. Used Under Authorization

Film TM & © 1997 Universal Studios and Amblin Entertainment, Inc. All Rights Reserved

THE LOST WORLD JURASSIC PARK, 1997

ロスト・ワールド／ジュラシック・パーク

© 2011 by Paramaount Pictures. All Rights Reserved.TM. ® & Copyright © 2012 by Paramount Pictures. All Rights Reserved.

SUPER 8, 2011
SUPER 8／スーパーエイト

© 2010 PARAMOUNT PICTURES. ALL RIGHTS RESERVED.TM. ® & Copyright © 2012 by Paramount Pictures.All Rights Reserved.

TRUE GRIT, 2010
トゥルー・グリット

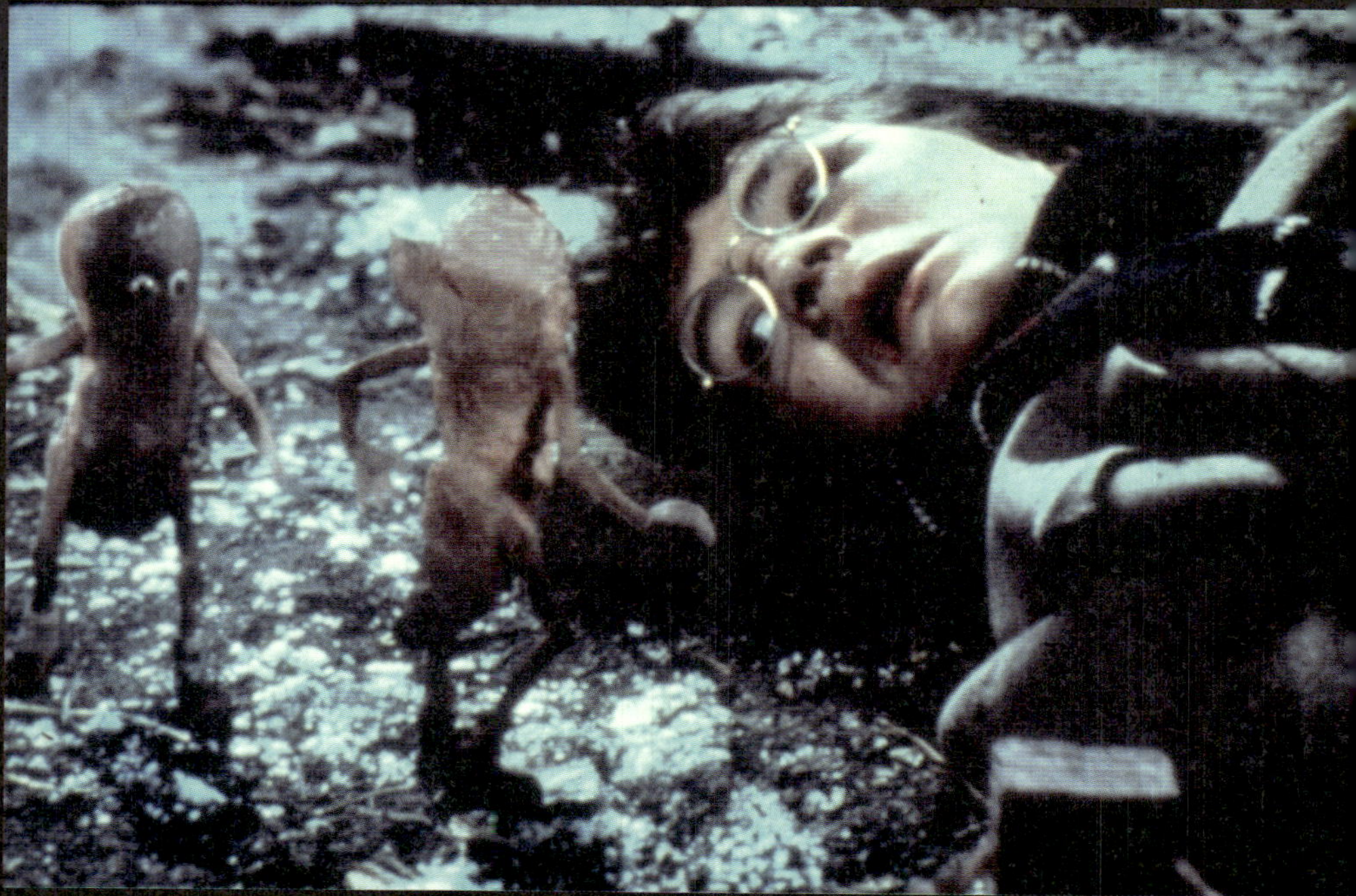

© 1985 Paramount Pictures Corp. And Amblin Entertainment inc
All Rights Reserved TM ® & © 2007 by Paramount Pictures. All Rights Reserved

YOUNG SHERLOCK HOLMES, 1985
ヤング・シャーロック／ピラミッドの謎

DEEP IMPACT, 1998
ディープ・インパクト

TM&COPYRIGHT © 1998 BY DREAMWORKS L.L.C. and PARAMOUNT PICURES and AMBLIN ENTERTAINMENT. ALL RIGHTS RESERVED TM&Copyright © 2013 by Dream Works LLC and Paramount Pictures and Amblin Entertainment All Rights Reserved. Distributed by Paramount Home Entertainment Japan.

© 2007 PARAMOUNT PICTURES CORPORATION AND DREAMWORKS LLC. ALL RIGHTS RESERVED. HASBRO,TRANSFORMERS and all related characters are trademarks of Hasbro. © 2007 Hasbro. All Rights Reserved.TM& © 2013 Paramount Pictures and DW Studios L.L.C.All Rights Reserved.

TRANSFORMERS, 2007
トランスフォーマー

© 2009 PARAMOUNT PICTURES CORPORATION and DW STUDIOS L.L.C. All Rights Reserved. HASBRO, TRANSFORMERS and all related characters are trademarks of Hasbro. © 2010 Hasbro. All Rights Reserved. TM & Copyright © 2013 Paramount Pictures Corporation and DW Studios L.L.C. All Rights Reserved.

TRANSFORMERS REVENGE OF THE FALLEN, 2009
トランスフォーマー／リベンジ

© 2011 PAFAMOUNT PICTURES. All Rights Reserved. HASBRO,TRANSFORMERS and all related characters are trademarks of Hasbro. © 2011 Hasbro. All Rights Reserved. TM, ® &Copyright © 2013 by Paramaount Pictures. All Rights Reserved.

TRANSFORMERS DARK OF THE MOON, 2011
トランスフォーマー／ダークサイド・ムーン

BACK TO THE FUTURE, 1985
バック・トゥ・ザ・フューチャー

© 1985 Universal Studios. All Rights Reserved.

TM & © 2017 Universal Studios & Amblin Entertainment,Inc. All Rights Reserved.

JURASSIC WORLD FALLEN KINGDOM, 2018
ジュラシック・ワールド／炎の王国

© 2009 DW Studios L.L.C. All Rights Reserved. Copyright © 2012 DW Studios L.L.C. All Rights Reserved.

THE LOVELY BONES, 2009
ラブリーボーン

［司会・構成］＝編集部
撮影＝首藤幹夫
Shuto Mikio

座談会

宇田川幸洋×南波克行×モルモット吉田

Udagawa Koyo　Nanba Katsuyuki　Molmot Yoshida

D i s c u s s i o n ; O n t h e S t e v e n S p i e l b e r g ' s F i l m

それぞれのスピルバーグ体験

南波｜今日は、宇田川さん、吉田さんにお会いできたことを光栄に思います。今回お願いしたかった理由は、一九五〇年代生まれの宇田川さんと、六〇年代生まれの私と、それから七〇年代生まれの吉田さん、つまり三世代に渡ってスピルバーグを語れたら、複合的なスピルバーグ体験のお話が聞けると思ったからです。特に五〇年代生まれの宇田川さんは、おそらく『激突！』以降すべての作品をリアルタイムでご覧になった方ではないかと思いますのと、スピルバーグと直接話をしたことのある、この中では唯一の方でいらして。

宇田川｜最初のスピルバーグ体験は、『激突！』なんですけど、その頃もう「キネ旬」に書かせてもらえるようになっていたんですよ。七二年の夏からちょこちょこ書かせてもらって、編集部に顔を出したりしていたんですが、『激突！』の時など、白井(佳夫)編集長が「すごいものが出てきた」とすごく乗ってたから。で、『刑事コロンボ』もあの頃やってたんじゃないですか。それは石上(三登志)さんが論じられていた。

南波｜あの頃すでに、『刑事コロンボ』第3話(「構想の死角」)もスピルバーグ作品として認知されていたんでしょうか。

宇田川｜『コロンボ』は『激突！』が出た後、再放送で注目されるようになって。『激突！』があって、本当の初の劇場用映画『続・激突！カージャック』があって。あれはあんまり受けなかったんだけど、僕は好きだったんですね。で、次が『ＪＡＷＳ／ジョーズ』となります。誰もが知っている、知らない人がいない映画ですから。『ＪＡＷＳ／ジョーズ』のすごく長い粗筋を書いた覚えがありますよ。「ロードショー」誌で『ＪＡＷＳ／ジョーズ』だけの別冊付録を出して。

南波｜『ＪＡＷＳ／ジョーズ』が出た時に、宇田川さんとしては『激突！』の監督ならきっとやる、とお思いになったか、意外な感じがあったか、どんな印象をお持ちでしたか。

宇田川｜『ＪＡＷＳ／ジョーズ』のときは、製作中からスピルバーグの新作はこういうのだという情報がどんどんはいってきて、期待をあおる訳ですよ。『激突！』『続・激突！』だけだと、道路があって車が走ってという普通のアメリカ映画で。それがいきなりああいうサメの頭の作り物と、色んなものを組み合わせて、パニック映画を作るという。

南波｜特に『激突！』からの連続性は感じなかった？

宇田川｜物語の語り方とか、そういう作家的な体質に関してはありますね。あれは彼、初めての大作な訳でしょう。何かスゴイものが出てくるという。

南波｜はい。

宇田川｜『続・激突！』というのは低予算で。

南波｜『ＪＡＷＳ／ジョーズ』は日本では鳴り物入りで公開されて、すでに本国では話題になっていましたね。

南波｜僕自身は、洋画を意識的に見始めるようになったのは小学六年生頃で。最初の体験が『未知との遭遇』、そして『スター・ウォーズ』という、その意味では僕らの世代の映画好きとしては、ごく当たり前の流れでした。『未知との遭遇』というすごい映画が来るという形で、当時も子どもの目にもとまるくらい大きく宣伝されました。あの『ＪＡＷＳ／ジョーズ』の監督！と。当時はまだ一人で映画館に行ける歳ではなかったので、まだその段階では『ＪＡＷＳ／ジョーズ』を観ていませんが、小学校二年生の弟と父との男三人で観に行ったのが最初の体験です。それまでは、『東映まんがまつり』ぐらいしか映画の体験がなかったところ、とにかく圧倒的でした。こんな大人の映画があるのか、と。

それから、意識的に「こんな映画があるアメリカ映画は、やっぱりすごい」と情報を集めて。当時は「スクリーン」「ロードショー」という映画雑誌がありましたが、それを立ち読みしたり、買ったりするうちに次第に知識も増えてきて、映画にまっしぐらという流れでした。

ただ、その時はスピルバーグが特別な人で、偉い人だという印象はもちろんあったのですが、いちばん偉い人だと思っていたのが、フランシス・コッポラ。

一同｜ああ。

宇田川｜偉そうだしね。顔が偉そうだし。なんというか世間の芸術的評価も高いよね、あの人はね。

南波｜折りしも『地獄の黙示録』が『１９４１』のすぐ後に公開されて、あれは本当に超拡大興行でしたし、世界で一番すごい監督はコッポラなんだと子ども心に思っていた。でも、たくさんの映画を見ているうちに、だんだん自分の求めるものが見えてきて、やっぱりこの人に一生ついて行こうと決めたのが『カラーパープル』と『太陽の帝国』。

『１９４１』

© 1979 Universal Studios and Columbia Pictures Industries, Inc. All Rights Reserved.

宇田川｜その辺りで一生ついて行こうと思いました。

南波｜一生スピルバーグで行こうと思いますけど、当時蓮實重彦さん、山田宏一さん、そして山根貞男さんの本が続々と出た頃で、山根さんの加藤泰、山田さんのトリュフォー、蓮實さんの小津安二郎かジョン・フォードのどちらかわかりませんけども、その方にとってのこの監督っていうトレードマークがあった。淀川長治さんにとってのチャップリンもそうですね。それと同じように僕はスピルバーグだと決意したんです。それがスピルバーグとのつきあいの本当の始まりでした。

吉田｜僕は、『未知との遭遇』と『１９４１』の間にあたる１９７８年生まれですから、物心がついた頃には既にテレビでスピルバーグ作品が常時放送されていました。

子どもの頃は、監督と製作総指揮の違いなんて分からないので、『ニューヨーク東8番街の奇跡』も、『グレムリン』も、『バック・トゥ・ザ・フューチャー』も、全部スピルバーグが撮っていると思っていましたね。後年になってそれらの区別がつくようになっても、『ポルターガイスト』はトビー・フーパーじゃなくて、スピルバーグが実質的な監督なんだと、まことしやかに語られたりしたので余計混乱しました（笑）。劇場で最初に観たのは『インディ・ジョーンズ／最後の聖戦』ですね。ただ、スピルバーグ作品に無意識に触れた最初の記憶は残っているんですよ。もちろんテレビなんですが、三歳か四歳頃に「日曜洋画劇場」で観た『激突！』です。なぜ憶えているかと言うと、幼児なのでシンプルなストーリーしか理解できなかったので、ようは〈逃げる・追いかけられる〉映画の印象が強いんです。『アルカトラズからの脱出』とか『カプリコン・1』と共に最も古い映画の記憶が『激突！』なんです。そのせいか、今に至るまでスピルバーグの映画で最も好きなのは、〈逃げる・追いかけられる〉系列の作品なんですよ。

『バック・トゥ・ザ・フューチャー』

© 1985 Universal Studios. All Rights Reserved.

スピルバーグの成長

南波　年代を追うごとに、どんどんこの人がやりたいことが見えてきたなという印象を持っていました。というのは、スピルバーグってどっちが善で、どっちが悪かということを一方的に決め付けない人だと思ってはいたんです。もちろん、『JAWS／ジョーズ』のサメに善悪はない訳で。それこそ『激突！』にしても、たしかに悪役という意味ではトラックの運転手なんですけど、そもそも姿が見えていない。じゃあ、主人公の運転手はいったい何と戦っているのかというと、目に見えぬ抽象的な何かではないかと考えると、これが絶対悪だという具体的なものを描こうとはしていなさ

モルモット吉田［もるもっと よしだ］
1978年生。映画評論家。「キネマ旬報」「映画秘宝」等に執筆。著書に「映画評論・入門！」（洋泉社）。Web「リアルサウンド映画部」に『ペンタゴン・ペーパーズ／最高機密文書』作品評を寄稿。別名義は吉田伊知郎。

そうだ。となるとスピルバーグって勧善懲悪の人とはやはり違うような気がしていて。それが『シンドラーのリスト』辺りから、いよいよ見え始めたなと思ったんです。というのも、主人公のオスカー・シンドラーはそもそもドイツ人で、ドイツ人がユダヤ人を助けようとしている。この逆転の構図。こういった敵でも、味方でもない、そしていわゆる敵に値する存在がいつしか味方に転じている。それこそ、同時期に作られた『ジュラシック・パーク』では、一番恐かった恐竜、ティラノサウルス・レックスが、最後のラスト・ミニッツ・レスキューでは逆に救出にやって来る。そう考えると、どちらか一方の側には立とうとしない人だなと。それがわかり始めると、スピルバーグがますます面白くなってきました。そうしたことにテーマ性を感じています。

宇田川―僕は逆にね、『シンドラー』辺りから、離れちゃったんですよね。『シンドラー』の前って何だっけ。『フック』？ それまでのチャイルディッシュな映画の系列というところに気を取られていて。むしろそっちが好きだったんで、あのスピルバーグもマジメになっちゃうのかみたいな感じでね。まあ、ちょっと興味が離れちゃって。それからしばらく観なかった時期があるんですよね。

一同―ああ。

宇田川―それでだから、南波さんが今、「これでやりたいことが解った」って言ったのは、すごいなと思って。やっぱり、観る時期、観始める時期が違うと見方が違うし、飽きる時期も違うし。そういうズレが出るんでしょうね。

　最近『レディ・プレイヤー1』を目黒シネマで見て、これは面白いと思ってね。ちょっと反省しようと思った。また見直さないといけないなと思ってたところなんですよ。

南波―『レディ・プレイヤー1』で見直さないといけないとお感じになったのも、興味深いですね。スピルバーグの、いま肯定的にというか、否定的にというか、お言葉を聞いた印象ですが、そうしたチャイルディシュなスピルバーグが良い方向に出てきたということでしょうか。

宇田川―まだこういう力があるんだなと思って。スピルバーグの一番良い特質っていうのは、見たこともないものを出現させる力でね。すごいなこの人はとずっと思ってたんです。

南波―ええ。

宇田川―最初『激突！』も鳥肌が…、あんな形で追っかけてくるなんて、観たことない訳だし。あと、『JAWS／ジョーズ』に

宇田川幸洋［うだがわ こうよう］
1950年生まれ。映画評論家。「日本経済新聞」に映画評を執筆。ときどき「キネマ旬報」にも。著書「無限地帯 from Shirley Temple to Shaolin temple」（ワイズ出版）、共著「キン・フー武俠電影作法」（草思社）。

しても。『E.T.』なんかも初めてやる造型じゃないですか、ああいうのって。ああいうものを造って、生み出しちゃうんですよね。あのような造形を信じられるものにするという映画のマジックこそ、この人の本領だと思ってたんで、それでちょっと『シンドラー』はがっかりしちゃったんです。

南波｜ああ、なるほど。

宇田川｜別に何も珍しいものが出てこないなと。その点、極端な思い込みがあったかもしれない。というか勝手な期待が大きかった。スピルバーグも年齢とともに、作家として変化する訳で。それにちょっと付いていけなかった自分を反省してますけども。しょうがないけどね。

――逆に吉田さんは、ずっと追いかけてらっしゃいます？

吉田｜劇場で最初に観たのが、さっきも言った『インディ・ジョーンズ／最後の聖戦』なんですが、その後が『オールウェイズ』と『フック』でしょう。同時期にジェームズ・キャメロンの『アビス』や『ターミネーター2』が公開されていましたから、キャメロンこそが映像も感覚も今の時代に相応しいと思っている中で『フック』を観たので、ズレを感じたんですよ。まだこんなことをやっているんだなと。しかも、それまでのスピルバーグの娯楽映画は二時間が相場だったのに『フック』はあの内容で一四〇分もあったので、退屈したんです。今思うと、あの時期が一番心が離れましたが、直ぐ次の年に『ジュラシック・パーク』がありましたからね。凄いのは、連続して『シンドラーのリスト』を撮ったことですよね。あそこから二本立て路線が始まって、シリアスな題材とエンタメを同時に作るという在り方が定着しましたね。大ヒット作を作って、オスカーも受賞したのに寡作にならずに、むしろ本数が増えていく。しかも、なにかの映画が無くなってスケジュールが空いたから『宇宙戦争』を撮ってしまうというような職人的な振る舞いが際立ってきたことで、映画作家として独自性を感じるようになりました。

南波｜そうですね。多分、一貫してこういわゆるシリアス系の作品と、娯楽系の作品とを同時進行で。二本セットにして出している。

吉田｜あれは何故なんですか。昔は二、三年おきにこれぞという企画を、満を持して発表していたでしょう？

南波｜具体的に何故かと言うのは、本人じゃないから解りかねますけども、やっぱり『ジュラシック・パーク』と『シンドラーのリスト』。あそこが契機になってますよね。あの二本を同時に作ったというところ。『シンドラー』を作っていると心が折れるので、そのカウンターとしての『ジュラシック・パーク』とも言われますが。

映画のスタイルというか、見てくれはそれぞれ『シンドラー』も『ジュラシック・パーク』も、それぞれ娯楽作、シリアス作。しかも、一方は歴史に根ざした大作。一方は空想科学物というものになっていますが、ナチスも恐竜もどちらも完璧に情け容赦なく、一切の問答無用で人を殺しにかかる存在という点で、全く同じことをやっているなとは思いました。だから、そこにも僕はずっと、くれぐれもスピルバーグを二つのタイプに分けることは避けたいと思っているんです。『ジュラシック・パーク』的な物、『シンドラー』的な物は、同じ一つのスピルバーグの路なんだと考えています。

影響を受けた映画

――スピルバーグはどんな映画に影響を受けていますか？

宇田川―あらゆる映画の影響を受けてる人ですね、スピルバーグは。

南波―誰それの影響を受けてるっていうようなことを指摘されたのは、恐らく宇田川さんが一番早いんじゃないかと。例えば『カラーパープル』におけるグリフィスの『嵐の孤児』の影響など、宇田川さんのご本を読んで、あ、そうかもしれないと思いました。

宇田川―スピルバーグ本人に記者会見で聞いた。その前に『E.T.』で来日した時の単独インタビューで、グリフィスの影響を語ってくれたんですよ。だから、はーいって手上げて、あんなでかい会見場でする質問じゃなかったなとあとで思ったんだけど、個別のインタビューの機会がなかったから、しょうがなくて。ひょっとしたら、グリフィスの『嵐の孤児』が原型では？って訊いたら、スピルバーグが変にうろたえた（笑）。

南波―その辺がスピルバーグって面白いですよね。

宇田川―あとで思ったのは、グリフィスの名前出されるとまずいのかな、って。黒人差別の思想が背景にある映画『国民の創生』作ってる人だから。『カラーパープル』という黒人関係の映画の場で、グリフィスの名前を出したのはまずかったかな、はしたなかったなと反省しています。

南波―ああっ、そういうことなのか。

宇田川―いや、わかんないですよ、僕の勝手な憶測ですけど。

吉田―『続・激突！／カージャック』は『イン

南波克行［なんば かつゆき］
184頁参照。

『E.T.』

© 1982 & 2002 UNIVERSAL STUDIOS. ALL RIGHTS RESERVED.

トレランス』が元ネタと書かれています。

宇田川｜そう。

吉田｜小学生の頃に「キネマ旬報」を読み始めると、須賀隆さんが「ヒッチコックとその継承者」という文章で、スピルバーグが如何にその技法を引用しているかを書いていたんですよ。『鳥』の三段寄りが『E.T.』のクライマックスでも使われているとか。ちょうどビデオでヒッチコックを観始めた時期だったので、自分でも見つけたりして。その後も『マイノリティ・リポート』で『海外特派員』の傘の中の逃走をやっていたり、『ペンタゴン・ペーパーズ』でも『ダイヤルMを廻せ！』を連想させるカットがあって、今でもスピルバーグはヒッチコックが好きなんだなと思いましたね。

宇田川｜ヒッチコックが怒ったって話あるじゃないですか。『JAWS／ジョーズ』でズームアップとトラックバックを組み合わせた、ロイ・シャイダーのショット。あれヒッチコックが『めまい』で発明したものだから、その後、誰も真似しなかった技法。『JAWS／ジョーズ』でスピルバーグが初めてあのテクニックの応用をあみ出して人間を入れたショットを撮った。それからみんな真似するようになって、普通の手法になった。

吉田｜それからジョン・フォードもいますね。フィルムセンターで『香も高きケンタッキー』を数年前にようやく観たときに、これが『戦火の馬』になったのかって思いましたね。

南波｜この映画のネタ元はこの映画ですね、って指摘するのも楽しいんですが、映画全体の空気が、ああこれは何々をやりたがってるんだろうな、ていう大枠でのイメージなのかな。

吉田｜ただ、リメイク自体は少ないですね。『オールウェイズ』と今度撮る予定の『ウエストサイド物語』くらいですか。いくら好きでもヒッチコックやゴジラをリメイクしようとはしない。

宇田川｜今や、『ペンタゴン・ペーパーズ』とか『ブリッジ・オブ・スパイ』を見ると、ハリウッド映画の今までのテクニックとか、すべて吸収しちゃって、アメリカ映画を全部、ひっくるめて継承してるって感じ。

『インディ・ジョーンズ／クリスタル・スカルの王国』

TM & © 2008 , 2016 Lucasfilm Ltd. All Rights Reserved. Used Under Authorization.

南波｜あまり何々にオマージュを捧げようとか、あからさまなのはないですね。『インディ・ジョーンズ／最後の聖戦』で、ショーン・コネリーが傘で鳥を追って飛行機を落とすシーン、『北北西に進路を取れ』『海外特派員』『鳥』をまぜて、凝ったヒッチコックをやってるなあって思ったことはありますが。

宇田川―『インディ・ジョーンズ』みたいな映画だと遊びをちょっと入れてくる。

老境を見たい

宇田川―例えば、最近のクリント・イーストウッドは、本当に80代の人が作ってる、という枯れ方をしてますね。スピルバーグはどうなるんだろうか、80になったら。今スピルバーグは72？

南波―はい、46年生まれです。

宇田川―昔は47年生まれになっていた。

南波―どっかで訂正されたらしいですね。

宇田川―ＵＦＯが出現したのとおんなじ年だとずーっと覚えてた。

南波―僕は戦争が終わった翌年と覚えていて。

吉田―初期作のようなシンプルな構造の映画には回帰しませんね。『ブリッジ・オブ・スパイ』にしても、ヒッチコックみたいなシンプルな作りにはならないから長くなる。90年代以降は大半が140分台ですね。『キャッチ・ミー・イフ・ユー・キャン』ですらその長さ（笑）。『インディ・ジョーンズ／クリスタル・スカルの王国』は例外的に80年代のスピルバーグ映画の尺にしていましたが。

南波―スタッフの話で言えば、ジョン・ウィリアムズも編集のマイケル・カーンも80過ぎていて。撮影のヤヌス・カミンスキーはスピルバーグより年下だからまだ大丈夫でしょうが、腹心のスタッフたちが高齢化で動けなくなっていく。

宇田川―イーストウッドのスタッフたちと同じように、代替わりしていくんじゃないかな。

――老いたスピルバーグの映画も楽しみですね。

――最後に、スピルバーグ映画ベスト３を。

吉田―今日は最初に〈逃げる・追いかける〉のスピルバーグに惹かれたという話をしたので、『激突！』『ジュラシック・パーク』『宇宙戦争』を。ひたすらあるものから逃げることを描くことで、映画の根源的な魅力を鮮やかに見せてくれた人ですね。こういう余計な要素が一切ないシンプルな映画を各年代に作っているので、そろそろまた観たいです。

宇田川―１位『Ｅ.Ｔ.』は変わらずで、あとは迷っちゃうんだよねえ。『インディ・ジョーンズ／魔宮の伝説』と『続・激突！／カージャック』。最近のは比べにくくてね。

南波―僕はスピルバーグのこれ３本とは言いにくくて、全作品を総じて一つのものと考えているものですから。スピルバーグ作品は折に触れて見返すのですが、自分でルールを作っていて、スピルバーグの製作順に見ていくんです。例えば『フック』を見たら次は必ず『オールウェイズ』とか、作られた順に見るようにしてるんです。でも、ここであえて言うなら、ぼくの転機となった『未知との遭遇』。スピルバーグの転機として『シンドラーのリスト』。21世紀に入ってからの『ミュンヘン』です。

宇田川―みんな１本も被らなかった（笑）。

――皆さん、ありがとうございました。

音楽論

Music in the Steven Spielberg's films

スピルバーグ監督とジョン・ウィリアムズ

——2人の創作から見えるもの——

宍戸明彦
Shishido Akihiko

ジョン・ウィリアムズは、スティーヴン・スピルバーグ監督によるほとんどの映画の音楽を作曲してきた。『ペンタゴン・ペーパーズ／最高機密文書』（２０１７）は、その二八作品目に当たる。ウィリアムズは、ユニバーサルの重役であったジェニングス・ランの紹介で、一九七〇年代はじめに初めてスピルバーグ監督と出会ったと述べている。その時、すでにスピルバーグ監督は、ウィリアムズの音楽を詳しく知っていた。ウィリアムズが初期に作曲をしていた数々のＴＶのテーマ曲、そして、『華麗なる週末』（１９６９）、『11人のカウボーイ』（71）の音楽である。(1) スピルバーグ監督は、フィルムスコアの熱狂的な愛好家で、彼の音楽を求めていた。(2) 当時、スピルバーグ監督は、初めてウィリアムズと組むこととなる『続・激突！／カージャック』（74）を製作中だった。(3)

ジョン・ウィリアムズの音楽には、エーリヒ・ヴォルフガング・コルンゴルトやマックス・スタイナーのようなハリウッドの古典的な映画音楽の作曲家たちの特徴が色濃く表れている。ひとつには大規模なオーケストラによるシンフォニック・スコアの書法。また、テクニックの面でいえば、「テーマとヴァリエーション」、「ライトモチーフ」、「ミッキーマウジング」、「ダイアローグ・アンダースコアリング」の手法である。(4) スピルバーグ監督にとって、ウィリアムズは、一九七〇年代の初頭には衰退していたハリウッドの古典的な映画音楽を蘇らせてくれた存在であり、ウィリアムズにとって、スピルバーグ監督は、その音楽を促してくれた存在である。

映画音楽の歴史において古典の復興の転換点となった作品は、ジョージ・ルーカス監督の『スター・ウォーズ エピソード４／新たなる希望』（77）である。同作品の音楽の作曲家として、スピルバーグ監督が、友人のルーカス監督にウィリアムズを推薦した。ルーカス監督は、一九三〇、四〇年代の古典的なハリウッドスタイルの音楽を書くことができる作曲家を捜していたからである。彼は、ウィリアムズを主にジャズの音楽家としてしか知らなかったために、スピルバーグ監督の薦めを躊躇していたが、コルンゴルトやアルフレッド・ニューマンのような音楽を書ける人物として、スピルバーグ監督が強く後押しした(5)。現在も続くシリーズの作曲のきっかけとなったスピルバーグ監督は、ウィリアムズの経歴も大きく左右したのである。

スピルバーグ監督によれば、二人の仕事は、彼がウィリアムズに本や脚本を手渡すことから始まる。しかし、ウィリアムズは、忙しさに応じてそれらを読む場合と読まない場合があるという。映画を製作する前であっても、ウィリアムズはスピルバーグ監督との話し合いを好む。そして、スピルバーグ監督が映画を撮り終えた後にウィリアムズに大まかな映像を見せると、彼は映画を基にテーマ曲を書き、スピルバーグ監督にピアノでテーマ曲のスケッチを演奏する(6)。

『シンドラーのリスト』(93)において、ウィリアムズは敢えて本や脚本を読んだり、音楽を聴くことから仕事を始めようとはしなかった。ウィリアムズは、映画を観る前に、本や脚本を熱心に読むことはしないのだと述べた。それらが先入観を与えてしまうからである。また、頭の中で物事をまとめる際に邪魔になるという理由から音楽もまた聴かなかった。ウィリアムズには、同じユダヤ人排斥を扱った『屋根の上のバイオリン弾き』(71)の音楽の編曲を担当した経験があり、彼自身の中に、ユダヤ人が主題の音楽の表現法がすでに存在したのである(7)。

また、音楽は基本的に映像に合わせて作曲されるが、『シンドラーのリスト』の一部では、その逆の行程で製作が行われた。そこにスピルバーグ監督が音楽を尊重する態度を垣間見ることができる。ウィリアムズは映画が撮られる前にヴァイオリニストのイツァーク・パールマンのために音楽を書き、別のヴァイオリニストと共に予備レコーディングを行った。そして、スピルバーグ監督はそのレコーディング音源を撮影のために使用したのである。結果として、その音楽は映画のリズムとして働いた(8)。さらに、スピルバーグ監督が映像よりも音楽を優先した例

『シンドラーのリスト』

© 1993 UNIVERSAL CITY STUDIOS, INC. AND AMBLIN ENTERTAINMENT, INC. ALL RIGHTS RESERVED.

が、『E.T.』(82)のレコーディングの際にもあった。最後の約十五分間のクライマックスシーンを通して、ウィリアムズは、指揮を続けなければならなかったが、一部で上手く映像に音楽を合わせることができなかった。スピルバーグ監督は、ウィリアムズにコンサートのように演奏するようにと助言をし、音楽に合わせて後から映像を編集すると約束したのである。[9]

『JAWS／ジョーズ』(75)には、ハリウッド第一世代のコルンゴルトの音楽的特徴が含まれていることをウィリアムズ本人も認めている。[10] 一方で、その第二世代のバーナード・ハーマンの音楽的特徴も聴くことができる。[11] これは、映画音楽における新古典主義[12]とも呼べるだろう。ウィリアムズの友人であっただけでなく、師でもあったハーマンは、シンプルな短い楽句、オスティナートのような繰り返しを好んだ。サメの動きに合わせたE、Fの2音の繰り返しには、まさにその特徴が表れている。

ウィリアムズは、サメが遠くにいてスクリーン上に不在であっても、サメのモチーフがその接近を示唆し、その存在を感じさせるのだと述べる。[13] 実は、撮影の際に、機械的な問題が生じたために、模型のサメがほとんど姿を現すことができなかったからなのだが、[14]そのトラブルを逆手に取るように、音楽は映画を支えた。ウィリアムズは音楽によって水面下で接近するサメの動きをミッキーマウジング[15]の手法で表現し、見えない怪物の恐怖を増幅させたのである。

サメのモチーフについては、ライトモチーフ[16]の手法の観点から古典的な使い方を踏襲しているといえる。しかし、ミッキーマウジングの手法としては、斬新な使い方がされている。古典的なミッキーマウジングならば、「オンスクリーン」の動きに対して使われるのだが、『JAWS／ジョーズ』においては、ほとんどの場合、「オフスクリーン」の動きに対して適用された。[17] つまり、水面下におけるサメの不可視の動きをあたかも可視化させているかのような音楽にしたのだ。スピルバーグ監督も、映画を成功に導いたのはこの音楽だと認めている。[18]

ウィリアムズは、『未知との遭遇』(77)では、遠い未来のことでなく、今ここで行われている現実が描かれているのだと述べる。この映画において、D、E、C、C、Gという5音が人間と宇宙人とのコミュニケーションの言語として作曲された。その際には、リズムからではなく、音の組み合わせで三〇〇種類以上の音楽が考案された。ウィリアムズは、当時、オーケストラと合わせるために、単なるシグナル以上の音楽にすべきであると考えていた。その観点から彼は、「5音では不十分だ」と主張したが、スピルバーグ監督は逆に「これはメロディではなく、シグナルであるべきなんだ」と短い音数にこだわった。つまり、この5音は、言葉や音節の最小単位を表しているのである。[19] 一連の5音は、Dから始まり、Eに上がり、Cに下がり、1オクターヴ下のCに下がり、Gに上がる。ウィリアムズによれば、第5音目のGは、返答を求めているかのような響きを表現したという。[20]

『未知との遭遇』において、マザーシップを表現するために、モーグ・シンセサイザーだけではなく、チューバとオーボエが使われた。シンセサイザーは、機械的で非人間的な印象を与えるが、チューバとオーボエを加えることで、何かを試みようとする様子や息遣いを表現した。そのことによって、マザーシップには、生命が宿ったかのように感じられるのである。[21] ハーマンは、『タクシードライバー』(76)で、クレッシェンドとディミニュエンドの組み合わせにより、2音で主人公トラヴィス・ビックルの息遣いを表現したが、[22] そのアイデアを彷彿とさせる。

言語としての5音、生命を宿す響きは、物語世界の音楽としてリアリティを感じさせる。さらに、『未知との遭遇』では、ハリウッド黄金期の作曲家に影響を与えた後期ロマン派の音楽的特徴だけではなく、『２００１年宇宙の旅』(68)以降のSF作品として、現代音楽の作曲家であるジェルジ・リゲティのミクロポリフォニー[23]の技法も同時に聴くことができる。マーラーやR・シュトラウスなどの後期ロマン派によるメロディやハーモニーの豊かさを備えた音楽とは対照的に、この現代音楽の技法は不安や恐怖を喚起させる音楽として働いている。

スピルバーグ監督とウィリアムズの関係は、現在も変わらずに続いている。しかし、『ブリッジ・オブ・スパイ』(２０１５)では、約三十年ぶりにウィリアムズ以外の作曲家が音楽を担当した。それまで、スピルバーグ監督とウィリアムズが組まなかった劇場映画は、『トワイライトゾーン/超次元の体験』(１９８３)と、『カラーパープ

『ブリッジ・オブ・スパイ』
© 2016 Twentieth Century Fox Home Entertainment LLC. All Rights Reserved.

ル』(85)のみであった。『ブリッジ・オブ・スパイ』も、当初はウィリアムズが音楽を作曲する予定であったが、健康上の理由からペースメーカーを埋め込まなければならなかったことや、『スター・ウォーズ／フォースの覚醒』(2015)の作曲スケジュールの都合から、トーマス・ニューマンが代わりを務めた。スピルバーグ監督によれば、ウィリアムズは、ニューマン一家の一員であるという。なぜなら、トーマスの父アルフレッドこそウィリアムズを映画音楽の世界に導いた人物だからである。スピルバーグ監督は、ウィリアムズが不在であっても、彼が家族の一員として、そこにいてくれたかのように感じたという。[24]

『レディ・プレイヤー1』(18)も、ウィリアムズに代わって、アラン・シルヴェストリが作曲を担当した。同作品と『ペンタゴン・ペーパーズ／最高機密文書』のスケジュールが重なったために、ウィリアムズは片方しか選択できなかったからだ。シルヴェストリとウィリアムズは同時期に作曲を手掛けたが、シルヴェストリはウィリアムズを尊敬するあまり、スピルバーグ監督との仕事に脅威を感じていた。[25]そして、シルヴェストリは、ウィリアムズが映画音楽にテーマ曲の力を繰り返し示し続けてきたことに対して、感謝の念を捧げている。スピルバーグ監督は、「ウィリアムズのように、アランはテーマ曲を合わせていく目的を理解している」と彼の音楽を称賛した。[26]

ウィリアムズは、スピルバーグ監督作品を通して映画音楽を発展させてきた。実験的なアイデアを取り入れ、あらゆる時代の音楽を複合的に受け継ぎ、作曲の手法を応用した。そして、ウィリアムズが不在のスピルバーグ監督作品であっても、そこには彼の影がある。それは、二人が長年をかけて互いを支えながら築いてきた関係の証である。

[注釈]

1 David Horn, (2009, March), "Interview: John Williams, on Great Performances, Spielberg, and More," [online]. Available https://www.thirteen.org/insidethirteen/2009/03/25/interview-john-williams-on-great-performances-spielberg-and-more/

[2018, October 28].

2 Jon Burlingame, (2012, February), "Spielberg and Lucas on Williams Directors Reminisce About Collaborating with Hollywood's Greatest Composer," [online]. Available http://www.filmmusicsociety.org/news_events/features/newsprint.php?ArticleID=020812 [2018, October 28].

3 David Horn, (2009, March), "Interview: John Williams, on Great Performances, Spielberg, and More," [online]. Available . https://www.thirteen.org/insidethirteen/2009/03/25/interview-john-williams-on-great-performances-spielberg-and-more/ [2018, October 28].

4 Emilio Audissino, ***John Williams's Film Music Jaws, Star Wars, Raiders of the Lost Ark, and the Return of the Classical Hollywood Music Style***, (Wisconsin: The University of Wisconsin Press, 2014), pp.33-36.

5 Jon Burlingame, (2012, February), "Spielberg and Lucas on Williams Directors Reminisce About Collaborating with Hollywood's Greatest Composer," [online]. Available http://www.filmmusicsociety.org/news_events/features/newsprint.php?ArticleID=020812 [2018, October 28].

6 Jon Burlingame, (2012, February), "Spielberg and Lucas on Williams Directors Reminisce About Collaborating with Hollywood's Greatest Composer," [online]. Available http://www.filmmusicsociety.org/news_events/features/newsprint.php?ArticleID=020812 [2018, October 28].

7 Richard Dyer, "John Williams Making Movie-Music History: ***Schindler*** Composer Is Up for Fifth Oscar," ***Boston Globe***, 20 March 1994.

8 Ibid.

9 Jon Burlingame, (2012, October), "***E.T.*** Turns 30 Williams' Score Soars on New Blu-Ray Release," [online]. Available http://www.filmmusicsociety.org/news_events/features/2012/101012.html [2018, October 28].

10 Jon Burlingame, (2012, August), "John Williams Recalls ***Jaws*** Classic Summer Thriller Fully Restored, Out on Blu-Ray Today," [online]. Available http://www.filmmusicsociety.org/news_events/features/2012/081412.html [2018, October 28].

11 Audissino, op cit., p.123.

12 Ibid., pp.119-133.

13 Jeff Bond, "God Almighty! We Finally Interviewed John Williams. Enough Said.," in ***Film Score Monthly***, Vol.8, No.1, 2003, p.12.

14 Jon Burlingame, (2012, February), "Spielberg and Lucas on Williams Directors Reminisce About Collaborating with Hollywood's

『ペンタゴン・ペーパーズ／最高機密文書』

©2017 Twentieth Century Fox Film Corporation and Storyteller Distribution Co. LLC. All Rights Reserved.

Greatest Composer," [online]. Available http://www.filmmusicsociety.org/news_events/features/newsprint.php?ArticleID=020812 [2018, October 28].

15 「ミッキーマウジング」とは、映像の動きにシンクロさせて音楽を付けること。

16 「ライトモチーフ」とは、特定のキャラクター、想念、状況に付与され、繰り返し用いられる動機のこと。

17 Audissino, op cit., p.112.

18 Jon Burlingame, (2012, February), "Spielberg and Lucas on Williams Directors Reminisce About Collaborating with Hollywood's Greatest Composer," [online]. Available http://www.filmmusicsociety.org/news_events/features/newsprint.php?ArticleID=020812 [2018, October 28].

19 Jo Reed, "2009 National Medal of Arts Recipient, Composer John Williams Discusses the Art of Scoring Films," [online]. Available https://www.arts.gov/audio/john-williams [2018, October 28].

20 John Williams, CD booklet for ***Close Encounters of the Third Kind***, La-La Land Records, LLLCD 1433, p.10.

21 Ibid., p.12.

22 ミシェル・シオン『映画の音楽』小沼純一、北村真澄監訳、伊藤制子、二本木かおり訳（みすず書房、２００２年）、１８１〜１８２頁。

23 「ミクロポリフォニー」とは、多数の声部を重ね合わせて密集させることで、それぞれの独立した声部が不明瞭となり、全体としてまとまりのある音響の動きのように聴こえるという技法。

24 Steven Spielberg, (2016, January), "***Bridge of Spies*** DGA Q&A with Steven Spielberg and Martin Scorsese," [online]. Available https://www.youtube.com/watch?time_continue=667&v=ufRw6bT7CL0 [2018, October 28].

25 Byron Burton, (2018, April), "***Ready Player One*** Composer Alan Silvestri on Its Touching Final Moments," [online]. Available https://www.hollywoodreporter.com/heat-vision/ready-player-one-what-is-james-hallidays-motivation-1098908 [2018, October 28].

26 Tim Greiving, (2018, March), "How ***Ready Player One*** Became the Rare Steven Spielberg Movie Not Scored by John Williams," [online]. Available http://www.latimes.com/entertainment/movies/la-et-mn-ready-player-one-alan-silvestri-20180330-story.html [2018, October 28].

アンブリンの星のもとで

――スピルバーグ製作総指揮作品の時代

大久保清朗
Okubo Kiyoaki

一九七三年、『続・激突！／カージャック』が南カリフォルニア大学で先行上映されたときのこと。劇場長篇映画第一作の一般公開を控えた二十七歳のスティーヴン・スピルバーグのもとに、二十一歳の学生が自作の短篇を売り込みに現れる。コメディ『決闘場』《ア・フィールド・オブ・オナー》を手がけたその青年の名はロバート・ゼメキス。まもなく『JAWS／ジョーズ』で興行記録を塗り替える新進映画監督は、五年後、初の製作総指揮作品として、その時の学生ゼメキスのデビュー作『抱きしめたい』を選ぶだろう（製作は、共同脚本も手がけている盟友ボブ・ゲイルである）。映画の舞台は一九六四年二月、ビートルズ来米に湧くニュージャージー。ビートルマニアのティーンエイジャーたちの狂乱ぶりに、スピルバーグは何を見たのか。それは、政治参加だの体制批判だのといった真面目くさった風潮に背を向け、社会にくすぶる鬱陶しい現実を己れの趣味嗜好で粉砕してしまうエネルギーとでもいうべきものである。マッシュルームカットの四人組バンドのレコードが飛ぶように売れるさまを短いカッティングで見せる冒頭のレコード店の場面には、深刻さのかけらもない。そこにはただ、ケネディ暗殺もボブ・ディランのプロテストソングも関係ないのだと言わんばかりの、底抜けの享楽的ムードが横溢している。これを、一九八〇年代的なオタク的価値観を予告する軽薄さと批判的にとらえることもできるだろう。

　しかしはたして、そうやすやすと高を括ってしまっていいのか。『バック・トゥ・ザ・フューチャー』三部作や『ロジャー・ラビット』がそうであるように、そこには現実と虚構の垣根を越え、偽史を正史に転化させせんとする過激な欲望が見出せはしまいか。『フォレスト・ガンプ 一期一会』のなかで、CG合成技術によって、架空の主人公が実在の大統領と握手する場面に見られるように、ゼメキス映画にあって偽史と正史は同じ資格で同居し、凶弾に斃れた大統領はファンタジーの脇役へとあっさり置き換えられている。スピルバーグ映画（『ジュラシック・パーク』）であればこのスペクタクル欲求は素朴に「夢を現実にする」と言い表せるだろう。だがゼメキスは、スピルバーグが切り拓いたCGの可能性に全く別の解を出すことで、先達を凌駕する。エド・サリバン・ショーを、再現映像と現実のフッテージとを巧みに組み合わせて構成した『抱きしめたい』での試みは、そこに至る長い道程の第一歩であった。

『バック・トゥ・ザ・フューチャー』の成功は、エグゼグティヴ・プロデューサーとしてのスピルバーグの栄光の一ページだろう。だがそれは悲惨の一ページと背中合わせだ。『抱きしめたい』に続くゼメキスの次回作『ユーズド・カー』の製作総指揮には、スピルバーグの他に『デリンジャー』のジョン・ミリアスが名を連ねている。『JAWS／ジョーズ』の脚本を一部手直ししたこともある、このタカ派の映画監督は「日本野郎が攻撃した夜《ザ・ナイト・ザ・ジャップス・アタックド》」なるシナリオをゼメキスとゲイルに依頼する。最終的に『1941』というタイトルになる、このスラップスティックコメディもまた、戦争という重苦しい現実を粉砕する偽史創造の試みだ。だがなぜかこの時、スピルバーグは製作総指揮ではなく自ら監督に乗り出してしまう。ゼメキスの暴力性とスピルバーグの破壊性、そこにジョン・ベルーシを筆頭とする役者たちの幼児性とがミックスされて出来上がった、スピルバーグ監督史上、未曾有の大惨事（内容的にも、興行的にも）は、起こるべくして起こった歴史的帰結だったのかもしれない。だがこれに懲りる風もなく、スピルバーグは他の製作総指揮映画においても、破壊のサディズムを爆発させる。ホラー映画の金字塔『悪魔のいけにえ』を監督したトビー・フーパーを招いて製作された『ポルターガイスト』は、ファンタジー色の強いホラー映画である。スピルバーグとしては例外的に製作と原案・脚本を兼ねた他監督の作品だが、今見直すと恐怖よりも笑いに誘われる。おそらくそれは収拾不可能なカオスの拡大を製作者たちが秘かに楽しんでいるような印象を受けるからだ。『1941』を淵源とするこの崩壊の連鎖反応への嗜好は、リチャード・ベンジャミンの『マネー・ピット』やジョー・ダンテの『グレムリン』二部作にも見出せよう。

　ここで想起するべきは、スピルバーグが『1941』を準備していたとき、ゼメキスとゲイルに脚本執筆を依頼しながら、結局作られることのなかった『放課後《アフター・スクール》』である。『未知との遭遇』の撮影中、出演者のフランソワ・トリュフォーは、スピルバーグに、『トリュフォーの思春期』にあたるような作品を撮るよう再三説得したという。スピルバーグの自主映画時代最後の作品『アンブリン』は、一組のティーンエイジャーのさすらいを描いたものだが、海辺にたどり着く結末にはトリュフォーのデビュー作『大人は判ってくれない』からの影響が色濃い。トリュフォーもまた、この二十代の青年監督のうちに、自らの資質に通じるものを見出したのかもしれない。ともあれ、「キッズ少年」たちの映画、「彼自身の幼少期の個人的な物語」となるはずであったこの『放課後』のシナリオは、ゼメキスとゲイルたちによってオタク対スポーツマンの抗争もの（いわゆる「ナード対ジョック」もの）へと変更される（そして日の目を見ることはなかった）。スピルバーグが抱く

「キッズ」がまだ幼さの残る孤独な存在であるのに対し、ゼメキス＝ゲイルの抱くそれは、マーティ・マクフライのように欲求不満のはけ口を探すハイ・ティーンのそれであったのかもしれない。この企画の頓挫がもたらしたものがあるとすれば、それはスピルバーグが自らの手によって「キッズ」の映画を作らねばならないことを自覚させたことだろう。そうして生み出されたものが『E.T.』である。「初めてぼくは、観客をではなく、自分を満足させるために映画を作っている」（リチャード・シッケル著『スピルバーグ その世界と人生』大久保清朗・南波克行訳（西村書店））と言わしめた『太陽の帝国』もそこに付け加えていい。

一九八一年にスピルバーグが設立した映画製作会社「アンブリン・エンタテインメント」は、彼の最後の自主制作短篇のタイトルから取られている。だが会社ロゴが『E.T.』の一場面（ETを自転車に載せたエリオットが満月を背にして飛翔する姿）であることは、この映画製作会社のイメージ戦略が窺える。子供でも安心して楽しめるような健全たる娯楽

『バック・トゥ・ザ・フューチャー』

© 1985 Universal Studios. All Rights Reserved.

の理念、言い換えれば、ヘイズ・コードによる表現規制が今なお存在し続けているかのような、セックスや過激なヴァイオレンスが希釈された作品の理念だ。だが同時に、それはふとした瞬間にお行儀のよさを捨て、グロテスクで凶暴な相貌も覗かせる。あたかも善良で愛らしいモグワイが、凶暴なグレムリンに変貌するように。だがそれすらも、見世物として消費されうる配慮が周到に施されている。グレムリンは駆逐され、モグワイは老賢者のもとに帰るだろう。ともあれ、一九八〇年代のアンブリン・エンタテインメントの時代——誰もが毎年のように「スピルバーグの」と銘打たれた製作総指揮映画を享受していた時代——とは、きわめて反動的な時代だった。いやそれは健全とか反動とかいう以前に、常識なり良識なりに照らして「ひどい映画」だったというべきかもしれない。リチャード・ドナー監督の『グーニーズ』、『マネー・ピット』、ジョン・パトリック・シャンリー監督の『ジョー、満月の島へ行く』などを「駄作《スティンカー》」と切って捨てる批評家もいる。

にもかかわらずスピルバーグの作家性はアンブリン映画の中にも見出せる。いやこの際、あらゆる常識や良識をかなぐり捨て、製作総指揮作品の中にこそ、と敢えて断言してしまいたい。『グレムリン』や『グーニーズ』は言うまでもなく、私たちはマイケル・アプテッドの『Ｏｈ！ベルーシ絶体絶命』を、バリー・レヴィンソンの『ヤング・シャーロック ピラミッドの謎』を、ドン・ブルースの『アメリカ物語』を、マシュー・ロビンスの『ニューヨーク東８番街の奇跡』を、ジョー・ダンテの『インナースペース』を愛さずにはいられないのである（スピルバーグはクレジットされていないが、ケヴィン・レイノルズの『ファンダンゴ』やウィリアム・ディアの『ハリーとヘンダスン一家』を加えてもいい）。

たとえば、『アメリカ物語』は一見ディズニー風アニメであるが、スピルバーグにあってこの作品は、極めて自伝的要素の強い作品だ。一九世紀末、猫たちの迫害から逃れ、自由の国アメリカを目指すロシアのネズミ一家の姿には、ロシア系ユダヤ人であるスピルバーグの出自が垣間見える。何よりファイベルという主人公の名は母方の祖父のイディッシュ語の名前に由来している。エリア・カザンが『アメリカ アメリカ』で自分の伯父の半生を映画化したように、スピルバーグもこの映画で移民の子としての自らのルーツを語っている。原案に名を連ねている『グーニーズ』もスピルバーグ自身の幼少期の体験が作中に紛れ込んでいる。お調子者の少年チャックが、ギャング一味に脅されて、自らの過去の悪行を涙ながらに暴露する抱腹絶倒のシーンを思い出そう。偽物の嘔吐物をビニール袋に仕込んで映画館に入り、上映中に二階席からぶちまけると、気分が悪くなった観客が本当に嘔吐し始めたという話は、一九六〇年、フェニックスの映画館キヴァ劇場でアーウィン・アレンの『失われた世界』の上映中に、少年スピルバーグがしでかした悪戯が発想源となっている（それにしても当時十三歳のスピルバーグが、三十七年後に同名の映画『ロスト・ワールド／ジュラシック・パーク』を手がけることになるとは予想だにしなかっただろう）。ここにも、災厄が連鎖反応的に飛び火するスピルバーグ的な感覚が見出せる。『グーニーズ』こそ、スピルバーグ版『トリュフォーの思春期』なのかもしれない。

　スピルバーグ映画は大作のイメージがつきまとうが、子細に検討すれば、その多くがミニマルな世界であることに気づかされる。『ＪＡＷＳ／ジョーズ』は基本的に一艘の船の中で起こる物語であり、『Ｅ.Ｔ.』も一軒の住宅と周囲の郊外で展開する。そうした意味で『Ｏｈ！ベルーシ絶体絶命』が最初のアンブリン作品であることは注目されていい。一軒の山小屋に閉ざされた男女のロマンスという物語設定の慎ましさゆえに。そして肉体を超えた精神の絆というモチーフゆえに。シカゴの辣腕コラムニストが、ロッキー山脈に隠棲する鳥類学者の女性と恋に落ちるというスクリューボール的な筋立ては、ハワード・ホークスの心酔者であるローレンス・カスダンによるものだ。だが一生に一度の出会いを描くという点で、これはクリント・イーストウッドがアンブリンで最初に手がけた『マディソン郡の橋』に連なるロマンティシズムがすでに結晶している。ジョン・ベルーシが、愛するブレア・ブラウンと去りがたく、帰りの列車に同乗し、一駅また一駅と乗り合わせてしまうくだりは、まるで成瀬巳喜男の『乱れる』のように感動的である。ついに二人は駅の売店で結婚し、離ればなれになる。そしてこの作品での、肉体は離れながらも精神は結ばれている者たちの主題こそ、翌年の『E.T.』へ引き継がれ、イーストウッドの硫黄島二部作、『ヒアアフター』など、綿々と継承されていくアンブリン映画の核といえるかもしれない。

子供でいられない子供と、大人になれない大人。あるいは大人以上に大人びた子供と、子供以上に子供っぽい大人。一般的な成長プロセスから背を向けたところに、ある擬似的な親子関係が生みだされるのがスピルバーグ映画である（これについては以前、南波克行編著『スティーブン・スピルバーグ論』（フィルムアート社）所収「夜の暗がりの寄る辺なさと共に」で論じたことがある）。「自分が他の場合であれば監督したであろう作品を製作するようにしている」というエグゼグティヴ・プロデューサーとしてのスピルバーグの表明は、とりあえず額面通り受け取っていいだろう。しかし、『バック・トゥ・ザ・フューチャー』が描いた三十年後の未来を追い越した今日、かつての創造のエネルギーはどうなるのか。それはもはや消え去ってしまったのだろうか。それとも新しいエネルギーを発散させ、人々を刺激し続けているだろうか。

二〇一〇年になって一九八〇年が頻繁にノスタルジーの対象として再現されていることは、何らかの示唆を与えてくれそうである。J・J・エイブラムスの『SUPER8／スーパーエイト』などは、スピルバーグ製作総指揮のアンブリン映画に単に影響を受けているというよりも、彼の夢を現実として——偽史を正史として——新たな夢（偽史）を創造する試みといえる（スピルバーグは直接関わっていないが、ダファー兄弟のテレビシリーズ『ストレンジャー・シングス 未知の世界』をここに入れるべきかもしれない）。いわばアンブリン映画の再創造がなされているのだが、それは、『スター・ウォーズ』新シリーズのようなスタッフやキャストの世代交代による物語世界の更新とは似て非なるもののように思われる。他ならぬスピルバーグが『レディ・プレイヤー1』を手がけてしまっていることが最大の理由である。そこでは『バック・トゥ・ザ・フューチャー』のデロリアンが、Tレックスやキング・コングやゴジラなど、スピルバーグ自身を含めた過去の映画群のアイコンの襲来をかわして疾走する。ここで見るべきは空疎なシミュラークルでも、セルフパロディでもなく、スピルバーグの変貌ではないか。端的にいうと『レディ・プレイヤー1』やそれ以降に控えている映画において、スピルバーグはもはや「創造」をしていないように見える。それが言い過ぎなら通常考えられる「創造」とは全く別のロジックから映画を監督しているように見受けられる。『ウエストサイド物語』のリメイクやら、インディ・ジョーンズの五作目やらが待機作であることもその疑念を強化する。だが、にもかかわらずスピルバーグへの期待が潰えることはないだろう。むしろその反＝創造とみえるものから新たなスピルバーグ映画が現れるのではないかと胸が躍ってしまうのだ。

作品論｜08

『太陽の帝国』『シンドラーのリスト』『戦火の馬』
大人と子どもの間を揺れ動く

鬼塚大輔
Onitsuka Daisuke

『太陽の帝国』

写真：album／アフロ

『戦火の馬』（２０１１）に英国軍人ニコルズ大尉役で出演したトム・ヒドルストンは、独軍の罠に突撃して戦死する場面でスティーヴン・スピルバーグが自分に付けた演出を「これまで監督から与えられた、最も驚くべき演出の一つだった」と述べている。

「戦意満々という顔をしてくれ。カメラが君の顔に寄っていくから、カメラが目の前に来たと感じたら、二十歳若くなってくれ。君は二十九歳だよね。機関銃が自分の方に向けられているのに気づいたら、君は九歳になるんだ。君の中にいる子供が見たいんだ」というのが、スピルバーグの指示だった。

父親不在の少年時代を過ごしたスピルバーグの作品に「父親」、「大人になれない少年」、「少年が大人になって父親としての責任を取ること」というモティーフが繰り返し登場することは、彼のファンにとっては周知の事実である。

『戦火の馬』にニコルズ大尉が登場している時間は決して多くはないのだが、戦争を背景にした三本のスピルバーグ作品『太陽の帝国』（１９８７）、『シンドラーのリスト』（93）、『戦火の馬』の三本（『プライベート・ライアン』は別項で）も、「受難による少年時代の終わり」、そして「父親」というテーマが共通しており、『戦火の馬』でのニコルズ大尉戦死のシーンは、これら三本の作品、ひいては、他の作品での「少年の受難」、「大人の中の少年」、「大人になりきれない少年」というテーマを凝縮したものになっている。

J・G・バラードの小説を映画化した『太陽の帝国』の主人公は

イギリス人少年ジェイミー（クリスチャン・ベイル）である。迫り来る戦禍にも無頓着なジェイミーは敵機である零戦に憧れ、敵であるはずの日本軍に親近感を抱くほど幼い。日本軍侵攻時に両親とはぐれたジェイミーは、日本軍の収容所の中で二人の代理父、所内で闇屋として阿漕な稼ぎをするベイシー（ジョン・マルコヴィッチ）と、同胞のために献身的に尽くすローリング医師（ナイジェル・ヘイバース）に出会い、教育を受ける。収容所に入る前は父親から放任されていたジェイミーは、所内で「闇の父」と「光の父」二人からの教育を受けて、少年時代を満喫する。注意して欲しいのは、スピルバーグは所内でのジェイミーの生活を、降りかかる様々な苦難すら、決して悲惨なものとしては描いてはいないということだ。

彼が大人になることを迫られるのは、皮肉なことに、米軍による解放と収容所の崩壊が迫り、自由が目前になったその時なのである。零戦ではなく、目の前を飛ぶ米軍機に喝采し、親しかった日本軍少年兵の不条理な死を目の当たりにし、二人の代理父との別れを経験したジェイミーは、もはや子供ではあり得ない。ジェイミーは「大人」になったのだろうか？　違う。彼は一足飛びに「老人」になってしまったのである。

『太陽の帝国』のラストで、ジェイミーは両親との再会を果たす。母親に抱きしめられたジェイミーの顔がアップになるが、この場面でのジェイミーの目は虚ろで、それまでのような活き活きとした光を放ってはいない。スピルバーグ自身が、この場面でのジェイ

『シンドラーのリスト』

© 1993 UNIVERSAL CITY STUDIOS, INC. AND AMBLIN ENTERTAINMENT, INC. ALL RIGHTS RESERVED.

ミーの目を「老人の目だ」と言っている。
このラストでもう一つ注目したいのは、ジェイミーの実の父親の姿だ。しっかりと抱き合う母子と少し離れたところで、何か不気味なものを見るようにジェイミーを眺めつつ、決して触れようとはしていないのである。

『シンドラーのリスト』はどうだろう。そもそも、この作品の主人公、リーアム・ニーソン演じるところの、実在の人物であるオスカー・シンドラーは中年の実業家ではないか。いや、シンドラーは少年なのだと、ぼくは思う。

高価な贈り物や賄賂を駆使することで商人として成功していくシンドラーのもう一つの武器は、誰の懐にも遠慮なく飛び込んでいき、親しくなってしまえるという無邪気さだ。子供の特性と言ってもいい。

シンドラーは最初からユダヤ人たちを救おうとしていたわけではない存在として描かれる。安価な労働力として利用しようとしていただけだと。面倒な計算や手続きは苦手だと自認するシンドラーは、ユダヤ人であるイザック・シュターン（ベン・キングスレー）を実務担当として雇う。このシュターンが、一見すると控えめに従順に従っているように見えながら、実は代理父としてシンドラーを教育していくのである。

ナチスによる強制移住の実施を偶然目撃したことで、ユダヤ人を救おうという気持ちが芽生えるシンドラーだが、自分の立場や、国籍、民族の違いなどに妨げられることなく、「可哀想だから助けてあげよう」と単純に考えることができるのも、彼が偉人などではなく「少年」だからである。シンドラーはユダヤ人を救うことに熱中する。子供が新しいゲームに熱中するように。

貨車の中に詰め込まれ、暑さと喉の渇きで喘いでいるユダヤ人たちに放水するよう、シンドラーが兵士に命じる場面がある。その様子を見ているゲート少尉（レイフ・ファインズ）は「無益な希望を与えるだけだから、それはかえって残酷な行為だ」とシンドラーに笑いながら指摘する。理屈は通っている。大人として考えれば、それが正しいのかもしれない。それでもシンドラーは放水の指示を止めはしない。子供の考えでは「可哀想だから水をかけてやる」のが正しいことなのだから。

シンドラーが大人になる瞬間は、彼に救われたユダヤ人たちが我が身を削って（正確には金歯を削って）シンドラー夫妻の逃走資金になるよう作った金の指輪を贈られる、その時だ。ユダヤ人たちの圧倒的とも言っていい感謝の念を目の当たりにしたシンドラーは、この瞬間に初めて自分のしてきた行為の持つ素晴らしい真の意味に気づく。と同時に、それが「子供の遊び」だったことにも。

シンドラーは大人になるのだ。だから彼は、ユダヤ人たちの感謝に対して嬉しそうにしたり、誇らしげにしたりはしない。「もっと救えたはずだ。車を売っていれば、ナチス党員バッジを売っていれば、もうあと数人でも多く救えたはずだ」と身を捩って泣き崩れるのである。

　そんなシンドラーを「代理父」であるシュターンは優しく、しかし、しっかりと抱きしめる。シンドラーはジェイミーのように戦時下の苦難によって一気に「老人」となるのではなく、ようやく「大人」になる。そんな彼を「代理父」は祝福する。

　『戦火の馬』ことジョーイもまた、戦争の中で苦難の道を歩んでいく無垢なる存在である。だが、「少年」であるとは言いがたい。動物であるジョーイに少年時代と言えるものがあったとしても、それはサラブレッドとしての誇りを捨てて、飼い主であるアルバート少年のために農具を牽くことを受け入れた時点で終わっている。

　むしろ戦場で苦難を重ねるジョーイと巡り会う人々が、ジョーイを鏡として（前述のニコルズ大尉のように）「大人」なのか「子供」なのかを問われることとなる。母のところへ帰る、という約束を守るために脱走兵となり、銃殺されるドイツ人少年兵兄弟の挿話は悲惨だが、鉄条網に絡み取られたジョーイを救うために、イギリスとドイツ兵一人ずつが歩み寄る場面のシークエンスは素晴らしい。「（鉄条網を切るのに）カッターが一本では足りない！」とドイツ兵が叫ぶと、ドイツ側の陣地から何本ものカッターが飛んでくる場面は、すこぶるユーモラスかつ感動的である。この感動は、危険な戦場のまっただ中で一頭の馬を救うために敵味方で協力するという行為、ばらばらと何本ものカッターを皆で一斉に投げ込む（一本で

『戦火の馬』

写真：Visual Press Agency／アフロ

は足りないからと言って、そんなにたくさん投げてもしょうがない）という行為の「子供」っぽさに直結したものであるはずだ。

　ジョーイの飼い主だったアルバートも戦場に出て苦難を重ね、大人になる。そして偶然にジョーイと再会する。終戦後、戦友たちからの寄付でジョーイを競り落とそうとするが、金に糸目をつけない勢いの農場主（ニエル・アレストリュプ）にはかなわない。だが、結局農場主はジョーイをアルバートに無償で譲り渡す。ジョーイを愛しながら大人になることのないまま世を去った孫娘を思い、ジョーイを手に入れようとした農場主は、散っていった無垢な子供の魂の代償として、アルバートはジョーイを自分のものとする。

　故郷へと帰還したアルバートを母ローズ（エミリー・ワトソン）はしっかりと抱きしめる。

　そして『太陽の帝国』でも『シンドラーのリスト』でも起こらなかったことが起こる。大人となって帰還した息子を「実の父」テッド（ピーター・マラン）がしっかりと抱きしめるのである。

『太陽の帝国』、『シンドラーのリスト』、『戦火の馬』では、それぞれ「少年」が成長し、「父親」との和解を果たそうとする。一気に老人となって和解を果たせないジェイミー、「大人」となって「代理父」の愛を獲得するシンドラー、そして折り合いの悪かった「実の父」に、ついに抱擁されるアルバート。

　「少年」は「大人」にならなくてはならない。だが「大人」の理屈に無頓着な「少年」だからこそ成し遂げられる偉業もある。

『リンカーン』（２０１２）、『ペンタゴン・ペーパーズ／最高機密文書』（17）のように成熟した作品を作るかと思えば『タンタンの冒険／ユニコーン号の秘密』（11）、『ＢＦＧ：ビッグ・フレンドリー・ジャイアント』（16）のように驚くほど子どもっぽい作品を世に出す（『レディ・プレイヤー１』（18）は、その中間であるところが新しく面白い）スピルバーグ。「大人」と「子ども」の間を振り子のように揺れ動き続けていることが、スピルバーグ作品の本質的な魅力なのだ。

作品論｜09

『オールウェイズ』『宇宙戦争』『ペンタゴン・ペーパーズ／最高機密文書』

「男の世界」から「女も存在する世界へ」

真魚八重子
Mana Yaeko

この原稿の依頼内容は「『オールウェイズ』『宇宙戦争』『ペンタゴン・ペーパーズ／最高機密文書』をできれば絡めて書いてほしい」というものだったが、かなりの無茶振りだ。よりによって、まったく傾向の違うこの三作をピックアップした点がすごいと思う。だが、不可能を可能にというスピルバーグのチャレンジ精神の体現である気もする。確かに『宇宙戦争』はファミリーものとSFホラーの合体であったし、そういった文章を生み出すのが創造性なのかもしれない。

*

『オールウェイズ』はヴィクター・フレミング監督の『A Guy Named Joe』（１９４３）のリメイク作品で、そのため脚本のジェリー・ベルソンとは別に、オリジナル脚本としてダルトン・トランボの名も表記されている。本作はオリジナルと、霊界から現世に送り返されてくる男というストーリーは一緒だが、スピルバーグらしいファンタジー色が強い作品だ。

山火事に対しての消化弾投下を専門とする、飛行機乗りのピート（リチャード・ドレイファス）。彼は管制塔で働くドリンダ（ホリー・ハンター）と愛し合っている。ピートは仲間のパイロットであるアル（ジョン・グッドマン）から、山火事専門のパイロット養成所の教官にならないかと話を持ち掛けられた。一笑にふしたピートだったが、彼が無謀な飛行を繰り返すため、いつも不安にさいなまれていたドリンダは、教官になる話を受けるように懇願した。彼女の気持

『オールウェイズ』

© 1989 UNIVERSAL CITY STUDIOS, INC. AND U-DRIVE PRODUCTIONS, INC. ALL RIGHTS RESERVED.

ちをくむことにしたピートだったが、その夜の出動で事故死してしまう。死者として目覚めたピートは、パイロットを目指す青年テッド・ベイカー（ブラッド・ジョンソン）を導くため、現世に舞い戻る。ピートの姿は誰にも見えないが、彼の声は時折ドリンダやテッドの無意識に働きかけることができた。しかしテッドはドリンダに恋をしており、ピートの思いがけない恋敵となってしまう。

オリジナルでは空軍兵士だった設定を、山火事に出動するパイロットに変更したのは、火炎の迫力あるシーンを生み出す効果となっている。生前のピートは誰よりも命懸けで仕事をこなしつつ、男らしい鷹揚なユーモアを失わない。だがやはり、それはひと昔前の男性性であり、１９８９年の作品としても若干古臭いと言わざるを得ない。

男らしい男と、それと渡り合えるじゃじゃ馬娘の恋愛劇は、素直になれないもどかしさというロマンティックさを生む。そのため、序盤で描かれるピートとドリンダの関係性は複雑さに満ちていて、丁々発止のやりとりも危うい均衡がある。だがこういった恋愛模様も時代に即したものであり、ラブロマンスの描かれ方の変化を改めて感じる。現代の感覚では、ピートの仕事ぶりや女性の扱い方は男らしさではなく、虚勢の息苦しさや傲慢さとして、作り手たちにとっても回避の対象になるのではないか。

ピートからの霊的な力によって、無意識に影響を受け始めたテッドも、パイロットとして成長していくなかで無謀な飛行をするようになる。余談だが、ちょっとこのキャスティングは謎だ。リチャード・ドレイファスがシニアに見えるほど奇妙に老けているのも気になるし、ブラッド・ジョンソンの長身でにやけた若者ぶりとの落差は、ドリンダの恋心が移り変わるにしても不思議な感覚がある。

オープニングでピートはドリンダへの誕生日プレゼントとして、白いドレスとハイヒールをプレゼントする。山林火災への消火活動に当たる消防士の集まった場所で、紅一点の彼女が次々と男たちと踊るシーンは、彼らが一斉に同じ動きをするのが往年のミュージカルのようだ。リアリズムではなくおどけたムードを醸し出す演出で、ドレイファスが男たちに手を拭かせると、彼の持っていた白いタオルはあっという間に墨色になってしまう。ファンタジー映画でもリアルな表現から入ることもできるのに、序盤からすでに戯画化された演出が施されている。

霊界の住人であるピートがやきもちを焼いて、テッドたちの恋愛を邪魔する際に「俺の女だ」という言い方をするのだが、現代においてはロマンティックな印象は抱きにくい。意識の変化によって、女性を所有物のように扱うことは美しい振る舞いではなくなってきており、今見返すと本作のドレイファスは、幽霊のストーカーのように見えてしまう。やはりオリジナルが１９４３年と古く、戦争下で作られた映画という影響が、こういった辺りに残っているのではないだろうか。

ピートを現世に送り返す案内をするのは、時を超越した不思議な存在ハップ（オードリー・ヘプバーン）だ。この作品はヘプバーンの遺作であり、焼け落ちた山林の中、木立に逆光がきらめく中での登場シーンは異界めいていて美しい。白いセーターを着た霊的存在というのは魅力的だ。

*

古い男という意味では、『宇宙戦争』のトム・クルーズも、別れた妻や子供たちという家族の変化や成長から取り残された男だ。異星人の襲来によって、子どもたちを妻の元に送り届ける必死の努力をしながら、映画の最後では家族から去っていくしかないのも、『オールウェイズ』のリチャード・ドレイファスと似ている。

トム・クルーズは昔からエリートや凄腕といった役柄が多い。なので本作のように港湾労働者で、別れた妻は恵まれた再婚をしており、子供たちも母方の裕福な生活に慣れているため、父親との面会はいかにもめんどそうというのは、なかなか珍しい。

本作もH・G・ウェルズの1898年の同名原作の再映画化なので、オリジナルは非常に古いのだが、SF的演出はむしろ他の同時代の映画を引っ張るように、現代的にグレードアップされていた。人物描写もトム・クルーズ演じるレイ・フェリエは、異星人の襲撃にあう中で自分の無力さや、子どもたちの理想の父として振舞えないことを知ったうえで、必死にあがく。恐怖にうちのめされつつも、父親の責任を果たすために、がむしゃらで余裕などない姿を見せるのだ。男らしさとはニュアンスの異なる父性である。男の

『宇宙戦争』

© 2005 BY PARAMOUNT PICTURES AND DREAMWORKS LLC. ALL RIGHTS RESERVED. TM, ® & © 2012 by Paramount Pictures. All Rights Reserved.

痩せ我慢も、時代に即して変化するのだ。

『オールウェイズ』と『宇宙戦争』では、スピルバーグのＳＦとファンタジーの取り扱い方の違いが歴然としている。『宇宙戦争』の異星人たちの攻撃による被害と、その余波によって起こる事故や人々のパニックは、いかに非現実的な状況をリアルに見せるかに力点が置かれている。だがそれは決して、この二作の間に作風の変化が生じたわけではなく、２０１６年には『ＢＦＧ：ビッグ・フレンドリー・ジャイアント』のようなファンタジーもある。ようは使い分けなのだが、スピルバーグはその差が極端だ。基本的に「ＳＦ」「ファンタジー」とジャンルを定めたときに、作風に強い線引きがされ、その中でＳＦはスリラーやホラーといったジャンルもはらんでいる。そういった恐怖と関わり合うものを排除したのがファンタジーともいえるだろう。ゆえに男性性の変化はジャンルの問題ではなく、もっと根底に流れるものだ。

その意識の変遷を表したのに撮影も大きい。ヤヌス・カミンスキーの褪せた銀色の渋さは、『宇宙戦争』のようなＳＦパニックでも大人びたドラマを表出する。落ち着いた色調は派手な目くらましにならず、観客にリアリズムを感じさせつつ、目線を登場人物の繊細な感情の動きにも向けさせる。撮影監督ミカエル・サロモンによる、『オールウェイズ』の山林火災を捉えたシーンも迫力があり素晴らしかったが、ヤヌス・カミンスキーの遠くから観察するような広い構図は甘さを排除し、この二作品の間では意識のあり方が変わった。同じくカミンスキーが撮影の『プライベート・ライアン』（98）も、戦時下の「男というもの」という前提があるのに、激しくも冷ややかな画面はそういった意識を突き放す。

『宇宙戦争』は今見てもまったく古びることのない魅力が全編に溢れているが、『オールウェイズ』のドラマ性やタッチは、現代では消えていく感傷なのかもしれない。

＊

『ペンタゴン・ペーパーズ／最高機密文書』も、カミンスキーの渋い色彩設計が活きている作品で、さらに「男の世界」から「女も存在する世界」へと変化している。

アメリカ国防総省の最高機密文書の存在をあばく、新聞社のスリリングな内幕を描いた本作において、序盤では社主であるキャサリン・グラハム（メリル・ストリープ）は、男性の株主に発言力を奪われている。『オールウェイズ』ですべての男性からダンスの相手を求められ、にこやかに応じていたホーリー・ハンターとは違い、メリル・ストリープは彼女を威圧しようとする紳士たちによって取り囲まれる。それは異なるようでありながら、実は同じ性意識に根差している。そして『ペンタゴン・ペーパーズ』では、女性が男性に「囲まれる」ことの意味が深化している。だから、女性の笑顔は男性を慰めるために振りまくものではなく、恫喝するように覗き込む紳士たちをあしらうために用いられるようになる。

編集主幹のベン・ブラッドリー（トム・ハンクス）は昔ながらの聞屋然

とした男だが、その部下にはなんの違和感もなく、男性記者たちに交じってバリバリと働く女性記者のメグ・グリーンフィールドがいる。映画内で彼女が女だということはまったく斟酌されないし、誰かが彼女を女だからと能力を疑うこともなく、記者のひとりとして扱われている。その説明のなさもいい。

ホリー・ハンターが演じたじゃじゃ馬娘は、「扱いが難しいが乗りこなせば手柄な女」として、じつは女の従順さを引き出すことが目的とされている。それよりもはなから、自分らしいファッションをまといながらも、敏腕記者として仲間扱いされている女性や、脅しによって言うことを聞くはずだと思われている、おっとりした中年女性の反逆の方が、女性の人権の象徴に思える。

舞台となる時代は遡って古くなっているが、男性／女性の役割の変遷は、三作品を追うごとに現代的なアップグレードがされている。それこそがスピルバーグの現代性の表れだろう。

『ペンタゴン・ペーパーズ／最高機密文書』

© 2017 Twentieth Century Fox Film Corporation and Storyteller Distribution Co. LLC. All Rights Reserved.

作品論｜10

『フック』『リンカーン』
ピーター、フック、エイブラハム倒錯記号の系譜

荻野洋一
Ogino Yoichi

訪日した外国の批評家と話していて、「スティーヴン・スピルバーグへの評価が日本ではことのほか高い」という話になることが近年二度ほどあった。一人はアメリカ人、もう一人はフランス人である。スピルバーグ評価は今、どうなっているのか。これがたとえば「ヨーロッパの知的な芸術映画」への反動的反感としてのスピルバーグ擁護だとすれば、つまりただ単に「娯楽映画を馬鹿にするな」と叫ぶための旗頭としてスピルバーグがたまたま代表されているのだとすれば、つまらない話として一蹴すればよい。だがスピルバーグについての考察は、今も昔もそんなに一筋縄ではいかないようだ。

そもそもスピルバーグ映画は娯楽映画なのかという疑問が挙がってもいい。ホオジロザメとの格闘や考古学者の冒険、恐竜島のパニックなどについては紛うことなき娯楽映画群として誰もが認める。ところが、一九九一年のホリデーシーズンを当てこんだ『フック』となると途端に怪しくなるだろう。永遠に年を取らないはずの少年ピーター・パンがどういうわけか四〇歳になっており、企業買収を担当するベンチャーの社長に収まっているという現状は何たる皮肉だろう。ワーカホリックなピーターに対して反抗心を隠さなくなっている息子のジャックが「弱い会社を食ってしまうのがパパの仕事だ」と言うと、老婆になったかつての美少女ウェンディが「ピーター、あなたも海賊になってしまったのね」と嘆くありさまだ。この皮肉的なユーモアをそのまま娯楽的表現として甘受するのはむずかしい。

『フック』

写真：album／アフロ

現実社会へ亡命してしまったピーター・パンを失ってから三〇年近くが経過したネバーランドには、フック船長を中心とする海賊の港湾共同体、それから子どもたちだけの山岳共同体の二つが依然として健在である。しかしここには女性が不在である。正確には存在していないこともないが、妖精ティンカーベルのほかには、拉致された幼女、そして海賊の相手をする娼婦たちだけである。ネバーランドは、古代中国に形成された〈桃源郷〉の思想に近いガイノフォビア（女性恐怖症）空間としてある。中国の山水画には奥深い山中に隠者の楼閣が点在し、そのなかで隠者が飲酒に耽っていたり、高士が琴をかついだ少年をつれて水辺で詩作に遊んだりする光景が描かれるけれども、女性の姿が描かれることはまずなく、漢詩にしても女性の存在は甚だ稀薄である。ネバーランドは一見すると無秩序と暴力に支配されているかに見えて、じつは非常に安定した空間であるのは、古代的なガイノフォビアが無言のコードとして機能しているせいかもしれない。

大人になることを拒否する少年ピーター・パンが無惨な老成ぶりによって幻滅させるからといって、スピルバーグがここで単純な「童心へ帰れ」の主張をくり返しているわけではないことは明らかだろう。ピーターがつまらない大人になり果てたことに最も失望しているのは、老いたかつての美少女ウェンディでも、相思相愛の妖精ティンカーベルでもなく、宿敵たるフック船長なのだ。航海から遠ざかり、自殺願望と戯れるフック船長は、ピーターのネガティヴ

『リンカーン』

© 2014 Twentieth Century Fox Home Entertainment LLC. All Rights Reserved.

（陰画）として虚ろに存在する。だからフックは、社業に忙しいピーターに取って代わろうとしてピーターの息子ジャックに取り入り、彼のために野球大会さえ催すのである。忘れられた童心の世界ネバーランドは、ガイノフォビア空間であると同時に、もう一人のピーター・パンたるフックがピーターを代行するネガティブ空間でもある。そしてそれは四〇歳となったピーターの胸中山水でもある。父権と童心とを同時的に復権しうる空間の仮構を四〇歳ピーターは夢想する。それは妄執でしかないが、心中の代議制施行である。民主主義国家の国民たる私たちが代議士に立法を代行させるのと同様に、四〇歳ピーターは過去の自分とその支持者たちによる仮想空間に、息子への愛情と父権の復活を委託する。スピルバーグの映画には一歩間違えると、不健康な妄執としか思えない瞬間がある。『フック』とは、そうした病的な稚戯が猛烈に露呈してしまった例なのかもしれない。

四〇歳のピーター社長がピーター・パンであることを取り戻すまでに、『フック』はなんと上映時間にして一時間半を擁するという倒錯性にまみれる。心中の代議制施行にあって、自画像をピーター・パンに再チューニングするというのはそれほど手続きを擁する行為であった。もはやピーター本人よりも、陰画たるフック船長の方がピーター・パンとの距離が近いという状況なのである。

『フック』以降、スピルバーグ映画は急激に倒錯の度合いを深めていく。次作の『ジュラシック・パーク』（１９９３）でリチャード・アッテンボロー監督が演じたパークの創設者ハモンドなどはスピルバーグ的倒錯者の典型的人物だろう。ところがスピルバーグ的倒錯性は、倒錯を禁じる人物像の探究にも乗り出す。重層化された倒錯性である。この幾重にも重層化された倒錯性ゆえに、拙文冒頭で記したようにスピルバーグについての考察は、今も昔も一筋縄ではいかない。『リンカーン』（２０１２）における大統領エイブラハム・リンカーンこそ、これまでのところ、倒錯を禁じる重層化された倒錯性の最高地点を示す存在である。

エイブラハムは南北戦争を戦いつつ奴隷解放令を出した大統領として知られる。彼は南北戦争と奴隷解放だけでなく、みずからの周囲に片っ端から政治的空間をつくり出してやまない。彼にとってはすべてが政治だ。妻メアリー・トッドとの愛憎も、長男ロバートとの確執も、国務長官とのパートナーシップも、閣僚たちとの上下関係も、自党保守派や急進派との呉越同舟も、民主党との敵対も、南部諸州との戦争状態も、すべてが政治だ。エイブラハムは対峙する相手を激励し、説得し、ときには罵倒し、懐柔し、買収する。そうやって政策実現を緩やかに遂行する。まるで彼は自分が暗殺されるまでの時計を逆読みするかのように、奴隷解放のための憲法改正プログラムを推進する。妻も息子も、同僚も部下も、政敵も戦争相手もみな、おのがじし殻に閉じこもり、妄執に囚われている。エイブラハムは彼らの妄執の膜をいちいちめくり取ってやらねばならない。だから彼はみずからに倒錯を禁じ、他者に対しても倒錯をたしなめて回るのだ。さもなければ大事を成し遂げることはできなかっただろう。彼は南部諸州との内戦に勝ち、政敵との憲法論争に勝ち、家庭不和を収拾し、歴史との関係をも制した。それは「自分という倒錯」を制圧したことも意味する。それをトム・ハンクスが爽快に演じるなら、他のスピルバーグ映画と同列と言えるが、倒錯俳優の代表と言ってさしつかえないダニエル・デイ＝ルイスに演じさせるという点に、スピルバーグ的倒錯がにじみ出ているように思う。

エイブラハム自身、元来は個別の妄執に逃げこみたい登場人物であっただろう。家族や同僚と会っている時よりも、名もなき、見知らぬ、そして今後とも知己になりそうもない人々に会って軽口を叩いたり、たとえ話を披露したりしている時のほうが居心地良さそうに見える。映画冒頭、慰問先で任意の黒人兵二人としばしのあいだ語り合う。映画の中盤では、前線に命令を打電させる際に、ホワイトハウスの通信技師二人と語り合う。主人公が最もリラックスし、彼自身であるのはこうしたシーンだ。君たちは技師なのだからユークリッドを学んだだろうと言って、うれしそうに語り出す。

「ユークリッドの公理一は〝同じものと等しいものは互いに等しい〟。数学的推論の規則ひとつにすべてが当てはまる。今までもこれからもね。本の中で彼はこれを〝自明の理〟と呼んだ。二〇〇〇

『リンカーン』

© 2014 Twentieth Century Fox Home Entertainment LLC. All Rights Reserved.

年前の力学的法則の本にも書かれていた。われわれの始まりは等しい。それが原点だろ？　それが調和であり、公平さだよ」。

聴衆を前にたとえ話を披露することが大好きなエイブラハムという男。彼は周囲という周囲を政治化させ、交渉テーブルに変質せしめる。そのことじたい、彼はうんざりしており、さっさと終わらせ、死にたがっているように見える。リンカーン大統領とフック船長は似たもの同士だ。冒頭でエイブラハムが見る奇妙な夢。ＳＦ的とすら言っていい超高速で船が進み、眼前には光のような、岸辺のようなものがかすかに見え、それにむかって彼はすさまじいスピードで進んでいる。妻メアリー・トッドはフロイト派の精神分析医のごとく夢解釈してみせて（もちろん南北戦争時代にはジークムント・フロイトは幼児にすぎず、したがって精神分析学はまだ存在していない）、彼女の解釈はあながち図星でないこともないのだが、彼自身は取り合おうとしない。ここで彼は倒錯の共有を、妻とさえしたくはないのだ。それがたとえ居心地のいいものだったとしても。

映画の始まりでの無名の兵隊とのしばしの会話。映画中盤でのホワイトハウス通信技師との会話。そうした政治化されない言葉の戯れこそ彼の快楽だったはずだが、それらは秘かな快楽として隠匿されるのみである。全方位的政治化および隠匿的快楽の総仕上げとして、彼は死体見学という儀式を選ぶことになるだろう。馬にまたがり、死屍累々たる戦場を視察するエイブラハム。そのシルエットはこの映画の中で最もルック的にリンカーン大統領そのものとして映るワンカットである。この時、彼は自分との関係をも政治化し、歴史をも政治化することに成功した。目的の完遂である。あとに残された作業はたったひとつ、死の政治化だ。凶弾に倒れたエイブラハムの、ベッドに寝かされて臨終を迎えるカットは、馬上のシルエットが歴史上の偉人としてのリンカーン大統領に最も近づいた瞬間だったのと同じく、キリストのような聖なるイコンに近づいている。片足を心持ち折り曲げて横たわるフォルムは、まさに聖人の遺骸のごとし。彼はみずからの死によって、死をも政治化するという倒錯的アクロバットをやってのけたのである。スピルバーグとは、そうしたアクロバットをひたすら追究する倒錯記号のことだろう。

作品論｜11

『ジュラシック・パーク』『ロスト・ワールド／ジュラシック・パーク』
デジタル時代の咆哮するマイルストーン

樋口尚文
Higuchi Naofumi

マイケル・クライトンの原作「5人のカルテ」を映画化すべく動いていたスピルバーグは、たまさかその過程でクライトンのこの企画を知ることとなり、一気にこちらに関心が移ってしまった（おかげでお蔵入りしかけた「5人のカルテ」は後に人気テレビシリーズ『ER緊急救命室』として実現）。偏愛する映画として『捜索者』『サイコ』『七人の侍』『市民ケーン』『素晴らしき哉、人生！』『アラビアのロレンス』『ファンタジア』などとともに本多猪四郎『ゴジラ』を挙げるスピルバーグとしては、それは狭い手術室の人間ドラマよりも広大な秘島での怪獣映画（正確には恐竜映画だが、本稿では、やはり厳密には恐竜映画であった『ゴジラ』のひそみにならってこう呼ばせていただく）のほうが格段にそそるものがあったことだろう。

『ジュラシック・パーク』

Film TM & © 1993 Universal Studios and Amblin Entertainment, Inc. All Rights Reserved

さて、『ジュラシック・パーク』という稀代の怪獣映画は、成熟してきたデジタル特撮が古式ゆかしいアナログ特撮に大がかりな規模でとってかわった分水嶺的な作品であるわけだが、それにとどまらず以後の、いな現在から未来の映画制作にまで及ぶ貴重な示唆を含んだ作品であった。そのことを説明するには、まず重要なスタッフのフィル・ティペットにふれなくてはならない。少年スピルバーグが『地上最大のショウ』で初めて映画に出会った一九五一年に生まれたティペットは、やはり幼き日に観た『シンドバッド七回目の航海』で映画の世界に引きずり込まれる。その作品でレイ・ハリーハウゼンのお家芸であるストップモーション・アニメに魅了されたティペットは、そのDNAの正統なる後継者としてストップモーション・アニメーターとなり、『スター・ウォーズ エピソード5／帝国の逆襲』の見事な冒頭シーンを作り上げて映画人と観客を瞠目させた。

ＩＬＭのクリーチャー担当部門のヘッドとなったティペットは『スター・ウォーズ エピソード6／ジェダイの帰還』に大きく貢献した後、自らのスタジオを興し、一九八七年に始まる『ロボコップ』連作でその技は存分に披歴された。今こうしてふり返ると、原理的にはハリーハウゼン以来変わっていないクラシカルなコマ撮りが九三年の『ロボコップ3』あたりまでは全く現役であったというのは意外な感じもするが（わが国の特撮映画で最後にストップモーション・アニメが多用されたのは八八年の実相寺昭雄『帝都物語』の真賀里文子のパートであろうか）、ＣＧ元年と騒がれた一九八二年にあっては『トロン』のフルＣＧパート（しかも十六分弱に過ぎなかったのだが）はいかにも心もとなく、同年公開の『ブレードランナー』『遊星からの物体Ｘ』という特殊造型、特殊メイク、ミニチュア、マットペインティングの集大成的なアナログ特撮の粋にははるか及ばずという感じであった。

『遊星からの物体Ｘ』で圧巻の手作りの特殊効果、特殊メイクアップを見せてくれたアーティストのロブ・ボッティンは、やがてヴァーホーヴェン『トータル・リコール』を手がけ、『ロボコップ』三作ではくだんのフィル・ティペットと組んでいる。まさに九三年の『ジュラシック・パーク』の直前まで、このアナログ特撮職人たちはハリウッドの映画製作の最前線を担っていたのであった。しかも彼らはただ安閑と旧態依然の技術を反復していたのではない。フィル・ティペットはハリーハウゼン以来のコマ撮りを伝承するにとどまらず、独自の「ゴー・モーション」という手法を開発した。要は、従来のように静止しているミニチュアをコマ撮りするだけでは動きがカクカクとなって不自然なので、被写体のミニチュアに微弱な動きを加えつつコマ撮りすることで映像に人工的なブレを生じさせ、よりナチュラルで滑らかな動きを実現するという、まことにオタク極まった匠の技なのである。この人工的な動きの制御などにはもちろんコンピュータが動員されているが、あくまで撮影のエッセンシャルな部分は伝統芸のストップモーション・アニメであるわけで、言わば従来のアナログ特撮を洗練したものという位置づけになるだろう。八〇年代前半に「特撮」という言葉にとってかわってハイカラな「ＳＦＸ」という言葉が流行り出したが、それはまさにこういうデジタル技術を補佐的に使ったアナログ特撮を指していたとも言えるだろう。

ハリーハウゼンから出発して一九八一年の『ドラゴンスレイヤー』で「ゴー・モーション」を打ち立てたティペットはこのアナログ特撮からデジタル特撮への過渡期を彩った「ＳＦＸ」の寵児であったわけで、スピルバーグ『Ｅ．Ｔ．』にもその技は大いに貢献し、自ずと特撮大作『ジュラシック・パーク』の中核メンバーとして起用されることとなった。この90年代初頭の感覚としては、スピルバーグも作品の肝の部分を占める恐竜の映像をＣＧに委ねる確信はなく、もともとはティペットの「ゴー・モーション」で撮影するつもりだった。『ロボコップ』で印象深い治安維持ロボＥＤ－２０９（あの『攻殻機動隊』のタチコマを凶暴化させたようなヤツ）の動きは、この当時にあってはいくぶん懐かしさ、コミカルさを感じさせるものではあったが、「ゴー・モーション」的な精緻化によって、こと恐竜というモチーフであればハリーハウゼンへのオマージュとして堂々通用しそうであった。

しかし、ここでＩＬＭの視覚効果スーパーバイザーのデニス・ミューレンがスピルバーグに見せた恐竜のＣＧは、慎重な監督を一気に心変わりさせるほどのクオリティであった。デニス・ミューレンと言えば、九一年の『ターミネーター２』のＣＧとデジタル合成が凄まじい評判を呼んでいたが、密かに試作していたティラノサウルスのフルＣＧを見て、スピルバーグは本作を「ゴー・モーション」ではなくＣＧで制作すべく方針転換した。劇中でアラン・グラント博士（サム・ニール）がつぶやく「これでもうぼくらは絶滅だ」という台詞は、この方針転換でお払い箱となったティペットの感想に由来するというまことしやかな風説もあるが、実際ティペットがそんなため息を漏らしたのは事実であろう。

だが、ひじょうに面白いのはここからで、こうして勇躍未知なる恐竜たちの映像具現化にいそしむこととなったＣＧチームだが、意外や作業を進めてみると味のある恐竜の動きの表現が難しく、スピルバーグの目指す動きの多彩さや活気に到達するのは容易ならぬことと判明する。ここでなんとストップモーション・アニメの雄であるティペットが再度召喚され、ひとコマひとコマ表情ある動きをデジタル的にストックするＤＩＤ（ダイナソー・インプット・デヴァイス！）を開発して、言わば恐竜の動きにまつわるアナログ技術のセンスと知見をＣＧ作業に輸血するというプロセスが実践されたのだった（ちなみにこのＤＩＤは、１９９７年のヴァーホーヴェン『スターシップ・トゥルーパーズ』の、あの驚異的な宇宙昆虫群のイメージにも結実している）。

『ロスト・ワールド／ジュラシック・パーク』

Film TM & © 1997 Universal Studios and Amblin Entertainment, Inc. All Rights Reserved

私はここが『ジュラシック・パーク』という作品の最も重要な存在意義だと思われてならない。本作以降、CGは加速度的に緻密さと迫真性を増し、もはやそれは単に劇中の怪獣や天変地異などを描くギミックにとどまらず、作品全体のさまざまな表現にまで越境し、デジタル技術は映画表現一般に深く食い込んでいる。そして、よく耳にするような、最先端技術を支える細部の部品が下町の工場の職人の「手仕事」で作られている、といった逸話にも似て、『ジュラシック・パーク』はフルCGを大胆に導入した嚆矢でありつつ、そこに感性的な人肌が加わらなければ表現にはなり得ない、ということまで一気に突き詰めた試みであり、本作は以後デジタル領域が拡大してゆく映画制作のマイルストーンとも言えるだろう。

ちなみに、これは誰もが意外に思うことだろうが、ここまで周到に詰められた『ジュラシック・パーク』におけるCG使用カットは全篇一二七分のうちなんと七分ほどである。それなのに読後感としては映画のあちこちで恐竜がふんだんに活躍していた印象があるのは、スピルバーグがいかにここぞという場所で、ごく印象的にCGカットを活かしていたかということの証左だろう。実はCG以上に大暴れしていたのは、原寸大のロボットを使ったティラノサウルスのアニマトロニクスで、あの余りにも印象深い人喰いのカットなどはやはりホンモノがそこにいる、という重量感やけはいはなかなかCGでは描けないものである（逆に喰われた人間は途中からCGに入れ替わっていた）。

このデジタル／アナログ作法に加えて、今ひとつ『ジュラシック・パーク』で際立つスピルバーグ演出は、大状況を方向づける「個」のアップだろう。七分ほどしかないCGやそれ自体はロボットに過ぎない恐竜のアニマトロニクスが、とても印象的なものとなっているのは、それらと遭遇する人物たち個々人の顔の表情のおかげだ。怪獣映画の面白さは、その怪獣の表現の凄さによって担保されると勘違いしている人もいるだろうが、それを実現するものは実は俳優の表情である。その怪獣がいかに巨大であるかも、いかなる惨劇をもたらしたかも、全ては「特撮カット」ではなく「本篇カット」の「受け」の演技にかかっている。

だが、『激突！』でも『ジョーズ』でも『未知との遭遇』でも、スピルバーグはこの演出の要諦を十二分に心得ていて、「目撃者」「遭遇者」のアップの表情をもって大状況を描くことを身上としていた。もっと言えば、その表情はだいたいの場合、戯画的なくらい明快なものなので、われわれ観客はごく最小限のカット数で大状況の意味を理解するのであった。その黒澤やジョン・フォードを原点としているであろう快調さと快活さは、スピルバーグの才気を絶好調に感じさせる瞬間でもあった。

さて、こうした『ジュラシック・パーク』は、『タイタニック』が記録更新するまでは映画史上最高の収益をあげたといい、一九九七年の続篇『ロスト・ワールド／ジュラシック・パーク』が作られることとなったが、スピルバーグは必ずしも製作に前向きではなかったと言われる。技術的な試行という意味では、ここまでふり返ってきたように第一作で相当に詰められているので、第二作でいくらか筋立てを変えようと技術面では前作の拡大再生産に留まることだろう。そのことをあらかじめ見通せたスピルバーグとしては、やっかいで手間を要する上に同じことをするというのはあまり魅力的な企画ではなかったはずだ。そもそもこれだけ大ヒット作の数々を送り出してきたのに、それまでにスピルバーグ自身が続篇を手がけたのは「インディ・ジョーンズ」シリーズだけだった。

しかしスタジオの強い要請で製作されることになった第二作は、前作を牽引したサム・ニールのアラン・グラント博士やローラ・ダーンのエリー・サトラー博士も登場せず（この役で人気を得たサム・ニールは、スピルバーグがプロデュースにまわった２００１年の次作『ジュラシック・パークⅢ』では再度主役をつとめる）、そのかわり脇役だったジェフ・ゴールドブラム扮するイアン・マルコム博士とジュリアン・ムーア扮する古生物学者サラ・ハーディングが張り出してきて、あえてスピンオフ的な番外篇を標榜しつつ遊んでいる感じだ。

そんな『ロスト・ワールド／ジュラシック・パーク』では、孤島に荒ぶる怪獣が米国本土の大都会を蹂躙するという『キングコング』以来のお約束が賑々しく描かれ、ティラノサウルスがサンディエゴの街なかで大暴れするシークエンスなどは派手そのもので、高級な怪獣映画としてはなかなか愉しめる。

スピルバーグは飽きっぽい性格なのか、もはや恐竜自体よりも恐竜に追い詰められて断崖から落ちかかる車のシークエンスなどの「インディ・ジョーンズ」的な活劇シーンのほうにむしろ凝りまくっていた。ともあれ、『シンドラーのリスト』や『アミスタッド』などの真摯なる作品のはざまでこうしてやんちゃな恐竜のごとく嬉々と暴れてみせたスピルバーグは、当時なんとも痛快であった。

『ロスト・ワールド／ジュラシック・パーク』

Film TM & © 1997 Universal Studios and Amblin Entertainment, Inc. All Rights Reserved

『プライベート・ライアン』『ブリッジ・オブ・スパイ』
ベルリン・アレクサンダー広場のシーグラム壁画

西田博至 Nishida Hiroshi

――「ニューヨークでできない」ものは大抵は、「ベルリンでもできない」（それでもやらねばならない）と彼に言ったら、わかってくれた。
ベルトルト・ブレヒト『作業日誌』（一九四五年一二月一〇日）

ドナルド・トランプとおなじ一九四六年に生まれたアメリカの映画監督が、二〇一五年に撮った『ブリッジ・オブ・スパイ』は、一九五七年から一九六二年までの、冷戦下の東西陣営の対立が最も頻発した時代を扱う。この「奇妙な抑圧と秘密とヒステリーの時代」（ジャック・ケッチャム）のアメリカを代表する藝術こそが、抽象表現主義の絵画である。当時、この新しいアメリカ絵画の旗手として名を馳せていたマーク・ロスコは、シーグラム・ビルのなかのフォー・シーズンズの内装として依頼された大きな絵に、集中的に取り組んでいた。一九五八年から翌年にかけて制作されたこのシリーズは、のちに、「シーグラム壁画」と呼ばれる。

ロスコの絵画といえば、四〇年代の終わりから五〇年代中期に顕著な、濃い霧を明るく染めたような幾つかの色の塊が、水平に密集している縦長の画面の絵がよく知られていよう。だが、「シーグラム壁画」は、そもそも壁画として描かれたので、画面は横長である。スクリーンのような画面は、とても濃密なワイン・レッドですみずみまで浸されており、この上に、鈍いオレンジや黒や濃い赤で、くっきりとした矩形の縁取りがひとつ或いはふたつ描かれている。この矩形は、壁に穿たれた大きな窓か扉のようにみえる。だ

『プライベート・ライアン』

TM & © 1998 PARAMOUNT PICTURES and DREAMWORKS LLC and AMBLIN ENTERTAINMENT. ALL RIGHTS RESERVED. TM & © 2013 Paramount Pictures and DW Studios L.L.C. and Amblin Entertainment. All Rights Reserved.

が、もしもそれが窓であるなら、そこには何も映っていないし、扉であるならば、ぴったりと閉じられている。開いているのだとするなら、あちらは深い闇だろう。つまり、この矩形は、壁の向こう側に何も見通すことができない開口部なのだ。『ブリッジ・オブ・スパイ』は、このロスコの「シーグラム壁画」を想起させる画面で始まる。

走行中の電車のなかのノイズのようなものが微かに聴こえるが、スクリーンは、黒一色で染め上げられた壁である。そのうち、ゆっくりとトンネルを抜けるように、画面には鈍い光が満ちてくる。画面の中央には、大きな窓枠のような矩形が映り、じきに、それが鏡であることが判る。しばらくすると、この矩形のなかには、心持ち斜めを向いて、鏡のなかを凝視している痩せた初老の男が映り込む。そのままキャメラは、画面の真ん中に、男の薄い後頭部を据えるようにしながら後ろへまわり込む。やがて、画面の左には鏡を、右側には、鏡に映っている男の特徴をよく捉えているが、しかし些かシニカルな陰鬱さを色濃くした自画像が描かれつつあるカンヴァスを、そして真ん中に、私たちの視線を遮るような男の背中を配して、いちどキャメラは静止する。このとき画面は、ちょうど三幅対に分けられている。

マーク・ライランスが演じるこの男は、これからソヴィエトのスパイであると糾弾され、ルドルフ・アベルの名前で呼ばれることになる。この冒頭で私たちがじかに与えられたのは、彼の顔ではなく、あらゆる視線を跳ね返すように拒む背中だけだった。ちょうど「シーグラム壁画」を見つめるときとおなじように、私たちはまず、閉ざされた窓または扉と対面したのである。

そして、『プライベート・ライアン』もまた、その冒頭に、男の拒

『プライベート・ライアン』

TM & ©1998 PARAMOUNT PICTURES and DREAMWORKS LLC and AMBLIN ENTERTAINMENT. ALL RIGHTS RESERVED. TM & © 2013 Paramount Pictures and DW Studios L.L.C. and Amblin Entertainment. All Rights Reserved.

む背中を映している。じきに広大な墓地の沿道であることが判る並木道を黙々と歩く老人の後ろ姿を、キャメラは捉える。彼のあとを、老妻や家族が付き従っていて、息子らしい中年が、老人の背中を写真に撮る。ようやく老人が、後ろに控える妻のほうを振り返って顔を見合わせるのも、私たちに、彼がだれであるのかを示されるのも、ほとんど三時間近い映画が終ろうとするときである。ここにも、閉ざされた窓または扉がある。

　そして、閉じられている開口部をめぐるこの二本の映画は、トム・ハンクスという俳優を蝶番にして、繋がる。

　『ブリッジ・オブ・スパイ』では、ＦＢＩによって捕縛されたアベルの、憲法で保障された人権を守ろうと努めるアメリカ人の弁護士ジェームズ・ドノヴァンを演じている。或る夜、何者かがドノヴァンの邸の、街路に面した三枚の窓の真ん中から、数発の銃弾を撃ち込んでくる。すぐに警察が呼ばれるのだが、このときやってきた警官のひとりがドノヴァンに向かって、「俺はノルマンディー上陸作戦で戦った。どうしてあんたは敵と戦わないで、敵の弁護なんかするんだ?」と凄んでみせる。思わず「ミラー大尉に失礼だぞ」と呟いてしまうのを禁じえないが、それは『プライベート・ライアン』で、阿鼻叫喚のＤデイを果敢に生き延び、その後も苛烈な転戦を続ける特別任務の小隊を率いるミラー大尉を演じたのが、トム・ハンクスだったからである。

　『プライベート・ライアン』という映画を駆動しているのは、敵と味方という二つの対立する力の衝突である。画面のなかが、辛うじて今は生きているものと、蜂の巣にされて沈黙したもので、真っ二つに分割されるまでそれは続けられる。この反吐が出るような分割をさまざまなシチュエーションで繰り返し、スケッチ・コメディのように串刺しにするのが『プライベート・ライアン』なのだ。

　『ブリッジ・オブ・スパイ』において、隣人へのテロの締めくくりのように、『プライベート・ライアン』がいきなり呼び出されたのは、この二分割が、冷戦下のニューヨークの人びとのくらしのなかに持ち込まれようとしているということだ。ロバート・マクマンから引くなら、たとえ、「市民の自由という先人の遺産を弱体化させ、寛容と公明正大という社会規範を攻撃し、民主主義のイメージそのものを汚」すようなことがあっても、社会に潜んでいるかもしれない敵を殲滅するためには、やむをえないとすることである。

　このような『プライベート・ライアン』ふうの二分割で世界を理解することに、『ブリッジ・オブ・スパイ』のトム・ハンクスは抵抗する。彼が演じるドノヴァン弁護士は、ソヴィエト上空で撃墜され虜囚の身となったＣＩＡのＵ２スパイ偵察機のパイロットと、彼が弁護したアベルを交換するための交渉役をＣＩＡから依頼され、東西を分かつ壁が建設されつつある冬のベルリンに旅立つ。ちょうどそのとき、留学中のアメリカ人の大学生が、壁の向こう側で東ドイツに身柄を拘束される。この青年は、ＣＩＡにもＫＧＢにも、何の価値もない。彼らの望みは、敵の手に落ちたスパイを回収し、秘密が洩れていないかどうかを、できるだけ早くチェックすることだ。ふたりのスパイがそれぞれ、乱数表を運ぶための小さなケースとしてのニッケル硬貨と、自決用の毒針の鞘としての一ドル硬貨という、交換手段のイメージに固く結びつけられていたことを思い出しておこう。そのためにはむしろ、東ドイツという新たなプレイヤーが参入して、交換の合意形成が煩雑になることは避けたい。

だが、トム・ハンクスは、冷徹な二分割が作動しようとすると、そこにいる手近なだれかを引き込んででも、プレイヤーを三人にしてしまう。たとえば、東ドイツの司法長官との交渉で、マックス・マウフの演じる秘書官の青年がこのようにして引きずり込まれる。ＣＩＡ長官の執務室でも、夫婦の寝室でも、外套を巻き上げられる雪の舞う東ベルリンの街角でも、ひとつのフレームが二つではなく三つに分割されることで、この映画は駆動する。もちろんこの運動は、映画の冒頭にある、自画像を描いている初老のスパイを捉えた三幅対のショットから備給されている。

さて、『ブリッジ・オブ・スパイ』の時代の画家であるマーク・ロスコは、生没年もほぼぴったり重なる、もうひとりのルドルフ・アベルである。そんなロスコにとって、絵画とは、「自分以外のひとに向けた世界に関わるコミュニケーション」であり、自己表現ではなく、世界の新しい見方こそを提示するものだった。閉じられた窓のような絵をひたすら描き続けた彼は、「このコミュニケーションの内容に納得すると、世界は生まれ変わります」とさえ語るのだ。ロスコの描いた大きな絵の前に立つものは、画面を凝視していると、絵画がゆっくりと呼吸をするように、動き始めるのを知っているだろう。「シーグラム壁画」のシリーズを何枚も懸命に描きながら、ロス

『ブリッジ・オブ・スパイ』

© 2016 Twentieth Century Fox Home Entertainment LLC. All Rights Reserved.

コは、一握りの富裕層に食事を饗するフォー・シーズンズや客のことを、糞だと思っていた。しかし、「孤独感が成功によって和らぐことはなく、むしろ酷さを増す」だろうそんな場所の壁に、じぶんの絵画だけを並べることで、「自らを欺きふたつが一致する奇蹟を期待して／計画を仕上げようとする意欲」に駆られて、仕事を引き受けた。だが、やがてロスコはフォー・シーズンズのような場所では、新しい世界を開くようなコミュニケーションの成就は無理であると判断する。前金を突き返し、完成した「シーグラム壁画」も引き渡さなかった。

しかし、『ブリッジ・オブ・スパイ』のトム・ハンクスは、画家ロスコのようにではなく、ロスコの絵画のように活動する。すなわち、偏狭な二分割の世界のありようを「生まれ変」わらせる「コミュニケーション」こそを信じる。

とは云え、この映画での彼は、『キャッチ・ミー・イフ・ユー・キャン』とは異なり、移動する際には、ハンドルを握ることなく、いつも座席に坐っているだけの乗客である。変転する情況の渦のなかに、あれよあれよと運ばれてゆく。扉や窓をぴったりと閉めて、部屋のなかに籠もりたがるさまもしばしば写される。にもかかわらず、交渉人としての彼は、赤の他人が開ける扉のなかに、臆すことなく、ずんずん進み入ってゆくのである。『プライベート・ライアン』では、開いている窓や壁を怖れずに越えることができるのは、銃弾だけという怯懦ぶりを思い出そう。

しかし私たちは、窓を開けることではなく、高く巡らされた壁によってコミュニケーションが封鎖されることを、みずから選んでしまうことがある。外に対して立てこもる壁に対して、壁と分かち難く関係しながら、しかし、閉塞とは異なるありかたを想起させるのが、壁に穿たれた窓や、鏡またはタブローである。『ブリッジ・オブ・スパイ』の壁には、それらが無数に溢れている。

ソヴィエトとの交換さえ首尾よく遂げられるのなら、東独の大学生なんか知らねえよと、トム・ハンクスをなじるＣＩＡの酷薄そうなエージェントをスコット・シェパードが演じている。ところが、壁際の椅子に腰かけている彼の頭上には、一枚のちいさなタブローが架けられている。河のなかほどを進む一艘のボートが描かれているその絵は、まだどちらの岸にも辿り着いていないが、漕ぎ手のオールが水をしっかりと捉えて、やがて舫われる岸辺の在るだろうことを希望させる。そして、ブルックリンに潜伏していたアベルの描いていた絵は、イースト・リヴァーに架かる橋だった。

『プライベート・ライアン』のミラー大尉も、『ブリッジ・オブ・スパイ』のドノヴァン弁護士も、映画の最後では、妻が待っているアメリカの故地からは、ずいぶん遠く離れたヨーロッパの橋の上にいる。どちらの男も、異郷での苛酷なコミュニケーションのせいで、すっかり磨耗しきっている。だからこそミラー大尉は、じぶんの顔は、あまりにも以前の彼とは変貌してしまったので、帰還して妻の眼の前に立っても、彼女は夫が帰ってきたことに気づかないかもしれないと、痛切に嘆くのである。そして彼は、戦場での凄惨すぎる二分割の経験を、代理して語る言葉を見つけられないまま、ついに、フランスの小さな村の橋を渡りきることができない。

では、どうして『ブリッジ・オブ・スパイ』のトム・ハンクスは、妻のもとに帰ることができたのだろうか。

橋の上で、鉄のカーテンの向こうに消えようとするルドルフ・アベルから、彼は一枚の絵を受け取る。丸めた画布を拡げると、そこにはドノヴァン弁護士の肖像が描かれている。私たちは、決してじぶんの顔を、じかにじぶんの眼で見つめて確かめることができない。だから、じぶんというものは、いちど失われはじめたと感じると際限がない。それゆえにアベルは、二分割に抵抗し続けたドノヴァンの顔を描いてやることで、本人には語ることのきわめて困難な経験を、ぎりぎりの慎ましさで代わりに示すことを担おうとするのだ。『激突!』でも『プライベート・ライアン』でも、夫たちが恐く失敗し続けた妻のもとへの帰還に、たった一枚の絵の贈り物を携えているからこそ、このトム・ハンクスは成功するのである。

画家としてのアベルは抽象絵画を嫌ったというが、彼の絵画もまた「自分以外のひとに向けた世界に関わるコミュニケーション」であり、自己表現ではなく、世界を生まれ変わらせるためのものだった。もちろん、そのように示された世界の新しい見方は、毎朝の出勤の車窓から眺める街の風景さえ、帰還する前とは根こそぎ変えてしまう。ニューヨークは同時に、ベルリンになる。

［参考文献］
ジャック・ケッチャム「隣の家の少女」（訳・金子浩、扶桑社ミステリー）
ロバート・マクマン（訳・青野利彦、平井和也）「冷戦史」（勁草書房）
マーク・ロスコ「プラット・インスティテュートにおける講演」（訳・木下哲夫、「マーク・ロスコ」（淡交社）所収）

『ブリッジ・オブ・スパイ』
© 2016 Twentieth Century Fox Home Entertainment LLC. All Rights Reserved.

『マイノリティ・リポート』『キャッチ・ミー・イフ・ユー・キャン』『ターミナル』
「あなたが見ている私」と「私が捉えている私」との絶望的な遠さ

金原由佳 Kimbara Yuka

『マイノリティ・リポート』(02)、『キャッチ・ミー・イフ・ユー・キャン』(02)、『ターミナル』(04)はスティーヴン・スピルバーグのフィルモグラフィにおいて、必然的にこの順で並ぶべき作品であった、とは言えない。

ジャンルもばらばらで、時代背景も隔たりがある。だが、この三作品には、主人公がある出来事に見舞われることで、自分が自分であるという確固たる証を失うこととなり、暖かくて居心地の良いマイホームから遠く離れた場所へと離れざるを得なくなる点で共通する。主人公が放り込まれる外界は、外見上の要素で一刀両断にラベリングされてしまう世界であり、第三者に否応なしに格付けされた自分のパーソナリティは、自身が意識している私というものの本質と随分と大隔たりがある人物と言っていい。

上記の3本はスピルバーグの自発的な企画ではなく、彼の言葉を使うと〝自分のレーダーに引っかかった〟ものだが、ランダムに並んだことで、逆に彼が無意識のうちに選び取っていた主題が興味深く浮かび上がる。それは「あなたが見ている私」と「私が捉えている私」との絶望的な遠さである。

『マイノリティ・リポート』は一、二週間先の未来を予測できる三人の予知能力者プリコグ(precog:precognitive、予言者)の情報を解析して、事前に犯罪を予防するシステムを導入した近未来を題材にしたSFアクション劇だ。フィリップ・K・ディックの原作は淡々とした筆致で、三人の報告に誤差が生じた場合、少数派の報

『マイノリティ・リポート』

© 2013 Twentieth Century Fox Home Entertainment LLC. All Rights Reserved.

告はどう扱われるのか、論理観を問う構成をとっている。

対して映画は、予防的治安維持機能を遂行する犯罪予防局に所属する刑事ジョン・アンダートン（トム・クルーズ）が、プリコグの報告により、自分が見知らぬ男を殺すと予告され、一転、警察に追われる立場となり、なぜそんなことが起こり得るのか、スリリングな自分探しが展開する。

映画ならではの仕掛けとして、このシステムの運営を手掛けたバージェス局長（マックス・フォン・シドー）と部下のアンダートンにはそれぞれ愛する家族が犯罪に巻き込まれた過去を持ち、スピルバーグが何度も手掛けてきた、家族を失った痛みが二人の原動力となっている。

さらに大きな変更があったのがプリコグの描写だ。小説では大きな頭と萎えた肉体という権力者側の都合によって不均衡な姿へとある種、変えられてしまった、コミュニケーションが不可能なもはや人間とはいいがたい生き物として登場する。映画では先天的な遺伝子疾患を抱え、特殊な能力と引き換えに様々なサポートを得なければ生きていけない脆弱な、しかしながらたどたどしい言葉ではあるが、コミュニケーションは取れる人として登場する。

スピルバーグはプリコグの自己犠牲で成り立つシステムへの疑問を提示すると同時に、マイノリティ・リポート（少数報告）の存在を握り潰すそうとする権力者側が迎える結末としては、小説よりもぐっと踏み込み、容赦ない制裁を加えて幕を終える。世の中は圧倒的多数派の価値観や使い勝手で構成されるが、どうしてもそのシステムの穴から零れ落ちてしまう存在がいる。この映画で言うと、プリコグの予知の誤差により否応なしに犯罪者にされる

『マイノリティ・リポート』

© 2013 Twentieth Century Fox Home Entertainment LLC. All Rights Reserved.

アンダートンであり、国家の都合で使われるプリコグがそうだが、スピルバーグは彼らの存在がその他大勢に抹殺されないように映画の中で徹底的に逃げさせて、守り抜く。いやむしろ、大多数が寄ってたかっても、彼らは絶対に潰されない知力と行動力を持っているのに、解せないことにラストは必ず、穏やかな普通の生活にプリコグもアンダートンも戻っていくのである。これは、フィリップ・K・ディックの小説にはなかった視点であると同時に、スピルバーグがいかに、普通の範疇から激しく逸脱した主人公を「普通」の生活に帰着させることに執着しているのか、『マイノリティ・リポート』、『キャッチ・ミー・イフ・ユー・キャン』、『ターミナル』の三作品が証明するのか、続けて検証してみよう。

『キャッチ・ミー・イフ・ユー・キャン』は両親の離婚をきっかけに十六歳で家を出て、パンアメリカンのパイロット、小児科医、司法長官補佐の弁護士へとなりすまし、その身分を利用して、偽造小切手で数百万ドルもの大金を手に入れたフランク・W・アバグネイルがＦＢＩに捕まるまでを脚色化したものである。スピルバーグはジェフ・ネイソンの書いた脚本に、『スケアクロウ』のジーン・ハックマンとアル・パチーノ、『明日に向って撃て！』のロバート・レッドフォードとポール・ニューマン、もしくは『エルマー・ガントリー／魅せられた男』のバート・ランカスターといった魅惑的に騙す男の系譜を見出し、引き付けられたと語っている。ただ、上記の作品と決定的に違うのは、フランク・W・アバグネイルが撮影時に実在の生きていた人物であることだ。

スピルバーグは、アバグネイルが世間に対して振舞ったことと、レオナルド・ディカプリオが演技をする行為は同質で、両者ともsocial Camouflaging（社会的な偽装）を利用していると話す（※1 http://www.bbc.co.uk/films/2003/01/16/steven_spielberg_catch_me_if_you_can_interview.shtmlより）。そして、「私も若い頃は装っていた」と告白する。

「ある意味で私はアバグネイルの図太さに共感を覚えていた。というのも、私はティーンエイジャーの頃、スーツを着て、ユニバーサルスタジオの守衛の前を重役の振りをして通過したことがあり、彼を見ていてその頃を思い出したから」（※1）と、大学生でありながら、プロの映画人として、或いはその身内の人物として、身分を偽って映画の世界に飛び込んだ経験との重なりを語っている。だが、それは「騙す」という大胆な言葉よりも、むしろ、自分のパーソナリティを隠さなくては生きていけない切迫した事情があったからともいえる。

脚本家のジェフ・ネイサンはアバグネイルの自伝で書かれた事実（──それは、単純に女の子にもてるための軍資金作り）を、脱税で全てを失った父の復権に取りつかれる息子の執着へと変更した。クリストファー・ウォーケン演じる父親は第二次世界大戦でフランス戦線に参加し、そこで村一番の美女と出会い、仲間の称賛の眼差しを浴びながらアメリカへと連れて帰る。彼女に相応しい英雄であろうとする父の虚像は息子に引き継がれるが、母親はさらに自分に相応しい別の男性（弁護士）と再婚してしまう。アバグネイルの母親が映画を見たら、さぞ、怒ったのではないか。伝記によると、母親はアルジェリア系のフランス人で、夫に依存する生活を嫌い、自立を目指し、歯科の専門学校に入るために離婚を願い出たのだったから。

映画ではアバグネイルのパーソナリティの象徴として、彼がワインやコーラのラベルを剥がし、収集する人間として設定されていることも興味深い。その行為は自らのラベルを積極的に剥がしては、違うラベルを張り付ける、彼の人生と呼応するからだ。中身など関係ない。体裁さえ整えれば誰もが簡単に自分を受け入れてくれる。いつでもどこでも何者でもない人間に変身できる自由と選択を持つ青年として描かれながら、レオナルド・ディカプリオの演技には、本当の自分に誰も目を向けてくれない孤独がともなう。結果的に犯罪先であちこち残した、ラベルの剥がされたものの痕跡から、アバグネイルの本当の才能と行動力を見抜き、評価してくれたのが、彼を追い続けたＦＢＩの一捜査官だった、というのは皮肉でもあるが、世界には必ず誰か一人でも、本当の自分を理解する者が存在するという救いにも通じる。

ただ、ここでもスピルバーグはラスト、アバグネイルを普通の穏やかな生活へと導いていく。このまま稀代の詐欺師として一生、ラベルを変えながら放浪し続ける人生を選ぶか、それともＦＢＩの小切手犯罪課の地味な職員としてコツコツと普通の生活を歩むか、トム・ハンクス演じるカール・ハンラティにあえて問いただささせる

『キャッチ・ミー・イフ・ユー・キャン』

TM & ©2002 DREAMWORKS L.L.C. ALL RIGHTS RESERVED. ©2012 DW Studios L.L.C. All Rights Reserved.

のだ。

　モデルとなったアバグネイルは、その後、自分が起こした犯罪を基にした企業向けのセキュリティシステムで大儲けするわけだから、彼が「普通」の範疇に留まる男ではないことは明らかだ。それでも、スピルバーグは主人公に一度は、普通の幸福に帰着することを描かずにはいられない。ここまでくると、スピルバーグの中に「普通の生活」「普通の家庭」への強迫観念に似た執着すら感じてしまう。

　さて、『キャッチ・ミー・イフ・ユー・キャン』でアイデンティティを喪失した彷徨える若者を救う立場だったトム・ハンクスは続く『ターミナル』では一転、祖国で起こった政治クーデターによって、自身を証明する術を失う男性を演じている。渡米先のニューヨーク、JFKの空港で彼のパスポートは無効状態となり、入国も帰国もままならない状況に陥ってしまう。言葉は通じず、国境警備局の対応は木で鼻をくくる対応である。

　モデルと目されている人物マーハン・カリミ・ナセリはイランからベルギーへと亡命した難民であったが、ベルギーからイギリスへの移動中にあった盗難で難民証明をする書類を喪失したとされ（本人による状況説明は月日の経過と共に変わるのだが）、そのため、イギリスに出国できず、フランスで15年以上にわたる空港生活を送ることとなる。

　フィリップ・リオレによるフランス映画『パリ空港の人々』（95）もこの人物にインスパイアされた作品だが、『ターミナル』では空港生活を半年という期間に縮め、主人公が直面する政治的な状況の深刻さはかなり希薄だ。逆にじっくりと描かれるのが、トム・ハンクス演じるヴィクター・ナヴォルスキーが陥る自己の証明の喪失であり、自分の本質が理解されない苦境とその打開である。映画のトーンは明るく、ハンクスの言葉を介さないジェスチャーでのやり取りはまるで無声映画のチャップリンやキートンを見ているかのようにおかしみが漂う。個人的には、異国の地で放り出されたナヴォルスキーの丸腰の状況に観客を並走させることで、自分の特性を他者にうまく伝えられずにいる自閉症スペクトラム障害や発達障害の人間が抱えるもどかしさを追体験させる当事者問題に踏み込んだ作品として成立していることに、発達障害を抱える私自身は強いシンパシーを感じる。スピルバーグの映画にはそれがSFであろうと現代ものであろうと戦争ものであろうと当事者目線の強さが突出しているが、それは自分が無力と化してしまう世界観作りへの予算と努力を惜しまない作家であることも関係している。

　一方、外見に捕らわれず、ナヴォルスキーの本質に触れることができる人物として、キャサリン・ゼタ＝ジョーンズ演じる客室乗務員のアメリカが出てくるが、『キャッチ・ミー・イフ・ユー・キャン』での母親像と同じく、いわゆるトロフィーワイフ的な、背伸びしても手の届かない、観賞用の棚に収まった美しいお人形のような女性像に留まっている。

残念なことだが、この女性像の浅さがドラマに深みをもたらさない。振り返れば、『マイノリティ・リポート』でのトム・クルーズ演じるアンダートンの妻の役割も小説よりぐっとおざなりだ。この三部作において、主人公にとって重要なポジションにいるはずの女性たちは一貫して安易な平坦さで包まれる。美しいあの人を振り向かせるにふさわしい過剰なまでの理想の自分への追及とそのエネルギーを描きながら、肝心の憧れのあの人の心情は主人公にはよくわからない。

そしてまたもや主人公は普通の日常へと帰っていく。何もかも奪われながら、創意工夫で食べる術、生活をする場所、仕事をする機会、自分を助けてくれる仲間を構築した偉大なるナヴォルスキーは出国の機会を得て、スリルと冒険に満ちた空港生活に別れを告げ、一言「家に帰る」と帰路につく。どんな世界でも羽ばたいていけるエネルギーの持ち主を、家に帰らなければいけないと収めていくこのオブセッションは何なのか。いつか、途方もなく逸脱する人間を逸脱したまま放置するような作品が出てくるのか、スピルバーグの変心がいつ現れ出てくるのか、着目していきたい。

［**参考文献**］
フィリップ・K・ディック「トータル・リコール ディック短編傑作選」（早川書房）
F・アバネイル S・レディング「世界をだました男」（新潮社）
「DHC完全字幕シリーズ キャッチ・ミー・イフ・ユー・キャン」（DHC）
南波克行編「スティーブン・スピルバーグ論」（フィルムアート社）
ジョン・バクスター「地球に落ちてきた男 スティーブン・スピルバーグ伝」（角川書店）
アンドリュー・ユール「スティーブン・スピルバーグ 人生の果実」（プロデュース・センター出版局）

『ターミナル』

TM & © 2004 Dream Works LLC. All Rights Reserved.
TM & © 2014 DW Studios L.L.C. All Rights Reserved.

フィルモグラフィ
Filmography

監督作品

アマチュア時代作品

THE LAST GUN
脚本・撮影・出演
スティーヴン・スピルバーグ
8分　1959年

FIGHTER SQUAD
脚本・撮影・出演
スティーヴン・スピルバーグ
8分　1961年

ESCAPE TO NOWHERE
脚本・撮影　スティーヴン・スピルバーグ
出演　アン・スピルバーグ
40分　1961年

FIRELIGHT
脚本・撮影　スティーヴン・スピルバーグ
出演　ロバート・ロビン　ベス・ウイーバー
ラッキー・ローア
マーガレット・ピュー
140分　公開 1964年3月24日

SLIPSTREAM
脚本　スティーヴン・スピルバーグ
ロジャー・アーネスト
撮影　セルジュ・エニュレ
出演　ジム・バクシーズ　トニー・ビル
ロジャー・アーネスト
ピーター・マフィア
アンドレ・オヴィエド
未完　1967年

AMBLIN'
ショートフィルム

［物 語］
砂漠で出会った青年と若い女性の2人は、一緒に歩いてビーチを目指す。2人が歩く道は、友情と愛に向かう道だった。
［キャスト］
リチャード・レヴィン　パメラ・マクマイヤー
ヘンリー・アクセルロッド
［脚 本］
脚本　スティーヴン・スピルバーグ
26分　公開 1968年12月18日
1968年
アトランタ・フィルム・フェスティバル
最優秀ショートフィルム賞
1969年
シネ・コンペティション
ゴールデンイーグル賞
1972年
ワールドフェスト・ヒューストン
ゴールドレミ賞

デビュー以後作品

四次元への招待
（別名：怪奇！真夏の夜の夢）
NIGHT GALLERY
2 話　1969年（パイロット版）1971年
ＴＶ シリーズ ユニバーサルテレビジョン

ドクター・ウェルビー
MARCUS WELBY,MD
1 話　1970年
TV シリーズ　ユニバーサルテレビジョン

ネーム・オブ・ザ・ゲーム
THE NAME OF THE GAME
1 話　1971年
TV シリーズ　ユニバーサルテレビジョン

ドクター・ホイットマン
THE PSYCHIATRIST
2 話　1971年
TV シリーズ　ユニバーサルテレビジョン

OWEN MARSHAL:
COUNSELOR AT LAW
1 話　1971年
TV シリーズ　ユニバーサルテレビジョン

刑事コロンボ　構想の死角
MURDER BY THE BOOK
テレビ映画　第1作を監督
Blu-ray：あり

［物 語］
ミステリー作家ジム・フェリスがビジネスパートナーのケン・フランクリンに殺される。動機はジムが独立すると言い出したからだった。共同で執筆しているとしていたが、実際に書いていたのはジムで、ケンは広報担当者だった。ケンはジムがギャングに襲われたよう偽装するが、目撃者がいて脅迫され、金を要求したので殺してしまう。刑事コロンボはジムが書いたメモを見つけ、ケンを追い詰める。
［キャスト］
ピーター・フォーク　フレッド・ドレイパー
ロバート・カルプ　ヴァル・エイブリー
ジャック・キャシディ　ティモシー・ケイリー
チャールズ・マコーレイ
［スタッフ］
製作総指揮　ウイリアム・リンク
製作　エヴェレット・チャンバース
リチャード・レヴィンソン
撮影　ラッセル・メッティ
編集　エドワード・M・アブロムス
美術　アーティ・J・ベイコン
音楽　ビリー・ゴールデンバーグ
76分　放映 1971年　9月15日
テレビ映画　ユニバーサルテレビジョン
日本でも放映され人気となった。コロンボの吹替えは田口計。

激突！
DUEL

Blu-ray：1,886円＋税〔発売中〕
発売元：NBC ユニバーサル・エンターテイメント

［物 語］
セールスマンが商談のために車でカリフォルニアへ向かう途中、走行スピードの遅いタンクローリーを追い抜く。タンクローリーからの執拗な追跡が始まる。ハイウェイでのトラブルが殺意となって恐怖の追走劇を生み出す。
［キャスト］
デニス・ウィーヴァー　ジャクリーン・スコット　エディ・ファイアストーン　ルー・フリッゼル　ジーン・ディナルスキー　ルシル・ベンソン　ティム・ハーバート
［スタッフ］
製作　ジョージ・エクスタン
原作・脚本　リチャード・マシスン
撮影　ジャック・A・マータ
美術　ロバート・S・スミス
編集　フランク・モリス

音楽　ビリー・ゴールデンバーグ
［データ］
1971年アメリカ映画　モノ　カラー　アスペクト1.33:1/1.85:1 テレビ放映　1971年12月10日(カナダ)
公開アメリカ　(放映)1971年11月13日
ヨーロッパ1973年3月21日　日本1973年1月13日
89分　配給　ユニバーサル・ピクチャーズ
1972年　ゴールデングローブ賞　ノミネート
Best Movie Made for TV
1972年　エミー賞　音響編集賞
ノミネート　撮影賞　ジャック・A・マータ
1973年　第1回アボリアッツ・ファンタスティック映画祭グランプリ受賞
他

恐怖の館
SOMETHING EVIL

［物 語］
悪霊の住むペンシルベニアの館に移り住んだ家族の恐怖を描く。悪霊は夫婦とその子供たち、友人らを苦しめる。何か邪悪なものの存在に気づく母親だが、夫や友人は彼女が狂ったと思ってしまう。母親の執念が息子を悪霊から救う。

［キャスト］
サンディ・デニス　ダーレン・マクギャビン
ラルフ・ベラミー　ジェフ・コーリー
ジョニー・ウィテカー
ジョン・ルービンスタイン
デイヴィッド・ナップ　ローリー・ハーゲン
デビー・ランパート　サンディ・ランパート
ハーブ・アームストロング
マーガレット・エイブリー
ノーマン・バートルド

［スタッフ］
製作　アラン・ジェイ・ファクター
脚本　ロバート・クローズ
撮影　ビル・バトラー
美術　アルバート・ヘスチョン
編集　アラン・ジェイコブズ
音楽　ウラジミール・セリンスキー
73分　テレビ映画　放映　1972年1月21日
CBS

死を呼ぶスキャンダル
SAVAGE

［キャスト］
マーティン・ランドー　バーバラ・ベイン
ウィル・ギア

［スタッフ］
脚本　リチャード・レヴィンソン
ウィリアム・リンク
マーク・ロジャース
撮影　ビル・バトラー
73分　テレビ映画　放映1973年3月31日
ユニバーサルテレビジョン

続・激突！／カージャック
THE SUGARLAND EXPRESS

Blu-ray：1,886円＋税〔発売中〕
DVD：1,429円＋税〔発売中〕
発売元：NBC ユニバーサル・エンターテイメント

［物 語］
初の劇場公開作品。刑務所から出所したばかりのルーは、別の刑務所にいる夫に会い、脱獄を持ちかける。2人は里子に出された息子を奪い返すため、車でテキサス州シュガーランドへ向かうが、交通事故を起こし警官に見つかる。そこで車を奪い、パトカーまで奪っての逃避行。「激突！」の続編を思わせる邦題だが全く関係はない。実話に基づいている。

［キャスト］
ゴールディ・ホーン　ベン・ジョンソン
マイケル・サックス　ウイリアム・アザートン
グレゴリー・ウィルコット
スティーヴ・カナリー　ルイーズ・ラザム
ハリソン・ザナック　A・L・キャンプ
ジェシー・リー・フルトン　ディーン・スミス
テッド・グロスマン　ビル・サーマン
メリル・コナリー ジーン・レイダー

［スタッフ］
製作　デイヴィッド・ブラウン
リチャード・D・ザナック
原案　スティーヴン・スピルバーグ
ハル・バーウッド
マシュー・ロビンス
脚本　ハル・バーウッド
マシュー・ロビンス
撮影　ヴィルモス・スィグモンド
美術　ジョー・アルヴス
編集　エドワード・M・アブロムス
ヴァーナ・フィールズ
音楽　ジョン・ウィリアムズ

［データ］
1974年アメリカ映画　モノ　カラー　アスペクト2.39:1
公開　アメリカ1974年4月5日　日本1974年6月8日　110分　配給　ユニバーサルCIC
2015年　Academy of Science Fiction, Fantasy & Horror Films, USA ノミネート
DVD・ブルーレイ　コレクション賞
1974年　カンヌ映画祭　脚本賞
ノミネート　パルム・ドール(スティーヴン・スピルバーグ)
1975年　全米監督協会賞　ノミネート
Best Comedy Written Directly for the Screen 賞

JAWS／ジョーズ
JAWS

Blu-ray：1,886円＋税
DVD：1,429円＋税　発売中
発売元：NBC ユニバーサル・エンターテイメント

［物 語］
東海岸の静かなビーチに、鮫に襲われた女性の遺体が上がる。警察署長は遊泳禁止にしようとするが、観光のためと市長が拒否をする。再び少年が犠牲となる。少年の両親が鮫退治に賞金をかけたため、全米からハンターがやって来るが、またしても観光客が襲われ、巨大なホオジロ鮫との闘いが始まる。

［キャスト］
ロイ・シャイダー　ロバート・ショウ
リチャード・ドレイファス　ロレイン・ゲイリー
カール・ゴットリーブ　マーレイ・ハミルトン
ジェフリー・クレーマー
スーザン・バックリニー
ジョナサン・フィレイ　クリス・レベロ
ジェイ・メロ　リー・フィエロ
テッド・グロスマン
ジェフリー・ヴーアヒース
クレイグ・キングスバリー
ロバート・ネヴィン　ピーター・ベンチリー

［スタッフ］
製作　デイヴィッド・ブラウン
リチャード・D・ザナック
原作　ピーター・ベンチリー
脚色・脚本　ピーター・ベンチリー

カール・ゴットリーブ
撮影　ビル・バトラー
美術　ジョー・アルヴズ
編集　ヴァーナ・フィールズ
音楽　ジョン・ウィリアムズ
特撮　ロバート・A・マッティ
［データ］
1975年アメリカ映画　モノ　ドルビー　ドルビーサラウンド　カラー　アスペクト2,39:1
公開 アメリカ 1975年6月20日　日本 1975年12月6日　124分　配給　ユニバーサル・ピクチャーズ
1976年
アカデミー賞
作曲賞　編集賞
ノミネート　作品賞
1976年
ゴールデングローブ賞
作曲賞
ノミネート　作品賞　脚本賞　監督賞
1976年
英国アカデミー賞
特別業績賞(ジョン・ウイリアムズ)
ノミネート　主演男優賞　監督賞
作品賞　編集賞　脚本賞
サウンドトラック賞
他

未知との遭遇
CLOSE ENCOUNTERS OF THE THIRD KIND

4K ULTRA HD & ブルーレイセット 5,800円(税別)／ Blu-ray 2,381円(税別)発売中
発売元：ソニー・ピクチャーズ エンタテインメント
©1977, RENEWED 2005 ©1980 COLUMBIA PICTURES INDUSTRIES, INC. ALL RIGHTS RESERVED.

［物 語］
UFOが米国各地で目撃され、大停電が発生。発電所に勤めるロイは復旧作業に向かうが、謎の飛行物体に遭遇する。インディアナ州に住む少年と母親も謎の物体と遭遇し、ロイと同様に奇妙な形の山、デビルスタワーに到着する。彼らは、異星人と接触できると確信したフランスのUFO研究者と共に巨大な円盤型のUFOと出会い、宇宙人とのコンタクトを果たす。
［キャスト］
リチャード・ドレイファス
フランソワ・トリュフォー　テリー・ガー
メリンダ・ディロン　ボブ・バラバン
ケイリー・ガフィー　ランス・ヘンリクセン
ショーン・ビショップ
ジャスティン・ドレイファス　メリル・コナリー
J・パトリック・マクナマラ
ウォーレン・J・ケマーリング
ジョージ・ディセンツォ
メアリー・ギャフリー　ロバーツ・ブロッサム
フィリップ・ドッズ　エイドリアン・キャンベル
アレクサンダー・ロックウッド
ジーン・ダイナースキ
ノーマン・バートルド　ジョセフ・サマー
［スタッフ］
製作　ジュリア・フィリップス
マイケル・フィリップス
脚本　スティーヴン・スピルバーグ
撮影　ヴィルモス・スィグモンド
美術　ジョー・アルヴス
編集　マイケル・カーン
音楽　ジョン・ウィリアムズ
VFX　ラリー・アルブライト
ダグラス・トランブル
視覚効果　ロイ・アーボギャスト
［データ］
1977年アメリカ映画　70mm 6-TRACK ドルビー　カラー アスペクト 2.20:1(70mm) 2.39:1
公開　アメリカ 1977年11月16日
日本 1978年2月25日
135分
配給　コロムビア
1978年
アカデミー賞
撮影賞
特別業績賞(音響効果編集フランク・ワーナー)
ノミネート　助演女優賞(メリンダ・ディロン)
監督賞　美術賞　音響賞
編集賞　視覚効果賞
作曲賞
1978年
ゴールデングローブ賞
ノミネート　作品賞　監督賞　脚本賞
作曲賞
1979年
英国アカデミー賞　美術賞
ノミネート　特別業績賞(ジョン・ウィリアムズ)
撮影賞　監督賞　作品賞
編集賞　脚本賞　音響賞
助演男優賞
他

1941
1941

Blu-ray：1,886円＋税〔発売中〕
DVD：1,429円＋税〔発売中〕
発売元：NBC ユニバーサル・エンターテイメント

［物 語］
アメリカが日本軍によって真珠湾攻撃を受けた日から6日後の1941年12月13日、カリフォルニアの人々は日本軍が攻めて来るという恐怖に襲われていた。海兵隊が動員され、市民も防衛体制に入る。羅針盤が故障した日本軍の潜水艦が沿岸に迷い込んだが、アメリカ本土が近いことを知った艦長のミタムラはハリウッド攻撃を命令する。西海岸では軍民一体となって対抗体制に入った。上陸した日本軍の水兵は、ホリー・ウッドという名前の男を拉致し、攻撃を開始。おかしな人物達による日米開戦をコメディタッチで描く。
［キャスト］
ダン・エイクロイド　ジョン・ベルーシ
ネッド・ビーティ　ロレイン・ゲイリー
マーレイ・ハミルトン　ティム・マチソン
三船敏郎　クリストファー・リー
ウォーレン・オーツ　ロバート・スタック
トリート・ウイリアムス　ナンシー・アレン
ルシル・ベンソン　ジョーダン・ブライアン
ジョン・キャンディ　エリシャ・クック・Jr
エディ・ディーゼン　ボビー・ディ・シッコ
ダイアン・ケイ　ペリー・ラング
パティ・ルポン　J・パトリック・マクナマラ
フランク・マクレー
スティーヴン・モンド　スリム・ピケンズ
ヒロシシミズ
［スタッフ］
製作総指揮　ジョン・ミリアス
製作　バズ・フェイトシャンズ
原案　ロバート・ゼメキス　ボブ・ゲイル
ジョン・ミリアス
脚色　ロバート・ゼメキス　ボブ・ゲイル
撮影　ウィリアム・A フレイカー
美術　ウィリアム・F・オブライアン

美術　ディーン・エドワード・ミッツナー
編集　マイケル・カーン
衣裳　デボラ・ナドゥールマン
音楽　ジョン・ウィリアムズ
［データ］
1979年アメリカ映画　ステレオ　70mm6-TRACK カラー アスペクト 2.20:1(70mm) 2.35:1
公開　アメリカ 1979年12月13日
　日本 1980年3月29日
118分
配給　ユニバーサル　コロムビア
1980年
アカデミー賞
ノミネート　撮影賞　音響賞
　視覚効果賞
2015年
Academy of Science Fiction, Fantasy & Horror Films USA　DVD・ブルーレイコレクション賞
他

レイダース／失われたアーク《聖櫃》
RAIDERS OF THE LOST ARK

Blu-ray：1,886円＋税〔発売中〕
DVD：1,429円＋税〔発売中〕
発売元：NBC ユニバーサル・エンターテイメント

［物 語］
1936年、秘境の冒険家で考古学者のインディアナ(インディ)・ジョーンズは、南米チャチャポン遺跡の調査に向かう。ナチスドイツが聖櫃の発掘を始めたことを知ったインディは、聖櫃の在処を示す「ラーの杖飾り」がインディの恩師アブナー教授の元にあることを知る。インディはアブナーの日記を元に、元恋人でアブナーの娘マリオンと共に、先に聖櫃を手に入れるためヒマラヤ山岳地に向かう。2人はインディを追っていたゲシュタポに見つかってしまい、戦いの後エジプトに向かう。「魂の井戸」で聖櫃を発見したインディ達だったが、聖櫃は奪われ、井戸に閉じ込められる。なんとか脱出に成功して聖櫃を奪還するが、U ボートが現れて聖櫃は再び奪われてしまう。捕まってしまったインディとマリオンだが、聖櫃からは聖霊が飛び出しドイツ兵達を殺す。アメリカに戻ったインディは陸軍に報告し、聖櫃は「エリア 51」に隠された。
［キャスト］
ハリソン・フォード　カレン・アレン
ポール・フリーマン　ウォルフ・カーラー
ロナルド・レイシー
ジョン・リス＝デイヴィス
デンホルム・エリオット
ウイリアム・フートキンス　ドン・フェローズ
アルフレッド・モリーナ　ビック・タブリアン
ジョージ・ハリス　アンソニー・ヒギンズ
トゥッテ・レムコフ　スアド・メソウディ
パット・ローチ　グレン・ランドール・Jr.
［スタッフ］
製作総指揮　ジョージ・ルーカス
　ハワード・カザンジャン
製作　フランク・マーシャル
原案　ジョージ・ルーカス
　フィリップ・カウフマン
脚色　ローレンス・カスダン
撮影　ダグラス・スローカム
美術　ノーマン・レイノルズ
編集　マイケル・カーン
衣裳　デボラ・ナドゥールマン
音楽　ジョン・ウィリアムズ
VFX　ILM
［データ］
1981年　アメリカ映画　70mn6-TRACK(70mm) ドルビーステレオ　ドルビーデジタル　IMAX6-TRACK ドルビー ATMOS ドルビー DATASAT カラー　アスペクト 2.20:1(70mm) 2.35:1
公開　アメリカ 1981年6月12日
　日本 1981年12月5日
115分
配給　パラマウント・CIC
1982年
アカデミー賞　美術賞　音響賞
　編集賞　視覚効果賞
　音響効果賞(ベン・バート)
ノミネート　作品賞　監督賞　撮影賞
　作曲賞
1982年
ゴールデングローブ賞
ノミネート　監督賞
1982年
英国アカデミー賞　美術賞
ノミネート　特別業績賞(ジョン・ウイリアムズ)
　撮影賞　編集賞　作品賞
　音響賞　助演男優賞
他

E.T.
E.T. THE EXTRA-TERRESTRIAL

Blu-ray：1,886円＋税〔発売中〕
DVD：1,429円＋税〔発売中〕
発売元：NBC ユニバーサル・エンターテイメント

［物 語］
アメリカのある森に着陸した UFO から数人の宇宙人が降り立つ。1 人取り残された宇宙人が 10 歳のエリオットの自宅物置に隠れる。宇宙人を見つけたエリオットは、コミュニケーションをとるうちに仲良くなる。ET と名付けられた宇宙人は、自分の星と連絡を取るために通信機を作る。ハロウィンの日、子供達は ET に布を被せて連れ出す。星と連絡を取ることに失敗した ET は川に落ちてしまう。自宅に戻ると、ET の存在を知った政府機関から科学者がやって来て連れて行こうとするが、ET は死んでしまう。悲しむエリオットの心がけて通じたのか、ET は生き返る。子ども達は ET が科学者の手に渡らないよう ET を連れて逃げる。森には連絡を受けた UFO が着陸し、エリオット達と別れを惜しんで、ET は去ってゆく。
［キャスト］
ディー・ウォレス　ヘンリー・トーマス
ドリュー・バリモア　ロバート・マクノートン
ピーター・コヨーテ　K・C・マーテル
ショーン・フライ　C・トーマス・ハウエル
パット・ウェルシュ(ET の声)
［スタッフ］
製作　スティーヴン・スピルバーグ
　キャスリーン・ケネディ
脚本　メリッサ・マシスン
撮影　アレン・ダヴュー
美術　ジェームズ・D・ビッセル
編集　キャロル・リトルトン
音楽　ジョン・ウィリアムズ
SFX　ILM
アニメーション監修　コリン・ブレイディ
特殊効果・ET 創造　カルロ・ランバルディ
［データ］
1982年アメリカ映画　ユニバーサル・ピクチャーズ　ドルビーステレオ　カラー　アス

ペクト 1.85:1
公開　アメリカ 1982年6月11日
　　　日本 1982年12月4日
115分　120分(アメリカ版)
配給　ユニバーサル / CIC
1983年
　アカデミー賞　作曲賞 / 視覚効果賞 / 音響賞 / 音響効果編集賞
　ノミネート　作品賞 / 監督賞 / 脚本賞 / 撮影賞 / 編集賞
1983年
　ゴールデングローブ賞　ドラマ部門作品賞 / 音楽賞
1983年
　英国アカデミー賞　作曲賞
　ノミネート　作品賞 / 監督賞 / 脚本賞 / 撮影賞
1983年　全米映画批評家協会賞 監督賞
1982年　ロサンゼルス映画批評家協会賞 作品賞 / 監督賞
第25回 ブルーリボン賞 外国作品賞
第56回 キネマ旬報ベスト・テン外国映画第1位 / 読者選出外国映画第1位
1983年
　日本アカデミー賞　最優秀外国作品賞
　第1回ゴールデングロス賞
　　外国映画部門 最優秀金賞
他

トワイライトゾーン／超次元の体験
TWILIGHT ZONE THE MOVIE

DVD：1,429 ＋税
発売元：ワーナー・ブラザース ホームエンターテイメント
© 2008 Warner Bros. Entertainment Inc. All rights reserved.

1959年からＣＢＳテレビで放映されたシリーズの映画版で、４人の監督によるオムニバス。スピルバーグは第2話「真夜中の遊戯 KICK THE CAN」を監督した。
[物　語]
生きる気力を無くした人々がいる老人ホーム。そこへ新しく入居したブルームが銀色の缶を取り出す。夜中、老人達はブルームに促され、規則を破ってホームの庭で缶蹴り遊びを始める。
[キャスト]
ビル・クイン　スキャットマン・クローザース
マーティン・ガーナー
セルマ・ダイアモンド
[スタッフ]
製作総指揮　フランク・マーシャル
製作　スティーヴン・スピルバーグ
　　　ジョン・ランディス
脚本　ジョージ・クレイトン・ジョンソン
　　　リチャード・マシスン
　　　ジョシュ・ローガン
　　　(メリッサ・マシスンの筆名)
撮影　アレン・ダヴュー
編集　マイケル・カーン
音楽　ジェリー・ゴールドスミス
美術　ジェームズ・D・ビッセル
[データ]
1983年アメリカ映画　ドルビー　テクニカラー　アスペクト 1.85:1
公開　アメリカ 1983年6月24日
　　　日本 1984年2月18日
配給　ワーナー・ブラザース
101分
1984年
　Academy of Science Fiction, Fantasy & Horror Films USA
　ノミネート　ホラー作品賞　助演男優賞
　　　　(スキャットマン・クローザース)
他

インディ・ジョーンズ／魔宮の伝説
INDIANA JONES AND THE TEMPLE OF DOOM

Blu-ray：1,886円＋税〔発売中〕
DVD：1,429円＋税〔発売中〕
発売元：NBC ユニバーサル・エンターテイメント

[物　語]
インディ・ジョーンズシリーズ２作目。冒険家で考古学者のインディは、歌手のウィリーと少年ショート共にインドに到着し、子供のいない不思議な村に辿り着く。子供達は邪教の集団に連れ去られたのだった。インディは子供達を取り返すため、パンコット宮殿へ行き歓待される。しかしそこでは、モラ・ラムら悪の集団が恐ろしい儀式を行っていたのだった。悪に洗脳されてしまったインディはショート少年によって救われ、３つの秘石シヴァ・リンガを奪い返して子供達を解放した。が､再び危機に直面する。トロッコで脱出し、押し寄せる水からも逃れたが、追い詰められて戦う。やって来た軍隊に助けられたインディは、秘石を村へ持ち帰り、子供達も救って救世主として讃えられる。
[キャスト]
ハリソン・フォード　ケイト・キャプショー
キー・ホイ・クアン　アムリッシュ・プリ
ロシャン・セス　フィリップ・ストーン
ロイ・チャオ　デヴィッド・ヴィップ
リック・ヤング　フィリップ・タン
ダン・エイクロイド　D・R・ナーナヤッカーラ
ダーマダサ・クルップ　ラジ・シン
パット・ローチ　フランク・オレガリオ
ミタムラアキオ　マイケル・ヤマ
[スタッフ]
製作総指揮　ジョージ・ルーカス
　　　　　　フランク・マーシャル
製作　ロバート・ワッツ
原案　ジョージ・ルーカス
脚本　ウイラード・ハイク　グロリア・カッツ
撮影　ダグラス・スローカム
美術　エリオット・スコット
編集　マイケル・カーン
衣裳　アンソニー・パウエル
音楽　ジョン・ウィリアムズ
VFX　ILM
[データ]
1984年アメリカ映画　ルーカスフィルム作品
70mm6-TRACK(70mm) ドルビー (35mm)
カラー アスペクト 2.20:1(70mm) 2.35:1
公開　アメリカ 1984年5月23日　日本 1984年7月7日　118分
配給　パラマウント / CIC
1985年
　アカデミー賞　視覚効果賞
　ノミネート　作曲賞
1985年
　英国アカデミー賞　視覚効果賞
　ノミネート　撮影賞　編集賞　音響賞
他

世にも不思議なアメージングストーリー
AMAZING STORIES

バリューパック パート1・2：
4,743円＋税〔発売中〕
発売元：NBC ユニバーサル・エンターテイメント

シーズン1－1『ゴースト・トレイン』GHOST TRAIN
［物 語］
オパ・グローブは、75年前に誤ってクラッシュした列車に乗ることを運命と思っていた。9歳の孫に、古いハイボール・エクスプレスが家を通って行くことを伝える。
［キャスト］
ロバーツ・ブロッサム　ルーカス・ハース
ゲイル・エドワーズ　スコット・ポーリン
シーズン1–5『最後のミッション』　THE MISSION
［物 語］
第二次世界大戦下、漫画家でもある空軍兵は、着陸装置が破壊されたため B-17 の砲手席に閉じ込められてしまう。
［キャスト］
ケビン・コスナー　ケイシー・シーマツコ
キーファー・サザーランド　アンソニー・ラバーリア
［スタッフ］
製作総指揮　スティーヴン・スピルバーグ製作監修　フランク・マーシャル
キャスリーン・ケネディ
製作　デイヴィッド・ヴォーゲル
音楽　ジョン・ウイリアムズ
テレビシリーズ　ユニバーサルテレビジョン
エミー賞　12回ノミネート

カラーパープル
THE COLOR PURPLE

Blu-ray：2,381円＋税
DVD：1,429円＋税
発売元：ワーナー・ブラザース ホームエンターテイメント
©1985 Warner Bros. Entertainment Inc. All rights reserved.

［物 語］
1909年のアメリカ南部ジョージア州に住む黒人一家の娘セリーが、若くして子供を産んだ。
子供の父親は彼女がダディと呼んでいた男。子供はその男が連れ去ってしまう。セリーはミスターという男に嫁ぎ、虐待同然の扱いを受けて暮らす。ミスターはセリーの妹ネッティに近付くが、彼を拒絶したために追い出されてしまう。セリーはミスターが家に連れてきた歌手シャグに心を開くようになり、彼女のおかげで魂の自由を知る。ミスターの息子ハーポの妻は、白人市長の夫人に反抗的な態度を取って投獄される。やがてセリーはミスターと別れる決心をし、シャグも味方になる。セリーの戦う姿勢を知ってソフィアは目覚める。セリーはシャグや、再会を果たしたネッティと共に、新しい人生に向かって旅立つ。
［キャスト］
ダニー・グローヴァー
ウーピー・ゴールドバーグ
マーガレット・エイブリー
オプラ・ウィンフリー　ウイラード・E・プー
ベン・ギロリ　ダナ・アイヴィ　レイ・ドーン
アコーシア・ブシア
デスレータ・ジャクソン
ローレンス・フィッシュバーン
アドルフ・シーザー　レオナルド・ジャクソン
［スタッフ］
製作総指揮　ピーター・グーバー
ジョン・ピータース
製作　スティーヴン・スピルバーグ
キャスリーン・ケネディ
フランク・マーシャル
クインシー・ジョーンズ
原作　アリス・ウォーカー
脚本　メノ・メイエス
撮影　アレン・ダヴュー
編集　マイケル・カーン
美術　J・マイケル・リヴァ
衣裳　アギー・ゲラード＝ロジャース
音楽　クインシー・ジョーンズ
［データ］
1985年アメリカ映画　アンブリン・エンターテインメント作品　ドルビー　カラー　アスペクト 1.85:1
公開　アメリカ 1985年12月16日
日本 1986年9月13日
154分
配給　ワーナー・ブラザース
1986年
アカデミー賞
ノミネート　作品賞　主演女優賞
助演女優賞　脚本・脚色賞
撮影賞　美術賞
衣裳デザイン賞　音楽賞
作曲賞　メイクアップ賞
1986年
ゴールデングローブ賞　主演女優賞
ノミネート　作品賞　監督賞
助演女優賞　作曲賞
1987年
英国アカデミー賞　ノミネート　脚本賞
他

太陽の帝国
EMPIRE OF THE SUN

Blu-ray：2,381 ＋税
DVD：1,429 ＋税
発売元：ワーナー・ブラザース ホームエンターテイメント
©1987 Warner Bros. Entertainment Inc.

［物 語］
第二次大戦の最中、上海に住むイギリス人の少年ジェイミー（ジム）は、日本の零戦が憧れだった。日英開戦で日本軍が上海租界を制圧、混乱の中ジムは両親とはぐれてしまう。偶然知り合ったアメリカ人、ベイシーに助けられたジムは、やがて収容所へ送られる。戦争の悲劇に翻弄されながらも、収容所の人達の力に助けられ、ジムは生きのび

てゆく。

［キャスト］

クリスチャン・ベイル
ジョン・マルコヴィッチ
ミランダ・リチャードソン
ジョー・パントリアーノ
レスリー・フィリップス
ナイジェル・ヘイヴァース　ベン・スティラー
ピーター・ゲイル　デイヴィッド・ネイドルフ
ラルフ・シーモア　ロバート・スティーヴンス
伊武雅刀　片岡孝太郎　ガッツ石松
山田隆夫

［スタッフ］

製作総指揮　ロバート・シャピロ
製作　スティーヴン・スピルバーグ
　キャスリーン・ケネディ
　フランク・マーシャル
原作　J・G・バラード
脚本　トム・ストッパード
撮影　アレン・ダヴュー
美術　ノーマン・レイノルズ
編集　マイケル・カーン
衣裳　ボブ・リングウッド
音楽　ジョン・ウィリアムズ
VFX　ILM　デニス・ミューレン　マイケル・パングラジオ

［データ］

1987年アメリカ映画　70mm6-TRACK (70mm) ドルビー(35mm)　テクニカラー　アスペクト1.85:1
公開　アメリカ 1987年12月11日
　日本 1988年4月29日
153分
配給　ワーナー・ブラザース
1988年
　アカデミー賞
　ノミネート　撮影賞　美術賞　衣裳デザイン賞　音響賞　編集賞　作曲賞
1988年
　ゴールデングローブ賞
　ノミネート　作品賞　作曲賞
1989年
　英国アカデミー賞　撮影賞　作曲賞　音響賞
　ノミネート　脚本賞　衣裳デザイン賞　美術賞
他

インディ・ジョーンズ／最後の聖戦
INDIANA JONES AND THE LAST CRUSADE

Blu-ray：1,886円＋税〔発売中〕
DVD：1,429円＋税〔発売中〕
発売元：NBC ユニバーサル・エンターテイメント

［物 語］

冒険家、考古学者のインディ・ジョーンズは、富豪のドノヴァンから「聖杯」を探して欲しいと依頼される。行方不明の「聖杯」捜査隊隊長が、父ヘンリー・ジョーンズだと知り、インディは父がいなくなった地であるヴェネツィアへ向かう。父の同僚エルザと共に聖杯探しの鍵である石板を発見する。2人は何者かに襲われるが、父がブルンワルド城に閉じ込められていることを知らされる。父の救出に向かうが、エルザの裏切りに遭い、インディは父と一緒に捕らえられてしまう。インディは父の聖杯日誌を頼りに3つの難関を乗り越え、偽の聖杯と騎士に守られた聖杯の部屋にたどり着く。インディは、大工の杯である何の変哲もない本物の聖杯を選んで水を飲み、崩壊する神殿から脱出した。

［キャスト］

ハリソン・フォード　ショーン・コネリー
デンホルム・エリオット
リヴァー・フエニックス　アリソン・ドゥーデイ
ジュリアン・グローヴァー
ジョン・リス＝デイヴィス　マイケル・バーン
ケヴォルク・マリキャン　リチャード・ヤング
ロバート・エディソン　ポール・マクスウエル
J・J・ハーディ　ブラッドリー・グレッグ
ジェフ・オハコ　アレクセイ・セイル
アレックス・ハイド・ホワイトマーク・マイルズ
ジュリー・エクルズ　ヴァーノン・ドブチェフ
イズラ・ブレア　テッド・グロスマン

［スタッフ］

製作総指揮　ジョージ・ルーカス
　フランク・マーシャル
製作　ロバート・ワッツ
脚本　ジェフリー・ボーム
撮影　ダグラス・スローカム
美術　エリオット・スコット
編集　マイケル・カーン
衣裳　ジョアンナ・ジョンストン
　アンソニー・パウエル
音楽　ジョン・ウィリアムズ

［データ］

1989年アメリカ映画　ルーカスフィルム作品
70mm6-TRACK(70mm) ドルビー (35mm)
カラー アスペクト 2.201(70mm) 2.35:1
公開　アメリカ 1989年5月24日
　日本 1989年7月8日
127分
配給　パラマウント /UIP
1990年
　アカデミー賞　音響効果賞
　ノミネート　作曲賞　録音賞
1990年
　ゴールデングローブ賞
　ノミネート　助演男優賞（ショーン・コネリー）
1990年
　英国アカデミー賞
　ノミネート　助演男優賞
他

オールウェイズ
ALWAYS

Blu-ray：1,886円＋税〔発売中〕
DVD：1,429円＋税〔発売中〕
発売元：NBC ユニバーサル・エンターテイメント

［物 語］

コロラド州消防隊員のピートは、非番の日に起きた山火事に出動した時、飛行機のトラブルを起こした同僚を助けようとして死んでしまう。天国に行ったピートはハップという天使の体を借りてこの世に戻る。守護霊となってパイロット養成所の生徒、テッドの助けをするが、テッドが生前の恋人ドリンダに恋をしていることを知って悩む。
『A GUY NAMED JOE』(1943) のリメイク。

［キャスト］

リチャード・ドレイファス　ホリー・ハンター
ブラッド・ジョンソン　ジョン・グッドマン
オードリー・ヘップバーン
ロバーツ・ブロッサム　キース・デイヴィッド
エド・ヴァン・ナイズ

マーグ・ヘルゲンバーガー
デイル・ダイ　ブライアン・ヘイリー
ジェームズ・ラシュリー
マイケル・スティーヴ・ジョーンズ
キム・ロビラード
［スタッフ］
製作　スティーヴン・スピルバーグ
　　　フランク・マーシャル
　　　キャスリーン・ケネディ
脚本　ジェリー・ベルソン
撮影　ミカエル・サロモン
編集　マイケル・カーン
美術　ジム・ビッセル
衣裳　エレン・マイロニック
音楽　ジョン・ウィリアムズ
［データ］
1989年アメリカ映画　アンブリン・エンターテインメント作品　70mm6-TRACK(70mm)
ドルビー (35mm)　カラー アスペクト 1.85:1
公開　アメリカ 1989年12月22日
　　　日本 1990年4月6日
122分
配給　ユニバーサル・UA/UIP

フック
HOOK

Blu-ray：2,381円＋税〔発売中〕
DVD：1,410円＋税〔発売中〕
発売元：ソニー・ピクチャーズ エンタテインメント
©1991 TRISTAR PICTURES, INC. ALL RIGHTS RESERVED.

［物 語］
弁護士のピーター・バニングは、家族を大事にせず仕事中心の生活を送っていた。
一家が妻の実家があるイギリスへ出かけた時に子供達が誘拐されてしまい、脅迫状が残される。そこには「フック船長より」と記されていた。実はピーターは、かつてピーター・パンだったのだが、本人はそれを忘れてしまっていた。そこに突然ティンカーベルが現れ、ピーターをネバーランドへ連れて行く。ネバーランドの住人ロストボーイ達は、ピーターがかつてのピーター・パンとは信じない。しかし１人の少年の言葉にピーターが本物のピーター・パンだと信じるようになる。ピーターは空を飛ぶ練習を始める。フック船長のカギ爪を盗むため海賊のベースボール大会に忍び込んだピーターは、子供達がフックを父親として慕っているのを見てショックを受ける。ロストボーイ達と海賊船に乗り込んでフック船長と戦う。フック船長が嫌いな時計を取り出すと彼は苦しみ出し、ワニに飲み込まれてしまう。
［キャスト］
ダスティン・ホフマン　ロビン・ウィリアムス
ジュリア・ロバーツ　ボブ・ホスキンス
マギー・スミス　キャロライン・グッドール
チャーリー・コルスモ　アンバー・スコット
ローレル・クローニン　フィル・コリンズ
アーサー・マレ　イサイア・ロビンソン
ジェイセン・フィッシャー　ダンテ・バスコ
ラーシャン・ハモンド
ジェームズ・メイディオ
トーマス・チューラック
アレックス・ザッカーマン
アーマド・ストナー
［スタッフ］
製作総指揮　ドディ・アルファイド
　　　　　　ジェームズ・V・ハート
製作　キャスリーン・ケネディ
　　　フランク・マーシャル
　　　ジェラルド・R・モーレン
撮影　ディーン・カンディ
美術　ノーマン・ガーウッド
衣裳　アンソニー・パウエル
編集　マイケル・カーン
音楽　ジョン・ウィリアムズ
SFX　ILM
［データ］
1991年アメリカ映画　アンブリン・エンターテインメント作品　70mm6–TRACKS (70mm) ドルビー SR/SDDS(35mm)　アスペクト 2.39:1
公開　アメリカ 1991年12月11日
　　　日本 1992年6月20日
142分
配給　トライスター／ソニー・ピクチャーズ
1992年
　アカデミー賞
　ノミネート　美術賞　衣裳デザイン賞
　　　　　　　視覚効果賞
　　　　　　　メイクアップ賞　作曲賞
　　　　　　　オリジナル歌唱賞
1992年
　ゴールデングローブ賞
　ノミネート　コメディ・ミュージカル男優賞
他

ジュラシック・パーク
JURASSIC PARK

Blu-ray：1,886円＋税〔発売中〕
DVD：1,429円＋税〔発売中〕
発売元：NBC ユニバーサル・エンターテイメント

［物 語］
コスタリカの西 200kmのところにあるヌブラル島には、バイオ・テクノロジーで現代に甦らせた恐竜達を放し飼いで見せるテーマパークの開園が計画されていた。弁護士のドナルド・ジェラーロは、ドミニカにいるパークの創設者ジョン・ハモンドに会い、施設の徹底的な再審査が必要と説く。ハモンドはアメリカ、モンタナにいる古生物学者のグラント博士と古代植物学者のエリー博士に会い、安全性の調査を依頼する。話を聞いて驚いたグラントとエリーに、ハモンドが DNA からの恐竜作成法を説明する。グラントとエリーは、弁護士、ハモンドの孫２人らと共に車で施設内を見学するが、制御不能となった恐竜達が彼らに襲いかかる。難を逃れたグラント博士はハモンドに「承認は断る」と言う。生き残った人々はヘリで島を脱出する。
ヴェラキプトル、プラキオサウルス、トライセラトプス、ステゴザウルス、ティラノサウルス・レックスなど、再現されたジュラ紀の恐竜たちのリアルさと迫力が話題を呼んだ。
［キャスト］
サム・ニール　ローラ・ダーン
ジェフ・ゴールドブラム
リチャード・アッテンボロー
ボブ・ペック　マーティン・フェレーロ
B D ウオン　ジョゼフ・マゼッロ
アリアナ・リチャーズ
サミュエル・L・ジャクソン　ウェイン・ナイト
ジェラルド・R・モレン　ミケル・サンドバル
キャメロン・トー　ディーン・カンディ
リチャード・キリー（ツアーガイドの声）
［スタッフ］
製作　キャスリーン・ケネディ
　　　ジェラルド・R・モーレン
脚本　マイケル・クライトン
　　　デイヴィッド・コープ
撮影　ディーン・カンディ
美術　リック・カーター

編集　マイケル・カーン
音楽　ジョン・ウィリアムズ
SFX　スタン・ウィンストンスタジオ
VFX　ILM

［データ］

1993年アメリカ映画　アンブリン・エンターテインメント作品　DTSドルビーデジタル（ヨーロッパ）　SDDS/DATASAT(3D) カラー　アスペクト1.85:1
公開　アメリカ 1993年6月11日
　　　　　　2013年3D版
　　　日本 1993年7月17日
127分
配給　ユニバーサル／UIP
1994年
　アカデミー賞　音響賞　音響効果賞
　　　　　視覚効果賞
1994年
　英国アカデミー賞　特殊効果賞
　ノミネート　音響賞

シンドラーのリスト
SCHINDLER'S LIST

Blu-ray：1,886円＋税〔発売中〕
DVD：1,429円＋税〔発売中〕
発売元：NBC ユニバーサル・エンターテイメント

［物 語］

ドイツ軍占領下のポーランド、クラクフ。ナチスに強制移住されたユダヤ人はゲットーに入れられていた。ドイツ人実業家でナチス支持者オスカー・シンドラーは、戦争を利用して儲けを企てていた。安い賃金でゲットーのユダヤ人を雇い、事業を拡大していく。

冷徹な将校アーモン・ゲートは、収容所の所長として着任すると、ユダヤ人を次々と殺していった。オスカーは自身の工場で働くユダヤ人にも危機が及ぶ可能性があることを知って心境が変わり、あるリストを作成してユダヤ人救出を目論む。

［キャスト］

リーアム・ニーソン　ベン・キングズレー
レイフ・ファインズ　ラルフ・フィネス
キャロライン・グッドール
ジョナサン・セガール
エンベス・デイヴィッツ　サミュエル・レヴィ
マーク・イヴァニール
アンジェイ・セヴェリン
アディ・ニトゥーザン　ミリー・ファビアン
アンナ・ミュシャ　エズラ・ダガン

［スタッフ］

製作総指揮　キャスリーン・ケネディ
製作　スティーヴン・スピルバーグ
　　　ブランカ・ラスティグ
　　　ジェラルド・R・モーレン
原作　トーマス・キニーリー
脚本　スティーヴン・ザイリアン
撮影　ヤヌス・カミンスキー
美術　アラン・スタルスキー
衣裳　アンナ・B・シェパード
編集　マイケル・カーン
音楽　ジョン・ウィリアムズ
VFX　ILM

［データ］

1993年　アメリカ映画　アンブリン・エンターテインメント作品　DTS ステレオ　モノクロ・カラー　アスペクト1.33:1/1.85:1
公開　アメリカ 1993年12月15日
　　　日本 1994年2月26日
195分
配給　ユニバーサル・ピクチャーズ /UIP
1994年
　アカデミー賞　作品賞　監督賞
　　　　　脚本・脚色賞　撮影賞
　　　　　美術賞　編集賞
　　　　　作曲賞
　ノミネート　主演男優賞（リーアム・ニーソン）
　　　　　助演男優賞（レイフ・ファインズ）
　　　　　衣裳デザイン賞　音響賞
　　　　　メイクアップ賞
1994年
　ゴールデングローブ賞　作品賞
　　　　　監督賞
　　　　　脚本賞
　ノミネート　主演男優賞　助演男優賞
　　　　　作曲賞
1994年
　英国アカデミー賞
　助演男優賞　脚本賞　撮影賞
　編集賞　作品賞　作曲賞
　特別業績賞（スティーヴン・スピルバーグ）
　ノミネート　主演男優賞
　　　　　助演男優賞
　　　　　衣裳デザイン賞
　　　　　メイクアップ賞　美術賞
　　　　　音響賞
他

ロスト・ワールド／ジュラシック・パーク
THE LOST WORLD JURASSIC PARK

Blu-ray：1,886円＋税〔発売中〕
DVD：1,429円＋税〔発売中〕
発売元：NBC ユニバーサル・エンターテイメント

［物語］

『ジュラシック・パーク』の続編。ジュラシック・パークの事件から4年が経ち、当事者の1人だった数学者イアン・マルコムは、ハモンドからある依頼を受ける。ジュラシック・パークはサイトAと呼ばれるが、他にサイトBがあり、恐竜達はそこで生き延びて繁殖していると言う。

調査を依頼されたイアンは、恋人の古生物学者サラ・ハーディが先にサイトBに入っていることを知り、救出に向かう。ハモンドの甥ピーター・ルドローは、ハモンドの会社の社長になっており、ジュラシック・パークを再建して儲けることを企んでいた。イアンはカメラマンのニックやフィールド装備のエキスパート、エディ、娘のケリーらと共にサイトBへ入る。そこには多くの恐竜達がいた。突然ルドローが率いる大部隊がサイトBへ入り、ハンターのテンポを中心に、恐竜達を捕獲していった。ハモンドから恐竜の捕獲を阻止するよう依頼されていたニックは、恐竜達を解放するが、凶暴になった恐竜達はハンターを襲った。イアン達は救援のヘリに救出されるが、ルドローはティラノサウルスの子供を囮に母親を誘い出し、捕まえてサンディエゴへ向かった。が、麻酔が切れてティラノサウルスは暴れ出す。イアンとサラはティラノサウルスの子供を連れ出しておびき寄せようとする。ルドローはティラノサウルスに捕まり餌食になった。サラが母親のティラノサウルスに麻酔を打って、恐竜親子は島に戻る。

［キャスト］

ジェフ・ゴールドブラム
ジュリアン・ムーア
リチャード・アッテンボロー
ヴァネッサ・リー・チェスター
ヴィンス・ヴォーン　リチャード・シフ

アーリス・ハワード
ピート・ポスルスウェイト
ハーヴェイ・ジェイソン
ピーター・ストーメア　トーマス・F・ダフィ
トーマス・ロサレス・Jr.
マリアナ・リチャーズ　ジョゼフ・マゼロ
イアン・アグロンビー　カミーラ・ベル
ロビン・サックス　シド・ストリットメーター

［スタッフ］
製作総指揮　キャスリーン・ケネディ
製作　ジェラルド・R・モーレン
原作　マイケル・クライトン
脚本　デイヴィッド・コープ
撮影　ヤヌス・カミンスキー
美術　リック・カーター
音楽　ジョン・ウィリアムズ
SFX　ILM

［データ］
1997年アメリカ映画　DTS カラー　アスペクト 1.85:1
公開　アメリカ 1997年5月23日
　　　日本 1997年7月12日
129分
配給　ユニバーサル /UIP
1998年
　アカデミー賞
　ノミネート　視覚効果賞
他

アミスタッド
AMISTAD

Blu-ray：2,381円＋税〔発売中〕
DVD：1,429円＋税〔発売中〕
発売元：NBC ユニバーサル・エンターテイメント

［物 語］
19世紀半ば、アフリカでライオンを倒したシンケは、拉致されて奴隷船アミスタッド号に乗せられる。船が遭難した時にシンケは乗組員を殺して行くが、舵取りの男達に騙されアメリカで投獄される。元大統領のアダムスは、若き弁護士ボールドウィンの声を聞き、裁判にかけられたシンケを見て彼を救うことを決断する。実話を元にしている。

［キャスト］
ジャイモン・フンスー
モーガン・フリーマン
アンソニー・ホプキンス
マシュー・マコノヒー
ナイジェル・ホーソーン
ピート・ポスルスウェイト
ステラン・スカルスガルド
デイヴィッド・ペイマー　アンナ・パキン
トーマス・ミラン　キュウテル・イジョホー

［スタッフ］
製作総指揮　ウォルター・F・パークス
　　　　　　ローリー・マクドナルド
製作　デビー・アレン　コリン・ウイルソン
脚本　デイヴィッド・H・フランゾーニ
撮影　ヤヌス・カミンスキー
美術　リック・カーター
衣裳　ルース・E・カーター
編集　マイケル・カーン
音楽　ジョン・ウィリアムズ
VFX　ILM

［データ］
1997年アメリカ映画　ドリームワークス設立後、第1号の監督作品　DTS ドルビーデジタル SDDS
カラー　アスペクト 1.85:1
公開　アメリカ 1997年12月17日
　　　日本 1998年2月28日
155分
配給　ドリームワークス／ UIP
1998年
　アカデミー賞
　ノミネート　助演男優賞　撮影賞
　　　　　　　作曲賞
　　　　　　　衣裳デザイン賞
1998年
　ゴールデングローブ賞
　ノミネート　作品賞　監督賞
　　　　　　　主演男優賞　助演男優賞
他

プライベート・ライアン
SAVING PRIVATE RYAN

Blu-ray：2,381円＋税〔発売中〕
DVD：1,429円＋税〔発売中〕
発売元：NBC ユニバーサル・エンターテイメント

［物 語］
アメリカ軍はノルマンディ上陸に成功したが、ドイツ軍の激しい迎撃により多くの戦死者を出した。ライアン家４人の子供達のうち３人が戦死したことが陸軍参謀隊長マーシャルの元に知らされる。マーシャルは、ライアン家残り1人の子供であるジェームズ・ライアンを探すことを命令する。命令を受けたミラー大尉が捜索に向かい彼を見つけるが、その男は同姓同名の別人だった。戦死者の中からも見つからなかったため、前線の橋に向かうと、遂にジェームズ・ライアンを見つけ出す。ミラーは帰還を命令するが彼は拒否し、戦場の兄弟のため戦うと告げる。ミラーは攻撃にやられて生き絶える寸前、ライアンに生きて帰れと伝える。数十年後、ライアンは家族と共にミラーの墓を訪れて感謝を告げる。

［キャスト］
トム・ハンクス　トム・サイズモア
エドワード・バーンズ　バリー・ペッパー
アダム・ゴールドバーグ
ヴィン・ディーゼル　ジョバンニ・リビシ
ジェレミー・デイヴィス　マット・デイモン
テッド・ダンソン　デニス・ファリーナ
ポール・ジアマッティ

［スタッフ］
製作　スティーヴン・スピルバーグ
　　　イアン・ブライス　マーク・ゴードン
　　　ゲイリー・レヴィンソン
脚本　ロバート・ロダット
撮影　ヤヌス・カミンスキー
美術　トーマス・E・サンダース
衣裳　ジョアンナ・ジョンストン
編集　マイケル・カーン
音楽　ジョン・ウィリアムズ
VFX　LMI

［データ］
1998年アメリカ映画　アンブリン・エンターテインメント　ドリームワークス　マーク・ゴードン・プロダクション作品　DTS ドルビーデジタル SDDS カラー　アスペクト 1.85:1
公開　アメリカ 1998年8月24日
　　　日本 1998年9月4日
169分
配給　パラマウント / ドリームワークス　UIP
1999年
　アカデミー賞　監督賞　撮影賞
　　　　　　　　音響賞　編集賞
　　　　　　　　音響効果賞
　ノミネート　作品賞　主演男優賞
　　　　　　　脚本賞　アート＆セット賞
　　　　　　　メイクアップ賞　作曲賞

1999年
ゴールデングローブ賞　作品賞
監督賞
ノミネート　主演男優賞　脚本賞
作曲賞

1999年
英国アカデミー賞　音響賞
特殊効果賞
ノミネート　特別業績賞(ジョン・ウィリアムズ)
作品賞　主演男優賞
撮影賞　美術賞　編集賞
ヘア・メイクアップ賞

他

THE UNFINISHED JOURNEY

[キャスト]
マヤ・アンジェロウ
ビル・クリントン　オシー・デイヴィス
ルビー・ディー
エドワード・ジェームズ・オルモス
サム・ウォーターストン(本人・ナレーター)

[スタッフ]
脚本　ティム・ウィロックス
21分
ドキュメンタリー
TV 放映　1999年12月31日　CBS

A.I.
ARTIFICIAL INTELLIGENSE:AI

Blu-ray：2,381円＋税
DVD：1,429円＋税
発売元：ワーナー・ブラザース ホームエンターテイメント
©2001 Warner Bros. Entertainment Inc. and Dreamworks LLC. All rights reserved

[物 語]
地球温暖化や環境破壊のため、人間の代わりにロボットが活躍するようになる。人間のように愛情を持つロボットを製作したヘンリー・オコナーとその妻の元に、試験的にそのロボット、デイヴィッドが送り込まれる。夫妻には不治の病を持つ息子マーティンがいた。デイヴィッドはモニカを愛するようプログラムされていたが、マーティンが奇跡的に目覚め、モニカは彼に愛情を注ぐようになる。モニカは成長しないデイヴィッドがうとましくなり、マーティンに関わる事故をきっかけに、デイヴィッドは森に置き去りにされてしまう。彼は出会ったロボット達と旅に出て、モニカの愛を取り戻すことを夢見るが、海に身を投げる。2000年の時が経って、助けられたデイヴィッドは願い事を聞かれ、モニカと過ごしたいと伝える。

[キャスト]
ハーレイ・ジョエル・オスメント
ジュード・ロウ　フランセス・オコナー
サム・ロバーズ　ジェイク・トーマス
ウィリアム・ハート　ブレンダン・グリーソン
ジャック・エンジェル　ロビン・ウイリアムズ
ベン・キングズレー　クリス・ロック
ケン・ラング　エイプリル・グレース
メリル・ストリープ(妖精の声)

[スタッフ]
製作総指揮　ヤン・ハーラン
ウォルター・F・パークス
製作　スティーヴン・スピルバーグ
キャスリーン・ケネディ
ボニー・カーティス
原作　ブライアン・オールディス
脚本　スティーヴン・スピルバーグ
イアン・ワトソン
撮影　ヤヌス・カミンスキー
美術　リック・カーター
衣裳　ボブ・リングウッド
編集　マイケル・カーン
音楽　ジョン・ウィリアムズ
VFX　ILM

[データ]
2001年アメリカ映画　ザ・ケネディ　マーシャル・カンパニー　アンブリン・エンターテインメント　スタンリー・キューブリック・プロダクション作品　DTS=ES ドルビーデジタル EX　SDDS　テクニカラー　アスペクト 1.78:1(Blu-ray) 1.85:1
公開　アメリカ 2001年6月29日
日本 2001年6月30日
146分
配給　ワーナー・ブラザース

2002年
アカデミー賞
ノミネート　作曲賞　視覚効果賞
2002年
ゴールデングローブ賞
ノミネート　助演男優賞　監督賞
作曲賞
2002年
英国アカデミー賞
ノミネート　視覚効果賞
他

マイノリティ・リポート
MINORITY REPORT

Blu-ray：[発売中]
発売元：20世紀フォックス ホーム エンターテイメント ジャパン
©2013 Twentieth Century Fox Home Entertainment LLC. All Rights Reserved.

[物 語]
予知能力者プリコグによる予知システム導入後、ワシントン DC の犯罪発生率は 0%となった。息子が誘拐され殺された刑事ジョン・アンダートンは、異常とも思える熱心さで仕事をしていた。予知システムの全国導入のため国民投票が行われることになり、安全性の調査が始まる。プリコグのアガサは、ジョンに過去の事件映像を見せるが、アガサの記録映像は消されてしまう。システムの考案者アイリーン・ハイネマンは、予知能力を持つ子供の研究をしていた。彼女はシステムが完全ではなく、少数意見マイノリティ・リポートは、存在を秘密にされると言う。アガサが鍵と知ったジョンは彼女の脳内を探ったが、マイノリティ・リポートは存在しなかった。最終的な手がかり、クロウの部屋に入ってジョンは息子の写真を見つけ、彼が息子を殺した犯人と思い銃を突きつけ、クロウの意思で殺させる。が、クロウは何者かに利用されていたのだった。事件は仕組まれたもので、アガサの映像も事件を気付かせないために仕組まれたものと知る。全ての黒幕は局長バージェスだった。ジョンは捕まって、システムが全国導入されることになったが、バージェスに不信を抱いた妻のララによって脱獄する。全国導入パーティの会場で、ジョンは真相を暴く。過去の犯行を暴露されたバージェスは、自ら死を選ぶ。システムが廃止され、プリコグ達も静かに暮らす。ララは新しいジョンの子供を身篭っていた。

[キャスト]
トム・クルーズ　マックス・フォン・シドー
サマンサ・モートン　コリン・ファレル

スティーヴ・ハリス　ニール・マクドノー
パトリック・キルパトリック
ジェシカ・キャプショー　リチャード・コカ
キース・キャンベル　カーク・B・R・ウーラー
クレア・スコット　フランク・グリリョ
アンナ・マリア・ホースフォード
サラ・シモンズ　ユージーン・オズモンド
ジェームズ・ヘンダーソン
ウィリアム・モーツ　ロイス・スミス
ピーター・ストーメア
ティム・ブレイク・ネルソン
ジョージ・ウォレス　キャスリン・モリス
ダニエル・ロンドン

［スタッフ］

製作総指揮　ゲイリー・ゴールドマン
　　　　　　ロナルド・シャセット
製作　ボニー・カーティス
　　　ジェラルド・R・モーレン
　　　ヤン・デ・ボン
　　　ウォルター・F・パークス
原作　フイリップ・K・ディック
脚本　ジョン・コーエン　スコット・フランク
撮影　ヤヌス・カミンスキー
美術　アレックス・マクドーウェル
衣裳　デボラ・リン・スコット
編集　マイケル・カーン
音楽　ジョン・ウィリアムズ
VFX　ILM

［データ］

2002年アメリカ映画　ドリームワークス　20世紀フォックス　クルーズワグナー・プロダクションズ作品　ドルビー DTS SDDS　カラー　アスペクト 2.39:1
公開　アメリカ 2002年6月17日
　　　日本 2002年12月7日　145分　配給 20世紀フォックス
2003年
　アカデミー賞
　ノミネート　音響編集賞
2003年
　英国アカデミー賞
　ノミネート　視覚効果賞
他

キャッチ・ミー・イフ・ユー・キャン
CATCH ME IF YOU CAN

Blu-ray：2,381円＋税〔発売中〕
DVD：1,429円＋税〔発売中〕
発売元：NBC ユニバーサル・エンターテイメント

［物 語］

1960年代、高校生のフランク・W・アバグネイルは両親が離婚することを知り、ショックで家出する。生活のためパイロットや弁護士になりすまし、偽造小切手詐欺を繰り返す。巨額小切手偽造事件を操作していたFBI のハンラティが彼に迫る。ハンラティはアバグネイルを更生させようと手をさし伸べる。

［キャスト］

レオナルド・ディカプリオ　トム・ハンクス
クリストファー・ウォーケン
マーティン・シーン　ナタリー・バイ
エイミー・アダムス　ジェームズ・ブローリン
ブライアン・ホウ
フランク・ジョン・ヒューズ
スティーヴ・イースティン　クリス・エリス
ジョン・フィン　ジェニファー・ガーナー
ナンシー・レネハン　エレン・ポンペオ
エリザベス・バンクス
キャンディス・アザラ
マシュー・キンブロー　ジョシュア・ボイド
ケイトリン・ダブルデイ　ケリー・マクネア
ジョナサン・ダンクナー　マギー・メリン
トーマス・コバッチ
マーガレット・トラボルタ
ジミー・F・スカッグス
アレックス・ハイド＝ホワイト
リリアン・ショーヴィン
ジェニファー・マンレー

［スタッフ］

製作総指揮　バリー・ケンプ
　　　　　　ローリー・マクドナルド
　　　　　　アンソニー・ロマーノ
　　　　　　ミシェル・シェーン
製作　スティーヴン・スピルバーグ
　　　ウォルター・F・パークス
原作　フランク・W・アバグネイル
　　　スタン・レディング
脚本　ジェフ・ナサンソン
撮影　ヤヌス・カミンスキー
美術　ジャニーネ・オッペウォール
衣裳　マリー・ゾフレス
編集　マイケル・カーン
音楽　ジョン・ウィリアムズ

［データ］

2002年アメリカ映画　アンブリン・エンターテインメント作品　DTS ドルビーデジタル SDDS　カラー
アスペクト 1.85:1
公開　アメリカ 2002年12月25日
　　　日本 2003年3月31日
141分
配給　ドリームワークス /UIP
2003年
　アカデミー賞　ノミネート
　　助演男優賞（クリストファー・ウォーケン）
　　作曲賞
2003年
　ゴールデングローブ賞　ノミネート
　　主演男優賞（レオナルド・ディカプリオ）
2003年
　英国アカデミー賞
　　助演男優賞（クリストファー・ウォーケン）
　ノミネート　作曲賞
　　　　　　　脚本賞　衣裳デザイン賞
他

ターミナル
THE TERMINAL

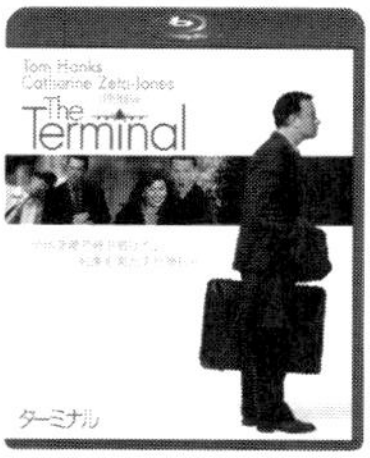

Blu-ray：2,381円＋税〔発売中〕
DVD：1,429円＋税〔発売中〕
発売元：NBC ユニバーサル・エンターテイメント

［物 語］

クラコウジア人ヴィクター・ナボルスキーは、ジョン・F・ケネディ空港で足止めされる。
母国で起こったクーデターが原因でパスポートが失効したのだった。彼は亡命も難民申請もできず、空港ロビーに留め置かれ、そのまま空港内で生活を始める。客室乗務員のアメリアと親しくなったヴィクターは、大切に持っている缶を彼女に見せ、なぜ空港に留まっているのかを話し始めた。缶にはヴィクターの父の夢、大ファンだったジャズミュー

ジシャン達のサインが入っている。たった1人もらえなかったベニー・ゴルソンのサインを父の代わりにもらうため、ずっと空港で待っていたのだ。母国の内戦は終結したが、アメリアの配慮で1日だけ使えるビザを手に入れた。しかし国境警備員ディクソンが許可のサインを拒み、クラコウジア行きの便に乗るよう指示した。諦めかけたヴィクターに、親しくなっていた空港の職員達が手助けし、彼はマンハッタンへ向かう。ベニー・ゴルソンに会うことができてサインももらい、大切に缶にしまって帰路につく。

[キャスト]
トム・ハンクス
キャサリン・ゼタ＝ジョーンズ
スタンリー・トゥッチ
バリー・シャバカ・ヘンリー
シャイ・マクブライト　ディエゴ・ルナ
ゾーイ・サルダナ　クマール・パラーナ
エディ・ジョーンズ　ヴァレラ・ニコラエフ
スティーヴン・メンデル
ジュード・チッコレラ　コリー・レイノルズ
リニ・ベル　カーリース・パーク
ベニー・ゴルソン（本人）　ダン・フィナティ
ジム・イシダ　ステファン・フラー
サーシャ・スピルバーグ

[スタッフ]
製作総指揮　パトリシア・ウィッチャー
　　ジェイソン・ホッフス
　　アンドリュー・ニコル
製作　ウォルター・F・パークス
　　ローリー・マクドナルド
　　スティーヴン・スピルバーグ
原案　アンドリュー・ニコル
　　サーシャ・カヴァシ
脚本　サーシャ・カヴァシ
　　ジェフ・ナサンソン
撮影　ヤヌス・カミンスキー
美術　アレックス・マクダウェル
衣裳　メアリー・ソフレス
　　クリスティーン・ワダ
編集　マイケル・カーン
音楽　ジョン・ウィリアムズ

[データ]
2004年アメリカ映画　DTSドルビーデジタル　SDDS　カラー　アスペクト1.85:1
公開　アメリカ2004年6月18日
　　日本2004年12月18日
129分
配給　ドリームワークス/UIP
2005年
　美術監督組合賞　美術賞・アートディレクション賞
2005年
　BMI Film & TV Awards
　　作曲賞　ジョン・ウィリアムズ
他

宇宙戦争
WAR OF THE WORLDS

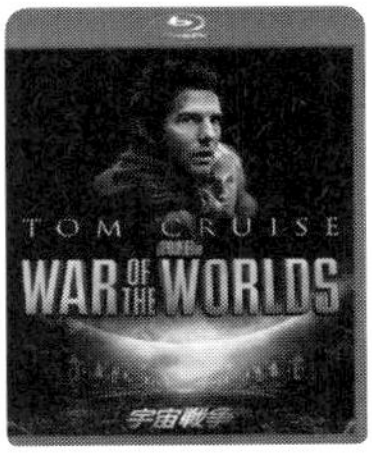

『スペシャル・コレクターズ・エディション』
Blu-ray：2,381円＋税
発売元：NBCユニバーサル・エンターテイメント

[物 語]
貨物港で働くレイ・フェリエは、離婚した妻が留守の間子供達を預かる。子供達との関係は良くなかった。ある日雷が何度も落ちて町中の電気が止まってしまう。レイが落雷した場所に出かけると、地割れがして侵略兵器トライポッドが現れ、人々に襲いかかった。レイと子供達はなんとか逃げ出したが、侵略者の攻撃を受けて捕らえられてしまう。しかしトライポッドは壊れ始め、軍隊の攻撃で破壊されて行った。倒れたトライポッドから宇宙人が現れたが、地球のバクテリアに感染して生き絶えた。

[キャスト]
トム・クルーズ　ダコタ・ファニング
ミランダ・オットー　ティム・ロビンス
モーガン・フリーマン
ジャスティン・チャットウィン
リック・ゴンザレス

[スタッフ]
製作総指揮　ダミアン・コリアー
　　ポーラ・ワグナー
製作　キャスリーン・ケネディ
　　コリン・ウィルソン
原作　H・G・ウェルズ
脚本　ジョシュ・フリードマン
　　デイヴィッド・コープ
撮影　ヤヌス・カミンスキー
美術　リック・カーター
衣裳　ジョアンナ・ジョンストン
編集　マイケル・カーン
音楽　ジョン・ウィリアムズ
VFX　ILM

[データ]
2005年アメリカ映画　ドリームワークス　アンブリン・エンターテインメント　クルーズ/ワグナー・プロダクションズ作品　DTSドルビー　SDDS　カラー　アスペクト1.85:1
公開　2005年6月29日
配給　パラマウント/UIP　116分
2006年
　アカデミー賞
　ノミネート　音響効果賞　音響編集賞
　　視覚効果賞
2006年
　Academy of Science Fiction, Fantasy & Horror Films USA
　　若手俳優賞　ダコタ・ファニング
　ノミネート　俳優賞　監督賞　脚本賞
　　音楽賞　特殊効果賞
他

ミュンヘン
MUNICH

Blu-ray：1,886円＋税〔発売中〕
DVD：1,429円＋税〔発売中〕
発売元：NBCユニバーサル・エンターテイメント

[物 語]
1972年ミュンヘンオリンピックの最中、パレスチナの過激派「黒い9月」8人がオリンピック村のイスラエル選手宿舎を襲い、2人を殺害、9人を人質にイスラエルで収監されているパレスチナ人の解放を要求した。空港でドイツ警察とテロリストの銃撃戦があり、選手9人、人質11人が殺害された。イスラエル政府はテロリストの暗殺を命令、アヴナーは実行犯リーダーとしてメンバー達を集め「神の怒り作戦」を決行する。ついに黒幕サラメを見つけだすが、アヴナー達も窮地に陥る。

[キャスト]
エリック・バナ　ダニエル・クレイグ
マチュー・カソヴィッツ　キーラン・ハインズ
ハンス・ハッシュラー
アイエレット・ズーラー
ジェフリー・ラッシュ　ギラ・アルマゴール
マイケル・ロンズデール
マシュー・アマリック
モーリッツ・ブライプトロイ

ヴァレリア・ブルーニ・テデスキ
マリ＝ジョゼ・クルーズ メレット・ベッカー
アミ・ワインバーグ　リン・コーエン

［スタッフ］
製作　スティーヴン・スピルバーグ
　　　キャスリーン・ケネディ
　　　バリー・メンデル
　　　コリン・ウィルソン
原作　ジョージ・ジョナス
脚本　トニー・クシュナー　エリック・ロス
撮影　ヤヌス・カミンスキー
美術　リック・カーター
衣裳　ジョアンナ・ジョンストン
編集　マイケル・カーン
音楽　ジョン・ウィリアムズ

［データ］
2005年アメリカ映画　アンブリン・エンターテインメント　ザ・ケネディ / マーシャル・カンパニー作品　DTS-ES ドルビーデジタル EX SDDS カラー　アスペクト 2.35:1
公開　アメリカ 2005年12月23日
　　　日本 2006年2月4日
164分
配給　ユニバーサル　アスミック・エース
2006年
　アカデミー賞
　ノミネート　作品賞　監督賞　脚本賞
　　　　　　　編集賞　作曲賞
2006年
　ゴールデングローブ賞
　ノミネート　監督賞　脚本賞
他

インディ・ジョーンズ／クリスタル・スカルの王国
INDIANA JONES AND THE KINGDOM OF THE CRYSTAL SKULL

Blu-ray：1,886円＋税
DVD：1,429円＋税　発売中
発売元：NBC ユニバーサル・エンターテイメント

［物 語］
1957年アメリカ軍に偽装したソ連軍兵士に、インディと相棒のジョージが捕らわれてしまい、核実験が行われる予定のネバダ州、エリア 51 に連れて行かれる。1947年のロズウェル事件でアメリカ軍が手中にした強い磁気の出る箱を探すよう、インディは命令される。難を逃れたインディは、無人の町に到着する。そこは核実験のために軍が作った偽の町だった。インディはいつしか共産主義者として赤狩りの対象になる。大学を休職処分となり、国の現実に失望した彼は、列車に乗った。するとマットという青年に声をかけられる。インディはマットと共に、秘宝クリスタルスカルを求めて旅に出る。マットの母マリオン（第1作『レイダース／失われたアーク《聖櫃》』に登場）はインディの元婚約者だった。ソ連の陰謀に巻き込まれながら、インディはクリスタル・スカルの謎に迫る。

［キャスト］
ハリソン・フォード　ケイト・ブランシェット
カレン・アレン　シャイア・ラブーフ
レイ・ウィンストン　ジョン・ハート
ジム・ブロードベント　イゴール・ジジキン
ディミトリ・ディアチェンコ
アイラ・ヴォロック　エマニュエル・トボロフ
パシャ・D・リンチニコフ
アンドリュー・ディボフ
ヴェンヤ・マンジューク　アラン・デイル
ジョエル・ストファー　ニール・フリン

［スタッフ］
製作総指揮　ジョージ・ルーカス
　　　　　　キャスリーン・ケネディ
製作　フランク・マーシャル
原作　ジョージ・ルーカス
　　　フィリップ・カウフマン
原案　ジョージ・ルーカス
　　　ジェフ・ナサンソン
脚本　デイヴィッド・コープ
撮影　ヤヌス・カミンスキー
美術　ガイ・ヘンドリックス・ディヤス
衣裳　マリー・ゾフレス
編集　マイケル・カーン
音楽　ジョン・ウィリアムズ
VFX　ILM

［データ］
2008年アメリカ映画　ルーカスフィルム作品　ドルビーデジタル　DTS SDDS カラー　アスペクト 2.39:1
公開　アメリカ 2008年5月22日
　　　日本 2008年6月21日
122分
配給　パラマウント
2009年
　英国アカデミー賞
　ノミネート　視覚効果賞
他

A TIMELESS CALL (ALLENTOWN/JINKS-COHEN)

［キャスト］
トム・ハンクス（本人・ナレーター）
トビー・ムーリ（プロム・キング）

［スタッフ］
脚本　ローナ・グラハム
7分　ドキュメンタリー　2008年8月25 ～ 28日民主党全国大会で初公開

タンタンの冒険／ユニコーン号の秘密
THE ADVENTURES OF TINTIN SECRET OF THE UNICORN

Blu-ray：2,500円＋税
発売元：株式会社 KADOKAWA
Ⓒ 2011 Paramount Pictures

［物 語］
少年記者のタンタンは、相棒の白い犬スノーウィと蚤の市に出かけ、帆船のユニコーン号の模型を見つけ購入する。しかしその帆船には秘密があるらしく、関わるな、とか買いたい、という男たちが現れる。タンタンが図書館で調べると、ユニコーン号はかつて海賊に襲われ、財宝と共に沈んだ船だったことがわかる。ユニコーン号の模型は盗まれ、タンタンは買いたいと言ったサッカリンという男がいるムーランサール城へ行く。ユニコーン号はそこにあったが、それは偽の模型だった。タンタンが自宅に戻ると部屋が荒らされていて、模型のあった棚の裏から謎の羊皮紙を見つける。この羊皮紙こそが男達の目的だったと知るが、羊皮紙は盗まれ、タンタンは誘拐されて貨物線に乗せられる。サッカリン一味から殺されそうになるが、何とか逃げたタンタンは、捕虜だった貨物船の船長と出会い、一緒に脱出した。

［キャスト］
ジェイミー・ベル　アンディ・サーキス
ダニエル・クレイグ　ニック・フロスト
サイモン・ペッグ　ダニエル・メイズ
ガッド・エルマレ　トビー・ジョーンズ
ジョー・スター　トニー・カラン

エン・リーテル　キム・ステンゲル
マッケンジー・クルック
ケイリー・エルウィス　フィリップ・リス
ロン・ボッティータ　ネイサン・マイスター
セバスチャン・ロシェ　キム・ステンゲル

［スタッフ］
製作総指揮　ケン・カミンズ
　　　　　　ニック・ロッドウェル
　　　　　　ステファーヌ・スペリ
製作　スティーヴン・スピルバーグ
　　　ピーター・ジャクソン
　　　キャスリーン・ケネディ
原作　エルジェ
脚本　スティーヴン・モファット
　　　エドガー・ライト
　　　ジョー・コーニッシュ
撮影　ヤヌス・カミンスキー
美術　キム・シンクレア
衣裳　レスリー・バークス＝ハーディング
編集　マイケル・カーン
音楽　ジョン・ウィリアムズ
VFX　ジョー・ラテリ
　　　ウェイン・ステイブル
　　　キース・ミラー
　　　ジェイミー・ベアード

［データ］
2011年アメリカ・ニュージーランド映画　ヘミスフェア・メディア・キャピタル　アンブリン・エンターテインメント　ウィングナット・フィルムズ　ザ・ケネディ / マーシャル・カンパニー　ニコロデオン・ムービーズ作品　DATASAT ドルビーデジタル SDDS SONICS-DDP(IMAX) ドルビーサラウンド 7.1　カラー　アスペクト 2.35:1
公開　アメリカ 2011年12月21日
　　　ニュージーランド 2011年12月26日
　　　日本 2011年12月1日
107分
配給　パラマウント　ソニー・ピクチャーズ
　　　東宝東和
2012年
　アカデミー賞ノミネート　作曲賞
2012年
　ゴールデングローブ賞
　　最優秀アニメーション賞
2012年
英国アカデミー賞ノミネート
　　最優秀アニメーション賞
　　視覚効果賞
2012年
　Academy of Science Fiction, Fantasy & Horror Films USA
　ノミネート　監督賞　作曲賞　美術賞
　　　　　　　編集賞　音響効果賞
　　　　　　　アニメーション賞
他

戦火の馬
WAR HORSE
Blu-ray：あり
DVD：あり

［物 語］
貧しい農家の息子アルバート・ナラコットは、牧場で生まれたばかりの仔馬に目を奪われる。馬の額には白い模様があった。時が経ち、父テッドは農耕馬の買い付けに競売へ出かける。そこで目にしたのは額に白い模様のある馬だった。テッドは目的も忘れてそのサラブレッドの馬を買って帰る。馬を見て喜ぶアルバートに、初めは怒っていた母も飼育を許す。馬はジョーイと名付けられた。第一次世界大戦が始まり、ジョーイは街に来ていた騎兵隊の大尉の目に止まり、生活のためテッドはジョーイを売ってしまう。驚いたアルバートはジョーイとの再会のため騎兵隊入隊を志願したが、まだ兵役のできる年齢ではなかった。ジョーイは戦地のフランスへ渡るが、戦場でドイツ軍の手に渡る。農耕以外の馬は必要ないと殺されそうになるが、かつてナラコット家で農耕の経験があったジョーイは生き延びる。その後風車小屋にいるところを農家の少女エミリーに見つけられる。戦火の中転々と移動するジョーイ。遂に再びアルバートに会う。ジョーイは奇跡の馬だった。エミリーの祖父がジョーイを競売で落札し、ジョーイの三角旗が元騎兵隊員だったテッドのものと知り、ジョーイをアルバートに返す。

［キャスト］
ジェレミー・アーヴィン　ピーター・マラン
エミリー・ワトソン　ニエル・アレストリュプ
デイヴィッド・シューリス　トム・ヒドルストン
ベネディクト・カンバーバッチ
セリーヌ・バッケンズ　トビー・ケッベル
ゲイリー・ライドン　マット・ミルン
ジョフ・ベル　リーアム・カニンガム
レオナート・カロヴ　ニコラス・ブロー
デイヴィッド・クロス　エディ・マーサン
セリーヌ・バケンズ　ライナー・ボック
ロバート・エムズ

［スタッフ］
製作総指揮　フランク・マーシャル
　　　　　　レヴェル・ゲスト
製作　スティーヴン・スピルバーグ
　　　キャスリーン・ケネディ
原作　マイケル・モーバーゴ
脚本　リー・ホール　リチャード・カーティス
撮影　ヤヌス・カミンスキー
美術　リック・カーター
衣裳　ジョアンナ・ジョンストン
編集　マイケル・カーン
音楽　ジョン・ウィリアムズ

［データ］
2011年　アメリカ映画　ドリーム・ワークス　リライアンス・エンターテインメント　アンブリン・エンターテインメント　ザ・ケネディ / マーシャル・カンパニー作品　SDDS　DATSAT　ドルビーデジタル ドルビーサラウンド 7.1　カラー　　アスペクト 2.35:1
公開　アメリカ 2011年12月25日
　　　日本　2012年3月2日
146分
配給　タッチストーン・ピクチャーズ
　　　ウォルト・ディズニー・ピクチャーズ
2012年
　アカデミー賞
　ノミネート　作品賞　撮影賞　作曲賞
　　　　　　　音響ミキシング賞
　　　　　　　音響編集賞　美術賞
2012年
　ゴールデングローブ賞
　ノミネート　作曲賞　作品賞
2012年
　英国アカデミー賞
　ノミネート　特別業績賞(ジョン・ウィリアムズ)
　　　　　　　撮影賞　美術賞　音響賞
　　　　　　　視覚効果賞
他

BFG：ビッグ・フレンドリー・ジャイアント
THE BFG
Blu-ray：あり
DVD：あり

［物 語］
少女ソフィーはロンドンの養護施設で暮らしている。ある日巨人のBFGに捕まり、巨人の国へ連れて行かれる。ソフィーはBFGの家で暮らし始めるが、そのBFGは巨人の中では小柄で、マルノミという凶暴な巨人にいじめられていた。BFGとソフィは、夢を捕まえて人間に見せるためロンドンへ向かう。が、落とした毛布のせいでマルノミに見つかり、BFGはソフィをロンドンに残す。ソフィはBFGの心に語りかけてマルノミを倒すことを伝える。2人はロンドンの女王に協力を依頼し、受け入れられる。マルノミは捕まって隔離される。ソフィはロンドンの女王の側で暮らし、BFGは巨人の国で平和に暮らす。

［キャスト］
マーク・ライランス　ルビー・バーンヒル
ペネロープ・ウィルトン
ジェマイン・クレモント　レベッカ・ホール
レイフ・スポール　ビル・ヘイダー
オラフル・ダリ・オラフソン
アダム・ゴドリー
マイケル・アダムスウェイト
ダニエル・ベーコン　ジョナサン・ホームズ
クリス・ギブス　ポール・モニッツ・デ・サ
マリリン・ノリー
カラム・シーグラム・エアリー

［スタッフ］
製作総指揮　キャスリーン・ケネディ
ジョン・マッデン
クリスティ・マコスコ・クリーガー
マイケル・シーゲル
製作　スティーヴン・スピルバーグ
フランク・マーシャル
サム・マーサー
原作　ロアルド・ダール
脚本　メリッサ・マシスン
撮影　ヤヌス・カミンスキー
美術　リック・カーター
ロバート・ストロムバーグ
衣裳　ジョアンナ・ジョンストン
編集　マイケル・カーン
音楽　ジョン・ウィリアムズ

［データ］
2016年アメリカ映画　ウォルト・ディズニー・ピクチャーズ　アンブリン・エンターテインメント リライアンス・エンターテインメント　ウォールデン・メディア　ザ・ケネディ / マーシャル・カンパニー作品　ドルビーサラウンド 7.1 ドルビーアトモス　カラー　アスペクト 2.35:1
公開　フランス（カンヌ国際映画祭）2016年5月14日
アメリカ 2016年7月1日
日本 2016年9月17日
117分
配給　ウオルト・ディズニー・スタジオ・モーション・ピクチャーズ
2016年
英国アカデミー賞
ノミネート　BAFTA Kids Vote - Feature Film
スティーヴン・スピルバーグ
メリッサ・マシスン
フランク・マーシャル
サム・マーサー

リンカーン
LINCOLN

Blu-ray：〔発売中〕
DVD：〔発売中〕
発売元：20世紀フォックス ホーム エンターテイメント ジャパン
© 2014 Twentieth Century Fox Home Entertainment LLC. All Rights Reserved.

［物 語］
第16代アメリカ合衆国大統領エイブラハム・リンカーンは、黒人解放を是とし、国民に最も敬意と共に受け入れられた大統領である。1865年再選されたが、南北戦争は4年に渡って収束しなかった。奴隷解放宣言後も多くの黒人は解放されず、リンカーンは憲法の改正案を議会で可決することを決意する。しかしまず戦争を集結すべき、との声が上がる。
リンカーンは戦死した息子に思いを馳せ、妻との関係にも苦悩しながら、大統領としてのある大きな決断をする。

［キャスト］
ダニエル・デイ＝ルイス　サリー・フィールド
デイヴィッド・ストラザーン
ジョゼフ・ゴードン・レヴィット
ジェームズ・スペイダー
ハル・ホルブルック
トミー・リー・ジョーンズ
ジョン・ホーキンス
ジャッキー・アール・ヘイリー
ブルース・マックギル
ティム・ブレイク・ネルソン
ジョセフ・クロス　ジャレッド・ハリス
リー・ペイス　ピーター・マクロビー
ガリバー・マクグラス　グロリア・ルービン
ジョニー・ストロング
マイケル・シュトッヒバーグ

［スタッフ］
製作総指揮　ジョナサン・キング
ダニエル・ルピ
ジェフ・スコール
製作　スティーヴン・スピルバーグ
キャスリーン・ケネディ
原作　ドリス・カーンズ・グッドウィン
脚本　トニー・クシュナー
撮影　ヤヌス・カミンスキー
美術　リック・カーター
衣裳　ジョアンナ・ジョンストン
編集　マイケル・カーン
音楽　ジョン・ウィリアムズ

［データ］
2012年アメリカ映画　リライアンス・エンターテインメント　パーティシパント・エンターテインメント　アンブリン・エンターテインメント　ザ・ケネディ / マーシャル・カンパニー作品　ドルビーデジタル　DATASAT SDDS ドルビーサラウンド 7.1 ドルビーアトモス
カラー　アスペクト 2.39:1
公開　アメリカ 2012年11月9日
日本 2013年4月19日
150分
配給　ドリームワークス　20世紀フォックス
2013年
アカデミー賞
主演男優賞（ダニエル・デイ＝ルイス）
美術賞
ノミネート
作品賞
助演男優賞（トミー・リー・ジョーンズ）
助演女優賞（サリー・フィールド）
監督賞　脚本賞　撮影賞
編集賞　衣裳デザイン賞　作曲賞
サウンドミキシング賞
2013年
ゴールデングローブ賞
主演男優賞（ダニエル・デイ＝ルイス）
ノミネート
ドラマ部門　作品賞
助演男優賞（トミー・リー・ジョーンズ）
助演女優賞（サリー・フィールド）
監督賞　脚本賞　作曲賞
2013年
英国アカデミー賞
主演男優賞（ダニエル・デイ＝ルイス）
ノミネート　作品賞　助演男優賞
助演女優賞　脚本賞
撮影賞　美術賞　作曲賞
衣裳デザイン賞
ヘア・メイクアップ賞
他

ブリッジ・オブ・スパイ
BRIDGE OF SPIES

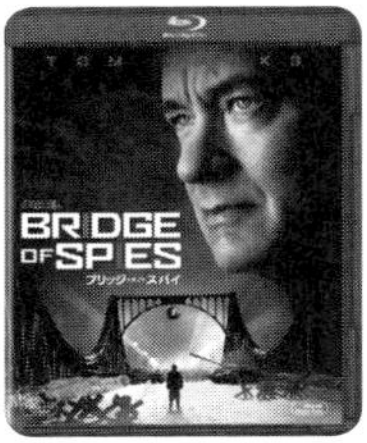

Blu-ray：〔発売中〕
発売元：20世紀フォックス ホーム エンターテイメント ジャパン
Ⓒ 2016 Twentieth Century Fox Home Entertainment LLC. All Rights Reserved.

［物 語］

1957年、ソ連のスパイ、ルドルフ・アベルはアメリカでスパイ活動をしていたが、FBIに捕まってしまう。弁護士会の推薦を受けたジェームズ・ドノヴァンが彼の弁護に当たる。敵国のスパイを弁護するには妨害など様々な困難が伴い、結果アベルは有罪となる。彼の妻の偽手紙などが送られて来て、アメリカ人パイロットを捕まえたことが知らされる。ドノヴァンはスパイ交換の交渉役として東ドイツを訪れる。そこではベルリンの壁が作られつつあった。ドノヴァンはソ連大使館を目指し、東ベルリンに入った。東ベルリンから恋人と一緒に脱出しようとしたアメリカ人留学生プライヤーが捕らえられ、パイロットのパワーズと共にアベルとの捕虜交換要員となる。

［キャスト］

トム・ハンクス　マーク・ライランス
ドメニコ・ランバルドッツィ
ヴィクター・ヴェルハーゲ
マーク・フィッシャーズ
ブライアン・ハッチソン　ジョシュア・ハート
ヘンリー・ラッセル　レベッカ・ブロックマン
アラン・アルダ　ジョン・ルー
ビリー・マグヌッセン
エイミー・ライアン　ジュリアン・レブリング
ノア・シュナップ　イヴ・ヒューソン
ジョエル・ブラディ
オースティン・ストーウェル
マイケル・ペンダーソン
ジェシー・プレモンス
ジェフリー・ルード

［スタッフ］

製作総指揮　ジョナサン・キング
　　　　　　ダニエル・ルピ
　　　　　　ジェフ・スコール
　　　　　　アダム・ソムナー
製作　スティーヴン・スピルバーグ
　　　マーク・プラット
　　　クリスティ・マコスコ・クリガー
脚本　マット・チャーナー
　　　イーサン・コーエン＆ジョエル・コーエン
撮影　ヤヌス・カミンスキー
美術　アダム・ストックハウゼン
衣裳　カシア・ワリッカ＝メイモン
編集　マイケル・カーン
音楽　トーマス・ニューマン

［データ］

2015年アメリカ映画　タッチ・ストーン・ピクチャーズ　ドリームワークス　フォックス 2000 ピクチャーズ　パーティシパント・メディアリライアンス・エンターテインメント　アンブリン・エンターテインメント マーク・プラット・ピクチャーズ作品　ドルビーサラウンド 7.1 カラー・モノクロ　アスペクト 2.35:1
公開　アメリカ 2015年10月16日
　　　日本 2016年1月8日
142分
配給　ウォルト・ディズニー・スタジオ・モーション・ピクチャーズ　20世紀フォックス
2016年
　アカデミー賞
　　助演男優賞（マーク・ライランス）
　ノミネート　作品賞　脚本賞　作曲賞
　　　　　　　サウンドミキシング賞
　　　　　　　美術賞
2016年
　ゴールデングローブ賞ノミネート
　　助演男優賞（マーク・ライランス）
2016年
　英国アカデミー賞
　　助演男優賞（マーク・ライランス）
　ノミネート　脚本賞　撮影賞　編集賞
　　　　　　　美術賞　作曲賞　音響賞
　　　　　　　作品賞　監督賞
他

ペンタゴン・ペーパーズ／最高機密文書
THE POST

Blu-ray：〔発売中〕
価格：3,990円＋税
発売元：NBC ユニバーサル・エンターテイメント
　　　　発売中

［物 語］

1971年、泥沼化するベトナム戦争によって国民からの反戦機運が高まっていた。
経済学者で軍事アナリスト、平和運動家のダニエル・エルスバーグは、作成に加わった最高機密文書「ペンタゴン・ペーパーズ」をランド研究所から持ち出してコピー、ニューヨーク・タイムズの記者に渡す。ニューヨーク・タイムズはその存在をスクープした。ワシントン・ポストの記者ベン・ブラッドリーはその文書の重要性に、ニューヨーク・タイムズが手に入れられなかった残りの文書を手に入れるよう発行人キャサリン・グラハムに伝える。ある女性が文書の一部を持ち込んでくる。記事にしようとしたが、ニューヨーク・タイムズに先を越されてしまう。タイムズ紙が政府から記事の差し止めを要求されたことを好機に、ベンは文書の入手を急ぐが、社主としてのグラハムが掲載の決断に踏み切るには困難を伴う。かつてランド研究所にいたポスト紙のバグディキアンは、残りの文書を手に入れ、ブラッドリーの自宅に運んだ。大量のバラバラの文書を記者たちで繋ぎ合わせ、グラハムも遂に掲載を決意する。

［キャスト］

メリル・ストリープ　トム・ハンクス
サラ・ポールソン　ボブ・オデンカーク
トレイシー・レッツ
ブラッドリー・ウイットフォード
ブルース・グリーンウッド　マシュー・リス
キャリー・クーン　アリソン・ブリー
カーニー・クーン
ジェシー・プレモンス ザック・ウッズ
デイヴィッド・クロス　パット・ヒーリー
ジョン・ルー　リック・ホームズ
フィリップ・キャズノフ
ジェシー・ミューラー
マイケル・スタールバーグ

スターク・サンズ　マイケル・シリル
ジャスティン・スウェイン

［スタッフ］
製作総指揮　トム・カーノウスキー
　　　　　　ジョシュ・シンガー
　　　　　　アダム・ソムナー
　　　　　　ティム・ホワイト
　　　　　　トレヴァー・ホワイト
製作　スティーヴン・スピルバーグ
　　　エイミー・パスカル
　　　クリスティ・マコスコ・クリーガー
脚本　リズ・ハンナ　ジョシュ・シンガー
撮影　ヤヌス・カミンスキー
美術　リック・カーター
衣裳　アン・ロス
編集　マイケル・カーン
　　　サラ・ブロシャー
音楽　ジョン・ウィリアムズ

［データ］
2017年アメリカ映画　ドリームワークス　アンブリン・パートナーズ　アンブリン・エンターテインメント　パスカル・ピクチャーズ　スター・スローワ・エンターテインメント　パーテシパント・メディア作品　ドルビーデジタル　ドルビーサラウンド7.1　SDDS　DTS
カラー　アスペクト1.85:1
公開　アメリカ 2017年12月22日
　　　日本 2018年3月30日
116分
配給　20世紀フォックス　ユニバーサル・ピクチャーズ　東宝東和
2018年
　アカデミー賞
　ノミネート　作品賞
　　　　　　　主演女優賞(メリル・ストリープ)
2018年
　ゴールデングローブ賞
　ノミネート　作品賞　監督賞　脚本賞
　　　　　　　主演男優賞(トム・ハンクス)
　　　　　　　主演女優賞(メリル・ストリープ)
　　　　　　　作曲賞
他

レディ・プレイヤー1
READY PLAYER ONE

Blu-ray：価格 2,381円＋税
DVD：価格 1,429円＋税
デジタル配信中
発売元：ワーナー・ブラザース ホームエンターテイメント
© 2018 Warner Bros. Entertainment Inc., Village Roadshow Films (BVI) Limited and RatPac-Dune Entertainment LLC. All rights reserved.

［物 語］
2045年、大気汚染や政治の機能不全により、地球は危機に瀕していた。人々はVR世界「オアシス」に逃避する。内部ではオアシスの所有権と創始者の遺産5000億ドルのかかったゲームが開催されていた。オアシス内に隠された「イースターエッグ」を探すゲームは、5年続けられたが誰も手に入れることはできなかった。オハイオに住むウェイド・ワッツもゲームに挑んでいたが、オアシスを独占するために大企業からチームが送り込まれていた。ウェイドは最初の試験を通過したが、現実世界でも危機に直面する。大企業の陰謀にウェイドは立ち向かって行く。

［キャスト］
タイ・シェリダン　オリヴィア・クック
ベン・メンデルソーン　リナ・ウェイス
T・J・ミラー　サイモン・ペッグ
マーク・ライランス　フィリップ・チャオ
森崎ウィン　ハナ・ジョン＝カーメン
ラルフ・アイネソン　スーザン・リンチ
レティーシャ・ライト
キーラ・パーディタ・ウィークス

［スタッフ］
製作総指揮　アダム・ソムナー
　　　　　　ダニエル・ルピ
　　　　　　クリス・デファリア
製作　ブルース・バーマン
　　　ドナルド・デ・ライン
脚本　アーネスト・クライン　ザック・ペン
撮影　ヤヌス・カミンスキー
美術　アダム・ストックハウゼン
衣裳　カシア・ワリッカ＝メイモン
編集　マイケル・カーン
　　　サラ・ブロシャー
音楽　アラン・シルヴェストリ
VFX　ILM

［データ］
2018年アメリカ映画　アンブリン・パートナーズ　アンブリン・エンターテインメント　ヴィレッジ・ロードショー・ピクチャーズ　アクセス・エンターテインメント　デューン・エンターテインメント　ファラー・フィルムズ＆マネジメント作品　ドルビーデジタル　AURO1.1　ドルビーアトモス　SDDS　SONICS-DDP　DTS
カラー　アスペクト2.39:1
公開　アメリカ 2018年3月29日
　　　日本 2018年4月20日
140分
配給　ワーナー・ブラザース
2018年
　BMIフィルム＆TV賞　音楽賞
他

製作作品

ポルターガイスト
POLTERGEIST

Blu-ray：2,381円＋税
DVD 特別版：1,429円＋税
発売元：ワーナー・ブラザース ホームエンターテイメント
© Warner Bros. Entertainment Inc. All Rights Reserved.

［キャスト］
クレイグ・T ネルソン
ジョベス・ウィリアムズ
ベアトリス・ストレイト　ドミニク・ダン
オリバー・ロビンス　ヘザー・オルーク
マイケル・マクマナス　バージニア・キサー

［スタッフ］
製作　スティーヴン・スピルバーグ
　　　フランク・マーシャル
監督　トビー・フーパー
脚本　スティーヴン・スピルバーグ

マイケル・グレイス
マーク・ヴィクター
撮影　マシュー・レネオッティ
美術　ジェームズ・H・スペンサー
編集　マイケル・カーン
音楽　ジェリー・ゴールドスミス
SFX　ILM
1982年　アメリカ映画　114分

アメリカ物語2／ファイベル西へ行く
AN AMERICAN TAIL FIEVEL GOES WEST

DVD：1,429円＋税〔発売中〕
発売元：NBC ユニバーサル・エンターテイメント

［スタッフ］
製作総指揮　キャスリーン・ケネディ
フランク・マーシャル
デヴィッド・カーシュナー
製作　スティーヴン・スピルバーグ
ロバート・ワッツ
監督　フィル・ニベリンク
サイモン・ウェルズ
脚本　フリント・ディル
編集　ニック・フレッチャー
1991年　初のアニメーション製作作品　75分

SAYURI MEMORIES OF A GEISYA
Blu-ray：2,800円＋税
発売元：松竹株式会社
©2005 Columbia Pictures Industries, Inc. and DreamWorks L.L.C. and Spyglass Entertainment Group, LLC. All Rights Reserved.

［キャスト］
チャン・ツィイー　大後寿々花
イガワ・トーゴ　マコ
サマンサ・ファターマン　エリザベス・ソン
トーマス・イケダ　渡辺謙　ミシェル・ヨー
役所広司　工藤夕貴　桃井かおり
コン・リー　ツァイ・チン
［スタッフ］
製作総指揮　ロジャー・バーンバウム
ゲーリー・バーバー
パトリシア・ウッチャー
ボビー・コーエン
製作　スティーヴン・スピルバーグ
ルーシー・フィッシャー
ダグラス・ウィック
原作　アーサー・ゴールデン「さゆり」
監督　ロブ・マーシャル
脚本　ロビン・スィコード　ダグ・ライト
撮影　ディオン・ビーブ
美術　ジョン・マイフレ
編集　ピエトロ・スカリア
音楽　ジョン・ウィリアムズ
2005年　アメリカ映画　145分

父親たちの星条旗
FLAGS OF OUR FATHERS

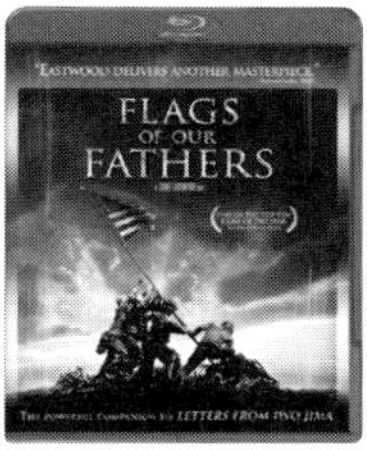

Blu-ray：2,381円＋税
DVD：1,429円＋税
発売元：ワーナー・ブラザース ホームエンターテイメント
©2007 Warner Bros. Entertainment Inc. and Dream Works LLC. All rights reserved

［キャスト］
ライアン・フィリップ
ジェシー・ブラッドフォード　アダム・ビーチ
ジョン・ベンジャミン・ヒッキー
ジョン・スラットリー　バリー・ペッパー
ジェイミー・ベル　ポール・ウォーカー
［スタッフ］
製作　スティーヴン・スピルバーグ
クリント・イーストウッド
ロバート・ロレンツ
原作　ジェームズ・ブラッドリー
ロン・パワーズ「硫黄島の星条旗」
監督　クリント・イーストウッド
脚本　ウィリアム・ブロイレス・Jr.
ポール・ハギス
撮影　トム・スターン
美術　ヘンリー・バムステッド
編集　ジョエル・コックス
音楽　クリント・イーストウッド
2006年　アメリカ映画　135分

硫黄島からの手紙
LETTERS FROM IWO JIMA

Blu-ray：2,381円＋税
DVD：1,429円＋税
発売元：ワーナー・ブラザース ホームエンターテイメント
©2007 Warner Bros. Entertainment Inc. and DreamWorks LLC. All rights reserved

［キャスト］
渡辺謙　二宮和也　伊原剛志　加瀬亮
中村獅童
［スタッフ］
製作総指揮　ポール・ハギス
製作　スティーヴン・スピルバーグ
クリント・イーストウッド
ロバート・ロレンツ
原作　栗林忠道「玉砕指揮官の絵手紙」
原案　アイリス・ヤマシタ　ポール・ハギス
監督　クリント・イーストウッド
脚本　アイリス・ヤマシタ
撮影　トム・スターン
美術　ヘンリー・バムステッド
ジェームズ・J・ムラカミ
編集　ジョエル・コックス
音楽　カイル・イーストウッド
マイケル・スティーヴンス
2006年　アメリカ映画　141分

SUPER 8／スーパーエイト
SUPER8

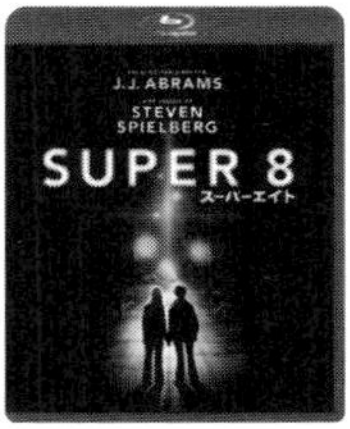

Blu-ray：1,886円＋税〔発売中〕
DVD：1,429円＋税〔発売中〕
発売元：NBC ユニバーサル・エンターテイメント

［キャスト］
ジョエル・コートニー　ジェシカ・タック
ジョエル・マッキノン・ミラー
ライアン・リーザック・ミルズ

ライリー・グリフィス　ガブリエル・バッソ
カイル・チャンドラー　エル・ファニング
［スタッフ］
製作総指揮　ガイ・リーデル
製作　スティーヴン・スピルバーグ
　　　J・J・エイブラムス
監督・脚本　J・J・エイブラムス
撮影　ラリー・フォン
美術　マーティン・フィスト
編集　メリアン・ブランドン
　　　メアリー・ジョー・マーキー
音楽　マイケル・ジアッキーノ
2011年アメリカ映画　112分

マダム・マロリーと魔法のスパイス
THE HUNDRED-FOOT JOURNEY
Blu-ray：あり
DVD：あり

［キャスト］
ヘレン・ミレン　オム・プリ
マニシュ・ダヤル　シャルロット・ルボン
アミット・シャー
ファーザナ・デュア・エラヘ
ディロン・ミトラ　アリア・パンデァ
マイケル・ブラン
［スタッフ］
製作総指揮　キャロライン・ヒューイット
　　　　　　カーラ・ガーディニ
　　　　　　ジェフ・スコール
　　　　　　ジョナサン・キング
製作　スティーヴン・スピルバーグ
　　　オプラ・ウィンフリー
　　　ジュリエット・ブレイク
原作　リチャード・C・モライス
　　　「マダム・マロリーと魔法のスパイス」
監督　ラッセ・ハルストレム
脚本　スティーヴン・ナイト
撮影　リヌス・サンドグレン
美術　デヴィッド・グロップマン
編集　アンドリュー・モンドシェイン
音楽　A・R・ラフマーン
2014年アメリカ映画　122分

AUSCHWITZ
2015年　アメリカ映画　ドキュメンタリー

製作総指揮作品

抱きしめたい
I WANNA HOLD YOUR HAND

Blu-ray：3,990円＋税
発売元：NBC ユニバーサル・エンターテイメント

［キャスト］
ナンシー・アレン　ボビー・ディ・シッコ
マーク・マクルア　ザ・ビートルズ（映像）
［スタッフ］
製作総指揮　スティーヴン・スピルバーグ
製作　タマラ・アセイエフ
　　　アレクサンドラ・ローズ
監督　ロバート・ゼメキス
脚本　ロバート・ゼメキス　ボブ・ゲイル
1978年アメリカ映画　100分

ユーズド・カー
USED CARS

DVD：3,800円＋税
発売元：ソニー・ピクチャーズエンタテインメント
©1980 Columbia Pictures Industries, Inc.
All Rights Reserved.

［キャスト］
カート・ラッセル　ジャック・ウォーデン
デボラ・ハーモン
［スタッフ］
製作総指揮　スティーヴン・スピルバーグ
　　　　　　ジョン・ミリアス
製作　ボブ・ゲイル
監督　ロバート・ゼメキス
脚本　ロバート・ゼメキス　ボブ・ゲイル
1980年アメリカ映画　113分

Oh! ベルーシ絶体絶命
CONTINENTAL DIVIDE
［キャスト］
ジョン・ベルーシ　ブレア・ブラウン
アレン・ガーフィールド
［スタッフ］
製作総指揮　スティーヴン・スピルバーグ
　　　　　　ベニー・ブリルスタイン
製作　ボブ・ラーソン
監督　マイケル・アプテッド
脚本　ローレンス・カスダン
1981年アメリカ映画　103分

グレムリン
GREMLINS

Blu-ray：2,381円＋税
DVD：1,800円＋税
発売元：ワーナー・ブラザース ホームエンターテイメント
©2009 Warner Bros. Entertainment Inc. All Rights Reserved.

［キャスト］
ザック・ギャリガン　フィービー・ケイツ
ホイト・アクストン
［スタッフ］
製作総指揮　スティーヴン・スピルバーグ
　　　　　　フランク・マーシャル
　　　　　　キャスリーン・ケネディ
製作　マイケル・フィネル
監督　ジョー・ダンテ
脚本　クリス・コロンバス
1984年アメリカ映画　106分

ヤング・シャーロック／ピラミッドの謎
YOUNG SHERLOCK HOLMES

DVD：1,429円＋税〔発売中〕

発売元：NBC ユニバーサル・エンターテイメント

［キャスト］
ニコラス・ロウ　アラン・コックス
ソフィー・ウォード

［スタッフ］
製作総指揮　スティーヴン・スピルバーグ
　　　　　　フランク・マーシャル
　　　　　　キャスリーン・ケネディ
製作　マーク・ジョンソン
監督　バリー・レヴィンソン
脚本　クリス・コロンバス
1985年アメリカ映画　109分

バック・トゥ・ザ・フューチャー
BACK TO THE FUTURE

Blu-ray：1,886円＋税〔発売中〕
DVD：1,429円＋税〔発売中〕
発売元：NBC ユニバーサル・エンターテイメント

［キャスト］
マイケル・J・フォックス
クリストファー・ロイド　リー・トンプソン

［スタッフ］
製作総指揮　スティーヴン・スピルバーグ
　　　　　　フランク・マーシャル
　　　　　　キャスリーン・ケネディ
製作　ボブ・ゲイル　ニール・カントン
監督　ロバート・ゼメキス
脚本　ロバート・ゼメキス　ボブ・ゲイル
1985年アメリカ映画　116分

グーニーズ
THE GOONIES

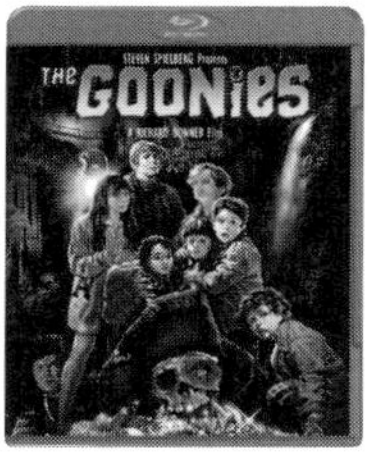

Blu-ray：2,381円＋税
DVD 特別版：1,429 円＋税
発売元：ワーナー・ブラザース ホームエンターテイメント
©1985 Warner Bros. Entertainment Inc. All rights reserved.

［キャスト］
ショーン・アスティン　ジョシュ・ブローリン
ジェフ・コーエン

［スタッフ］
製作総指揮　スティーヴン・スピルバーグフ
　　　　　　ランク・マーシャル
　　　　　　キャスリーン・ケネディ
製作　リチャード・ドナー
監督　リチャード・ドナー
脚本　クリス・コロンバス
1985年アメリカ映画　114分

マネー・ピット
THE MONEY PIT

DVD：1,429円＋税〔発売中〕
発売元：NBC ユニバーサル・エンターテイメント

［キャスト］
トム・ハンクス　シェリー・ロング
アレクサンダー・ゴドノフ

［スタッフ］
製作総指揮　スティーヴン・スピルバーグ
　　　　　　デイヴィッド・ガイラー
製作　フランク・マーシャル
　　　キャスリーン・ケネディ
　　　アート・レヴィンソン
監督　リチャード・ベンジャミン
脚本　デイヴィッド・ガイラー
1986年アメリカ映画　91分

アメリカ物語
AN AMERICAN TAIL

DVD：1,429円＋税〔発売中〕
発売元：NBC ユニバーサル・エンターテイメント

［キャスト(声)］
エリカ・ヨーン　ネヘミア・ペルソフ
エイミー・グリーン

［スタッフ］
製作総指揮　スティーヴン・スピルバーグ
　　　　　　フランク・マーシャル
　　　　　　キャスリーン・ケネディ
製作　ドン・ブルース
　　　ゲイリー・ゴールドマン
　　　ジョン・ポメロイ
監督　ドン・ブルース
脚本　ジュディ・フロードバーグ
　　　トニー・ゲイズ
1986年アメリカ アニメ映画　80分

ニューヨーク東8番街の奇跡
BATTERIES NOT INCLUDED

ユニバーサル思い出の復刻版 ブルーレイ
Blu-ray：4,200円＋税
発売元：NBC ユニバーサル・エンターテイメント

［キャスト］
ヒューム・クローニン　ジェシカ・タンディ
フランク・マクレー

［スタッフ］
製作総指揮　スティーヴン・スピルバーグ
　　　　　　フランク・マーシャル
　　　　　　キャスリーン・ケネディ
製作　ドナルド・L・シュワリー
監督　マシュー・ロビンス
脚本　ブラッド・バード
　　　マシュー・ロビンス
　　　ブレント・マドック　S・S・ウィルソン
1987年アメリカ映画　106分

インナースペース
INNERSPACE

Blu-ray：2,381円＋税
DVD：1,429 円＋税
発売元：ワーナー・ブラザース ホームエンターテイメント
© 1987 Warner Bros. Entertainment Inc. All rights reserved.

［キャスト］
デニス・クエイド　マーティン・ショート
メグ・ライアン
［スタッフ］
製作総指揮　スティーヴン・スピルバーグ
ジョン・ピータース
ピーター・グーバー
製作　マイケル・フィネル
監督　ジョー・ダンテ
脚本　チップ・プローザー
ジェフリー・ボーム
1987年アメリカ映画　120分

ロジャー・ラビット
WHO FRAMED ROGER RABBIT
Blu-ray：あり
DVD：あり

［キャスト］
ボブ・ホスキンス　クリストファー・ロイド
チャールズ・フライシャー
［スタッフ］
製作総指揮　スティーヴン・スピルバーグ
キャスリーン・ケネディ
製作　フランク・マーシャル
ロバート・ワッツ
監督　ロバート・ゼメキス
アニメーション監督　リチャード・ウイリアムス
脚本　ジェフリー・プライス
ピーター・S・シーマン
1988年　アメリカ映画　104分

リトルフットの大冒険 謎の恐竜大陸
THE LAND BEFORE TIME

DVD：1,429円＋税〔発売中〕
発売元：NBC ユニバーサル・エンターテイメント

［キャスト(声)］
ジュディス・バーシ　パット・ヒングル
ガブリエル・デイモン

［スタッフ］
製作総指揮　スティーヴン・スピルバーグ
ジョージ・ルーカス
製作　ドン・ブルース
ゲイリー・ゴールドマン
ジョン・ポメロイ
監督　ドン・ブルース
脚本　スチュー・クリーガー
1988年アメリカ　アニメ映画　69分

晩秋
DAD
［キャスト］
ジャック・レモン　ケヴィン・スペイシー
イーサン・ホーク
［スタッフ］
製作総指揮　スティーヴン・スピルバーグ
フランク・マーシャル
キャスリーン・ケネディ
製作　ゲイリー・デイヴィッド・ゴールドバーグ
ジョセフ・スターン
監督　ゲイリー・デイヴィッド・ゴールドバーグ
脚本　ゲイリー・デイヴィッド・ゴールドバーグ
1989年アメリカ映画　117分

バック・トゥ・ザ・フューチャー PART2
BACK TO THE FUTURE PART II

Blu-ray：1,886円＋税〔発売中〕
DVD：1,429円＋税〔発売中〕
発売元：NBC ユニバーサル・エンターテイメント

［キャスト］
マイケル・J・フォックス
クリストファー・ロイド　リー・トンプソン
［スタッフ］
製作総指揮　スティーヴン・スピルバーグ
フランク・マーシャル
キャスリーン・ケネディ
製作　ニール・カントン　ボブ・ゲイル
監督　ロバート・ゼメキス
脚本　ロバート・ゼメキス　ボブ・ゲイル
1989年アメリカ映画　108分

夢
DREAMS

【初回仕様】Blu-ray：4,700円＋税
DVD：1,429円＋税
発売元：ワーナー・ブラザース ホームエンターテイメント
© 2017 Warner Bros. Entertainment Inc. All rights reserved.

［キャスト］
寺尾聰　倍賞美津子　根岸季衣
原田美枝子
［スタッフ］
製作総指揮　スティーヴン・スピルバーグ
製作　黒澤久雄　井上芳男
監督　黒澤明
脚本　黒澤明
1990年日本・アメリカ合作映画　119分

バック・トゥ・ザ・フューチャー PART3
BACK TO THE FUTURE PARTIII

Blu-ray：1,886円＋税〔発売中〕
DVD：1,429円＋税〔発売中〕
発売元：NBC ユニバーサル・エンターテイメント

［キャスト］
マイケル・J・フォックス
クリストファー・ロイド
メアリー・スティーンバージェン
［スタッフ］
製作総指揮　スティーヴン・スピルバーグ
フランク・マーシャル
キャスリーン・ケネディ
製作　ニール・カントン　ボブ・ゲイル
監督　ロバート・ゼメキス
脚本　ロバート・ゼメキス　ボブ・ゲイル
1990年アメリカ映画 118分

ジョー、満月の島へ行く
JOE VERSUS THE VOLCANO

［**キャスト**］
トム・ハンクス　メグ・ライアン
ロイド・ブリッジス　ロバート・スタック
［**スタッフ**］
製作総指揮　スティーヴン・スピルバーグ
　　　　　　フランク・マーシャル
　　　　　　キャスリーン・ケネディ
製作　テリー・シュワルツ
監督・脚本　ジョン・パトリック・シャンリー
1990年アメリカ映画　102分

グレムリン2　新・種・誕・生
GREMLIN 2 THE NEW BATCH

Blu-ray：2,381円＋税
DVD：1,429円 ＋税
発売元：ワーナー・ブラザース ホームエンターテイメント
© 1990 Warner Bros. Entertainment Inc.
All rights reserved.

［**キャスト**］
ザック・ギャリガン　フィービー・ケイツ
ジョン・グローバー
［**スタッフ**］
製作総指揮　スティーヴン・スピルバーグ
　　　　　　フランク・マーシャル
　　　　　　キャスリーン・ケネディ
製作　マイケル・フィネル
監督　ジョー・ダンテ
脚本　チャールズ・S・ハース
1990年アメリカ映画　106分

アラクノフォビア
ARACHNOPHOBIA
DVD：あり

［**キャスト**］
ジェフ・ダニエルズ
ハーレー・ジェーン・コザック
ジョン・グッドマン　ジュリアン・サンズ
［**スタッフ**］
製作総指揮　スティーヴン・スピルバーグ
　　　　　　フランク・マーシャル
製作　キャスリーン・ケネディ
　　　リチャード・ヴェイン
監督　フランク・マーシャル
脚本　ドン・ジャコビー
　　　ウエズリー・ストリック
1990年アメリカ映画　103分

ローラー・コースター・ラビット
ROLLER COASTER RABBIT

［**キャスト**(声)］
チャールズ・フライシャー
キャスリーン・ターナー
エイプリル・ウィンケル
［**スタッフ**］
製作総指揮　スティーヴン・スピルバーグ
　　　　　　フランク・マーシャル
　　　　　　キャスリーン・ケネディ
製作　ドナルド・W・アーンスト
監督　フランク・マーシャル
　　　ロブ・ミンコス
脚本　ビル・コープ　ケヴィン・ハーケイ
　　　リン・ネイラー
　　　パトリック・A・ヴェンチュラ
1990年アメリカ アニメ映画
ショート・フィルム　7分

恐竜大行進
WE'RE BACK! A DINOSAUR'S STORY

［**キャスト**(声)］
ジョン・グッドマン　ブレイズ・バーダール
レア・ペリマン
［**スタッフ**］
製作総指揮　スティーヴン・スピルバーグ
フランク・マーシャル　キャスリーン・ケネディ
製作　スティーヴ・ヒックナー
監督　ディック・ソンタグ　ラルフ・ソンタグ
フィル・ニベリング　サイモン・ウェルズ
脚本　ジョン・パトリック・シャンリー
1993年アメリカ　アニメ映画　ショート・フィルム　12分

フリントストーン モダン石器時代
THE FLINTSTONES
DVD：1,429円＋税
発売元：NBC ユニバーサル・エンターテイメント

［**キャスト**］
ジョン・グッドマン　エリザベス・パーキンス
リック・モラニス　ロージー・オドネル
［**スタッフ**］
製作総指揮　スティーヴン・スピルバーグ
　　　　　　(スティーヴン・スピルロック名義)
　　　　　　ジョゼフ・バーベラ
　　　　　　ウイリアム・ハンナ
　　　　　　キャスリーン・ケネディ
　　　　　　デイヴィッド・カーシュナー
　　　　　　ジェラルド・R・モーレン
製作　ブルース・コーエン
共同製作　コリン・ウィルソン
監督　ブライアン・レヴァント
脚本　トム・S・パーカー
　　　ジム・ジェニウェイン
　　　スティーヴン・E・デ・スーザ
1994年アメリカ映画　91分

バルト
BALTO

DVD：1,429円＋税〔発売中〕
発売元：NBC ユニバーサル・エンターテイメント

［**キャスト**(声)］
ケヴィン・ベーコン　ボブ・ホスキンス
ブリジット・フォンダ
［**スタッフ**］
製作総指揮　スティーヴン・スピルバーグ
　　　　　　キャスリーン・ケネディ
製作　スティーヴ・ヒックナー
監督　サイモン・ウェルズ
脚本　クリフ・ルビー　エラナ・レッサー
　　　デイヴィッド・スティーヴン・コーエン
　　　ロジャー・S・H・シャルマン
1995年アメリカ アニメ映画 78分

キャスパー
CASPER

Blu-ray：1,886円＋税〔発売中〕
DVD：1,429円＋税〔発売中〕
発売元：NBC ユニバーサル・エンターテイメント

［**キャスト**］
ビル・プルマン　クリスティーナ・リッチ　キャシー・モリアーティ
［**スタッフ**］
製作総指揮　スティーヴン・スピルバーグ

ジェラルド・R・モーレン
ジェフリー・A・モンゴメリ
製作　コリン・ウイルソン
監督　ブラッド・シルバーリング
脚本　シェリー・ストナー
ディーナ・オリバー
1995年アメリカ映画　100分

ツイスター
TWISTER

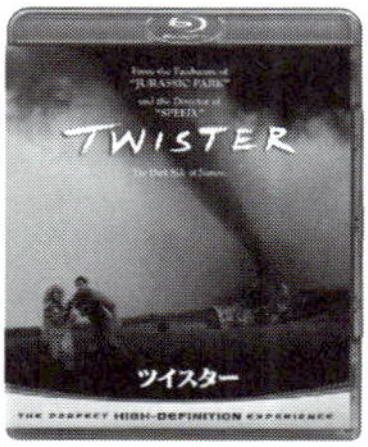

Blu-ray：1,886円＋税〔発売中〕
DVD：1,429円＋税〔発売中〕
発売元：NBC ユニバーサル・エンターテイメント

［キャスト］
ヘレン・ハント　ビル・パクストン
ケイリー・エルウェス
［スタッフ］
製作総指揮　スティーヴン・スピルバーグ
ローリー・マクドナルド
ジェラルド・R・モーレン
ウォルター・F・パークス
製作　キャスリーン・ケネディ
イアン・ブライス
マイケル・クライトン
監督　ヤン・デ・ボン
脚本　マイケル・クライトン
アン＝マリー・マーティン
1996年アメリカ映画　113分

メン・イン・ブラック
MEN IN BLACK

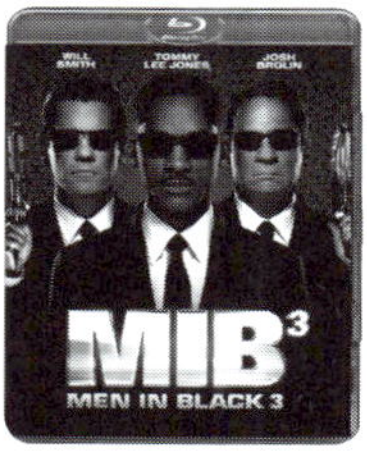

Blu-ray：2,381円＋税〔発売中〕
DVD：1,410円＋税〔発売中〕
発売元：ソニー・ピクチャーズ エンタテインメント
©1997 COLUMBIA PICTURES INDUSTRIES, INC. ALL RIGHTS RESERVED.
©2002 Columbia Pictures Industries, Inc. All Rights Reserved.

［キャスト］
トミー・リー・ジョーンズ　ウィル・スミス
リンダ・フィオレンティーノ
［スタッフ］
製作総指揮　スティーヴン・スピルバーグ
製作　ウォルター・F・パークス
ローリー・マクドナルド
監督　バリー・ソネンフェルド
脚本　エド・ソロモン
1997年アメリカ映画　98分

ディープ・インパクト
DEEP IMPACT

DVD：1,429円＋税〔発売中〕
発売元：NBC ユニバーサル・エンターテイメント

［キャスト］
ロバート・デュヴァル
ヴァネッサ・レッドグレーヴ
モーガン・フリーマン
［スタッフ］
製作総指揮　スティーヴン・スピルバーグ
ジョーン・ブラッドショー
ウォルター・パークス
製作　リチャード・D・ザナック
デイヴィッド・ブラウン
監督　ミミ・レダー
脚本　ブルース・ジョエル・ルービン
マイケル・トルキン
1998年アメリカ映画　121分

マスク・オブ・ゾロ
THE MASK OF ZORRO

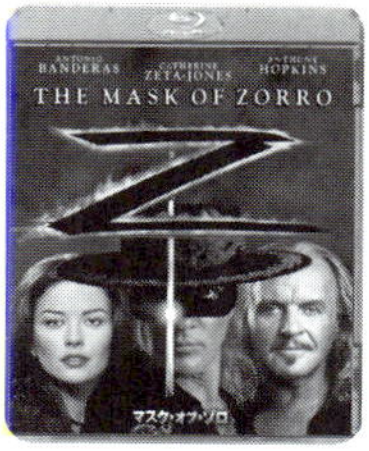

Blu-ray：スペシャルプライスで発売中！
発売元：株式会社ハピネット
©1998 Global Entertainment Productions GmbH & Co. KG. All Rights Reserved.

［キャスト］
アントニオ・バンデラス
アンソニー・ホプキンス
キャサリン・ゼタ＝ジョーンズ
［スタッフ］
製作総指揮　スティーヴン・スピルバーグ
ローリー・マクドナルド
ウォルター・S・パークス
製作　ダグ・クレイボーン
デイヴィッド・フォスター
監督　マーティン・キャンベル
脚本　ジョン・エスコー　テッド・エリオット
テリー・ロッシオ
1998年アメリカ映画　136分

シュレック
SHREK

Blu-ray：1,886円＋税〔発売中〕
発売元：NBC ユニバーサル・エンターテイメント

［キャスト（声）］
マイク・マイヤーズ　エディ・マーフィ
キャメロン・ディアス
［スタッフ］
製作総指揮　スティーヴン・スピルバーグ
ペニー・フィンケルマン・コックス
サンドラ・ラビンス
製作　ジェフリー・カッツェンバーグ
アーロン・ワーナー
ジョン・H・ウイリアムズ
監督　アンドリュー・アダムソン
ヴィッキー・ジェンソン
脚本　テッド・エリオット　テリー・ロッシオ
ジョー・スティルマン
ロジャー・S・H・シュルマン
2001年アメリカ　アニメ映画　90分

ジュラシック・パークⅢ
JURASSIC PARK III

Blu-ray：1,886円＋税〔発売中〕
DVD：1,429円＋税〔発売中〕
発売元：NBC ユニバーサル・エンターテイメント

［キャスト］
サム・ニール　ウィリアム・H・メイシー
ティア・レオーニ
［スタッフ］
製作総指揮　スティーヴン・スピルバーグ
製作　キャスリーン・ケネディ
　　　ラリー・フランコ
監督　ジョー・ジョンストン
脚本　ピーター・バックマン
　　　アレクサンダー・ペイン
　　　ジム・テイラー
2001年アメリカ映画　92分

メン・イン・ブラック2
MEN IN BLACK II

4K ULTRA HD & Blu-ray セット：
4,743円＋税〔発売中〕
Blu-ray：2,381円＋税〔発売中〕
DVD：1,410円＋税〔発売中〕
発売元：ソニー・ピクチャーズ エンタテインメント
©2002 COLUMBIA PICTURES INDUSTORIES, INC. ALL RIGHTS RESERVED.

［キャスト］
トミー・リー・ジョーンズ　ウイル・スミス
リップ・トーン
［スタッフ］
製作総指揮　スティーヴン・スピルバーグ
製作　ローリー・マクドナルド
　　　ウォルター・F・パークス
監督　バリー・ソネンフェルド
脚本　ロバート・ゴードン
　　　バリー・ファナロ
2002年アメリカ映画　88分

レジェンド・オブ・ゾロ
THE LEGEND OF ZORRO

Blu-ray：スペシャルプライスで発売中！
発売元：株式会社ハピネット
©2005 COLUMBIA PICTURES INDUSTRIES, INC. ALL RIGHTS RESERVED.

［キャスト］
アントニオ・バンデラス　アルベルト・レイス
キャサリン・ゼタ＝ジョーンズ
［スタッフ］
製作総指揮　スティーヴン・スピルバーグ
製作　ローリー・マクドナルド
　　　ウォルター・F・パークス
監督　マーティン・キャンベル
脚本　ロベルト・オーチー
　　　アレックス・カーツマン
2005年アメリカ映画　129分

モンスター・ハウス
MONSTER HOUSE

Blu-ray：2,381円＋税〔発売中〕
DVD：1,410円＋税〔発売中〕
発売元：ソニー・ピクチャーズ エンタテインメント
©2015 Sony Pictures Animation Inc., LSC Film Corporation and MRC II Distribution Company L.P. All Rights Reserved.

［キャスト（声）］
ライアン・ニューマン
スティーヴ・ブシェミ　ミッチェル・ムッソ
［スタッフ］
製作総指揮　スティーヴン・スピルバーグ
　　　　　　ロバート・ゼメキス
　　　　　　ジェイソン・クラーク
製作　ジャック・ラプケ
　　　スティーヴ・スターキー
監督　ギル・キーナン
脚本　ダン・ハーモン　ロブ・シュラブ
　　　パメラ・ペトラー
2006年アメリカ　アニメ映画　91分

トランスフォーマー
TRANSFORMERS

Blu-ray：2,381円＋税〔発売中〕
DVD：1,429円＋税〔発売中〕
発売元：NBC ユニバーサル・エンターテイメント

［キャスト］
シァイア・ラブーフ　ミーガン・フォックス
ジョン・ボイト
［スタッフ］
製作総指揮　スティーヴン・スピルバーグ
　　　　　　マイケル・ベイ
　　　　　　ブライアン・ゴールドナー
　　　　　　マーク・ヴァラディアン
製作　イアン・ブライス　トム・デソント
　　　ロレンツォ・ディ・ボナヴェンチュラ
　　　ドン・マーフィー
監督　マイケル・ベイ
脚本　ロベルト・オーチー
　　　アレックス・カーツマン
2007年アメリカ映画　143分

イーグル・アイ
EAGLE EYE

Blu-ray：2,381円＋税〔発売中〕
DVD：1,429円＋税〔発売中〕
発売元：NBC ユニバーサル・エンターテイメント

［キャスト］
シャイア・ラブーフ　ミシェル・モナハン
ビリー・ボブ・ソーントン

［スタッフ］
製作総指揮　スティーヴン・スピルバーグ
　　　　　　エドワード・L・マクドネル
製作　アレックス・カーツマン
　　　ロベルト・オーチー
監督　D・J・カルーソ
脚本　ジョン・グレン
　　　トラヴィス・アダム・ライト
　　　ヒラリー・サイツ
　　　ダン・マクダーモット
2008年アメリカ映画　117分

トランスフォーマー／リベンジ
TRANSFORMERS REVENGE OF THE FALLEN

Blu-ray：2,381円＋税〔発売中〕
DVD：1,429円＋税〔発売中〕
発売元：NBC ユニバーサル・エンターテイメント

［キャスト］
シァイア・ラブーフ　ミーガン・フォックス
ジョン・タトゥーロ
［スタッフ］
製作総指揮　スティーヴン・スピルバーグ
　　　　　　マイケル・ベイ
　　　　　　ブライアン・ゴールドナー
　　　　　　マーク・ヴァラディアン
製作　イアン・ブライス　トム・デソント
　　　ロレンツォ・ディ・ボナヴェンチュラ
監督　マイケル・ベイ
脚本　ロベルト・オーチー
　　　アレックス・カーツマン
　　　アーレン・クルーガー
2009年アメリカ映画　150分

ラブリーボーン
THE LOVELY BONES

Blu-ray：2,381円＋税〔発売中〕
DVD：1,429円＋税〔発売中〕
発売元：NBC ユニバーサル・エンターテイメント

［キャスト］
マーク・ウォールバーグ
レイチェル・ワイズ　シアーシャ・ローナン
［スタッフ］
製作総指揮　スティーヴン・スピルバーグ
　　　　　　テッサ・ロス　ケン・カミンズ
　　　　　　ジェームズ・ウィルソン
製作　ピーター・ジャクソン
　　　キャロリン・カニンガム
　　　フラン・ウォルシュ
　　　エイメ・ペロンネ
監督　ピーター・ジャクソン
脚本　ピーター・ジャクソン
　　　フラン・ウォルシュ
　　　フィリッパ・ボウエン
2009年アメリカ・イギリス・ニュージーランド合作映画　135分

ヒア アフター
HEREAFTER

Blu-ray：2,381円＋税
DVD：1,429円＋税
発売元：ワーナー・ブラザース ホームエンターテイメント
©2010 Warner Bros. Entertainment Inc. All rights Reserved.

［キャスト］
マット・デイモン　セシル・ド・フランス
ティエリー・ヌーヴィック
［スタッフ］
製作総指揮　スティーヴン・スピルバーグ
　　　　　　フランク・マーシャル
　　　　　　ティム・ムーア
　　　　　　ピーター・モーガン
製作　クリント・イーストウッド
　　　ロバート・ロレンツ
　　　キャスリーン・ケネディ
監督　クリント・イーストウッド
脚本　ピーター・モーガン
2010年アメリカ映画　129分

トゥルー・グリット
TRUE GRIT

Blu-ray：2,381円＋税〔発売中〕
DVD：1,429円＋税〔発売中〕
発売元：NBC ユニバーサル・エンターテイメント

［キャスト］
ジェフ・ブリッジス
ヘイリー・スタインフェルド　マット・デイモン
［スタッフ］
製作総指揮　スティーヴン・スピルバーグ
　　　　　　デイヴィッド・エリソン
　　　　　　ミーガン・エリソン
　　　　　　ポール・シュワケ
製作　イーサン・コーエン
　　　ジョエル・コーエン
　　　スコット・ルーディン
監督　イーサン・コーエン
　　　ジョエル・コーエン
脚本　ジョエル・コーエン
　　　イーサン・コーエン
2010年アメリカ映画　110分

カウボーイ＆エイリアン
COWBOYS & ALIENS

Blu-ray：1,886円＋税〔発売中〕
DVD：1,429円＋税〔発売中〕
発売元：NBC ユニバーサル・エンターテイメント

［キャスト］
ダニエル・クレイグ　ハリソン・フォード
オリヴィア・ワイルド
［スタッフ］
製作総指揮　スティーヴン・スピルバーグ
　　　　　　ボビー・コーエン
　　　　　　ジョン・ファヴロー
　　　　　　ランディ・グリーンバーグ
　　　　　　ライアン・カバノー

デニス・L・スチュワート
製作　ブライアン・グレイザー
　ロン・ハワード
　アレックス・カーツマン
　ロベルト・オーチー
　スコット・ミッチェル
監督　ジョン・ファヴロー
脚本　ロベルト・オーチー
　アレックス・カーツマン
　デイモン・リンデロフ
　マーク・ファーガス
　ホーク・オストビー
　スティーヴ・オードカーク
2011年アメリカ映画　119分

トランスフォーマー／ダークサイド・ムーン
TRANSFORMERS DARK OF THE MOON

Blu-ray：2,381円＋税〔発売中〕
DVD：1,429円＋税〔発売中〕
発売元：NBC ユニバーサル・エンターテイメント

［キャスト］
シャイア・ラブーフ　ジョン・マルコヴィッチ
ロージー・ハンティントン＝ホワイトリー
［スタッフ］
製作総指揮　スティーヴン・スピルバーグ
　マイケル・ベイ
　ブライアン・ゴールドナー
　マイケル・カセ
　マーク・ヴァラディアン
製作　イアン・ブライス
　ロレンツォ・ディ・ボナヴェンチュラ
　ドン・マーフィー
監督　マイケル・ベイ
脚本　アーレン・クルーガー
2011年アメリカ映画　154分

リアル・スティール
REAL STEEL
Blu-ray：あり
DVD：あり

［キャスト］
ヒュー・ジャックマン　ダコタ・ゴヨ
エヴァンジェリン・リリー

［スタッフ］
製作総指揮　スティーヴン・スピルバーグ
　ジョン・マクラグレン
　マリー・マクラグレン
　ジャック・ラプケ
　スティーヴ・スターキー
製作　ロバート・ゼメキス
　ショーン・レヴィ
　スーザン・モンフォード
　ドン・マーフィー
監督　ショーン・レヴィ
脚本　ジョン・ゲイティンス
2011年アメリカ映画　127分

ロック＆キー
ROCKE & KEY
［キャスト］
サラ・ボルガー　ミランダ・オットー
［スタッフ］
製作総指揮　スティーヴン・スピルバーグ
　テッド・アダムス
　ダリル・フランク
　ジョシュ・フリードマン
　アレックス・カーツマン
　ロベルト・オーチー
製作　ギャリー・A・ブラウン
　ジョン・デイヴィス
監督　マーク・ロマネック
脚本　ジョン・フリードマン
　アレックス・カーツマン
　ロベルト・オーチー
2011年アメリカ　TVドラマ

メン・イン・ブラック3
MEN IN BLACK 3

Blu-ray：2,500円＋税
発売元：株式会社 KADOKAWA
©2012 Columbia Pictures Industries, Inc. and Hemisphere - Culver Picture Partners I, LLC. All Rights Reserved.

［キャスト］
ウイル・スミス　トミー・リー・ジョーンズ
ジョシュ・ブローリン
［スタッフ］
製作総指揮　スティーヴン・スピルバーグ
　G・マック・ブラウン
製作　ローリー・マクドナルド
　ウォルター・F・パークス
監督　バリー・ソネンフェルド
脚本　イータン・コーエン
　デイヴィッド・コープ
　ジェフ・ネイサンソン
　マイケル・ソッチョ
2012年アメリカ映画　108分

トランスフォーマー／ロストエイジ
TRANSFORMERS AGE OF EXTINCTION

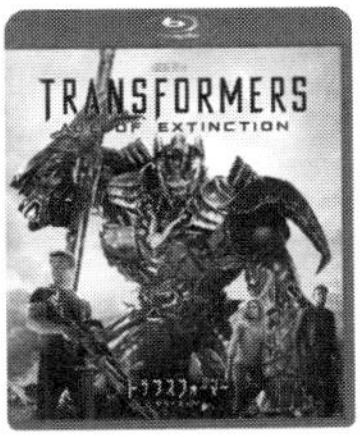

Blu-ray：2,381円＋税〔発売中〕
DVD：1,429円＋税〔発売中〕
発売元：NBC ユニバーサル・エンターテイメント

［キャスト］
マーク・ウォールバーグ
スタンリー・トゥッチ　ニコラ・ペルツ
［スタッフ］
製作総指揮　スティーヴン・スピルバーグ
　マイケル・ベイ
　ブライアン・ゴールドナー
　マーク・ヴァラディアン
製作　イアン・ブライス　トム・デサント
　ロレンツォ・ディ・ボナヴェンチュラ
　ドン・マーフィー
監督　マイケル・ベイ
脚本　アーレン・クルーガー
2014年アメリカ映画　165分

ジュラシック・ワールド
JURASSIC WORLD

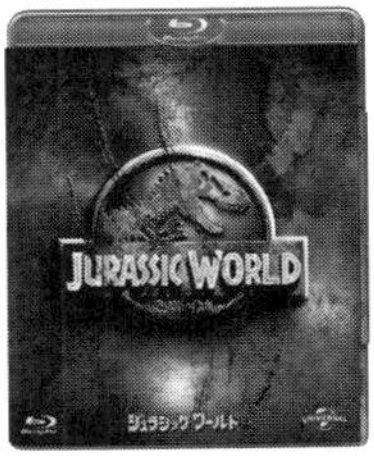

Blu-ray：1,886円＋税〔発売中〕
DVD：1,429円＋税〔発売中〕

発売元：NBC ユニバーサル・エンターテイメント
[キャスト]
クリス・プラット　ブライス・ダラス・ハワード
イルファン・カーン
[スタッフ]
製作総指揮　スティーヴン・スピルバーグ
　　　　　　トーマス・タル
製作　パトリック・クロウリー
　　　フランク・マーシャル
監督　コリン・トレヴォロウ
脚本　リック・ジャッファ
　　　アマンダ・シルバー
　　　コリン・トレヴォロウ　デレク・コノリー
2015年アメリカ映画　124分

ジュラシック・ワールド／炎の王国
JURASSIC WORLD FALLEN KINGDOM

Blu-ray＋DVD セット：3,990円＋税
3D＋Blu-ray セット：5,990円＋税
4K ULTRA HD＋Blu-ray セット：5,990円＋税
発売元：NBC ユニバーサル・エンターテイメント
発売日：12月5日
[キャスト]
クリス・プラット　ブライス・ダラス・ハワード
ジェフ・ゴールドブラム
[スタッフ]
製作総指揮　スティーヴン・スピルバーグ
　　　　　　コリン・トレヴォロウ
製作　ベレン・アティエンザ
　　　パトリック・クロウリー
監督　J・A・バヨナ
脚本　デレク・コノリー
　　　コリン・トレヴォロウ
2018年アメリカ映画　128分

ロジャー・ラビット イン　トゥーンタウン おなかが大変！
TUMMY TROUBLE
1985 ～ 1987年　TV シリーズ(45 話)

WARNER BROS. CELEBRATION OF TRADITION, JUNE2, 1990
1990年　TV ドキュメンタリー

バック・トゥ・ザ・フューチャー
BACK TO THE FUTURE
1991年TV シリーズ

スピルバーグのアニメ タイニー・トゥーン
HOW I SPENT MY VACATION
TINY TOON ADVENTURES:HOW I SPENT MY VACATION
1992年アニメーション　ビデオ

THE PLUCKY DUCK SHOW
1992年TV シリーズ

アメリカ物語 ファイベルの冒険
FIEVEL'S AMERICAN TAILS
1992年 TV シリーズ　(13 話)

スピルバーグのアニメ タイニー・トゥーン
THE TOON ADVENTURES
1990 ～ 1992年T V シリーズ　(98 話)

ロジャー・ラビット イン　トゥーンタウン キャンプは楽しい
TRAIL MIX-UP
1993年　短編

南北戦争前夜
CLASS OF '61
1993年　TV 映画

いじわる家族といたずらドッグ
FAMILY DOG
1993年　TV シリーズ　(1話)

シークエスト
SEAQUEST DSV
1993 ～ 1995年　TV シリーズ　(44 話)

アニマニアックス
ANIMANIACS
1993 ～ 1998年　TV シリーズ　(93 話)

YAKKO'S WORLD:AN ANIMANIACS SINGALONG
1994年　ビデオ

TINY TOONS SPRING BREAK
1994年　テレビ映画

I'M MAD
1994年　短編

ピンキー&ブレイン
PINKY AND THE BRAIN
1995 ～1998年　TV シリーズ　(70 話)

A PINKY & THE BRAIN CHRISTMAS SPECIAL
1995年　テレビ映画

TINY TOONS' NIGHT GHOULERY
1995年　TV 映画

SURVIVORS OF THE HOLOCAUST
1996年　TV ドキュメンタリー

ハイ・インシデント 警察ファイル
HIGH INCIDENT
1996 ～ 1997年　TV シリーズ　(2 話)

THE BEST OF ROGER RABBIT
1996年　ビデオ

THE LOST CHILDREN OF BERLIN
Survivors of the Shoah Visual History Foundation/Fogwood 作品
1997年　ドキュメンタリー

FREAKAZOID!
1997年　TV シリーズ　(1話)

スティーヴン・スピルバーグのトゥーンシルバニア
TOONSYLVANIA
1998年　TV シリーズ　(1話)

INVASION AMERICA
1998年TV シリーズ　(13 話)

THE LAST DAYS
1998年 ドキュメンタリー

PINKY,ELMYRA & THE BRAIN
1998 ～ 1999年　ドキュメンタリー　（9 話）

EYES OF THE HOROCAUST
2000年 ドキュメンタリー

SHOOTING WAR
2000年 TV ドキュメンタリー

SEMPER FI
2001年 TV 映画

バンド·オブ·ブラザーズ
BAND OF BROTHERS
2001年　TV ミニシリーズ

WE STAND ALONE TOGETHER
2001年　TV ドキュメンタリー

BROKEN SILENCE
2002年　TV ミニシリーズ　ドキュメンタリー

PRICE FOR PEACE
2002年　ドキュメンタリー

テイクン
TAKEN
2002年　TV ミニシリーズ　（1話）

BURMA BRIDGE BUSTERS
2003年　TV ドキュメンタリー

VOICES FROM THE LIST
2004年　ビデオ　ドキュメンタリー

DAN FINNERTY & THE DAN BAND: I AM WOMAN
2005年　TV 映画

イントゥー·ザ·ウエスト
INTO THE WEST
2005年　TV ミニシリーズ

SPELL YOUR NAME
2006年　ドキュメンタリー

THE BIG BAD HEIST
2007年　短編

DANCE WITH THE DEVIL
2007年　短編

ON THE LOT
2007年　TV シリーズ

UNITED STATES OF TARA
2009 ～ 2011年　TV シリーズ

ザ·パシフィック
THE PACIFIC
2010年　TV ミニシリーズ

RISING:REBUILDING GROUND ZERO
2011年　TV シリーズ　ドキュメンタリー

フォーリング　スカイズ
FALLING SKIES
2011年　TV シリーズ　（10 話）

TERRA NOVA～未来創世記
TERRA NOVA
2011年　TV シリーズ　（10 話）

THE RIVER 呪いの川
THE RIVER
2011年　TV 映画

TRANSFORMERS:THE RIDE(3D)
2011年　テーマパークのアトラクション

SMASH/スマッシュ
SMASH
2012年　TV シリーズ　（14 話）

THE TALISMAN
2012年　TV ミニシリーズ

LUCKY 7
2013年　TV シリーズ

DON'T SAY NO UNTIL I FINISH TALKING:THE STORY OF RICHARD D. ZANUCK
2013年　ドキュメンタリー

アンダー·ザ·ドーム
UNDER THE DOME
2013年　TV シリーズ　（26 話）

RED BAND SOCIETY
2014年　TV シリーズ　（2話）

エクスタント
EXTANT
2014年　TV シリーズ　（26 話）

PUBLIC MORALS
2015年　TV シリーズ

マイノリティ·リポート
MINORITY REPORT
2015年～　TV シリーズ

THE WHISPERS
2015年　TV シリーズ
製作総指揮 6 話·製作 4 話

ALL THE WAY
2016年　TV 映画

FINDING OSCAR
2016年　ドキュメンタリー

FIVE CAME BACK
2017年　TV ミニシリーズ　ドキュメンタリー
（3 話）

TRANSFORMERS:THE LAST KNIGHT
2017年

FIRST MAN
2018年

BULL
2016 ～ 2018年　TV シリーズ　（32 話）

BUMBLEBEE
2018年

TM & © 1981-2016 Lucasfilm Ltd. All Rights Reserved. Used Under Authorization.

スティーヴン・スピルバーグと識字障害

金原由佳

2012年9月、当時65歳だったスピルバーグは学習障害のある子どもたちの理解と支援を提示するウェブサイト「フレンズ・オブ・クイン（http://www.friendsofquinn.com/）」において、60歳のとき、自分が初めてディスレクシア（識字障害）であると知ったと発表し、フランクな様子で語るそのビデオインタビューは瞬く間に世界中に配信された。世界を代表する映画監督であると同時に、最も成功したクリエイターの一人である彼が、学生時代に直面した数々の困難さを素直に告白したことで、同様の困り感を抱える子どもたちやその親は、どれほど、救いを感じたかは想像に難くない。

そのインタビューによると、彼は学生時代、一般の人よりも文字を読み取ることに2倍以上の時間がかかり、とても苦労したという。スピルバーグは、それ以前に自閉症スペクトラムの診断も受けていたというが、ディスレクシアであることが判明したことにより、彼は“It was the last puzzle part in a tremendous mystery that I' ve kept to myself all these years,”（識字障害は、長年にわたって抱え続けた自分自身のとてつもない謎においての最後のパズルだった）と語っている。

この件について、「スティーブン・スピルバーグ論」（フィルムアート社）にて、南波克行氏が「スピルバーグとコミュニケーション」という論考で、学習障害や少年時代に受けたいじめの体験がスピルバーグ作品に反映しているのだ、という安易な結論だけは控えたいと重要な指摘をされている。「人間はもっと複雑なものだし、創作の源を伝記的事実のある一点に集約することほど、退屈なものもないからだ」との南波氏の重要な指摘を念頭に入れつつ、とはいえ、スピルバーグの公表を受けて今後は彼の特性を全く無視して評論するのも難しいのではないだろうか。

例えば、1998年発行のジョン・バクスターによる「地球の落ちてきた男　スティーブン・スピルバーグ伝」（角川書店）や99年発行のアンドリュー・ユールによる「スティーブン・スピルバーグ　人生の果実」（プロデュース・センター出版局）では執筆当時の時代性もあり、自閉症スペクトラムならびに学習障害、識字障害についての理解がない描写が並ぶ。スピルバーグの学生時代の不名誉なエピソードとして、必ずカエルの解剖で吐いてしまった出来事が面白おかしく紹介されるが、それは人として弱かったからではなく、今の視点でとらえ直すと、スピルバーグには様々な感覚過敏があった可能性があり、彼にとっては刺激が過剰すぎる状況になった際のパニックが現れ出た瞬間ではなかったか、改めて検証すべきである。これらの伝記で喧伝される過去の「勉強ができなかった」というエピソードの羅列も今となっては意味がなく、当時、適正な合理的配慮を受けられなかったために見舞われた苦労や、失われた機会に目を向けるべきである。また、「スティーブン・スピルバーグ論」で斎藤英治氏が「文芸作家としてのスピルバーグ――教育のテーマが結実するまで」にて、『カラーパープル』や『E.T.』で単語の綴り方を教える場面の意味、すなわち彼の映画には教育にまつわる豊かな場面があることを指摘されているが、ディスレクシア（識字障害）の側面を知ったうえで見ると、単語の習得の描写や言葉を介さないコミュニケーションのやり取りには、さらに深い色合いが帯びてくる。とはいえ、発達障害への認識でよく誤解されるのが、不得意な分野と得意な分野とのギャップが激しく、そのために世の中のマジョリティに合わせたシステムとなじまない部分が現れ出てくるだけであり、程度の差はあれどの人間も得手不得手はもっている。スピルバーグの場合はやはり視覚的な見せ方に大きな特徴があり、ビジュアルでどんな背景の老若男女にもその世界観をわからせ、そこに埋没させるパワーが彼の不得手な部分を凌駕する特性なのだろう。

日本では平成28年4月1日から障害者差別解消法が施行され、第二十四条の「教育」において、「5　締約国は、障害者が、差別なしに、かつ、他の者との平等を基礎として、一般的な高等教育、職業訓練、成人教育及び生涯学習を享受することができることを確保する。このため、締約国は、合理的配慮が障害者に提供されることを確保する。」と条文に記された。この障害の中には学習障害や識字障害、感覚過敏、感覚鈍麻など目には見えない障害も含まれる。日本の学校生活の中で、見えない障害への合理的配慮が施行されることによって、今後一般への理解が進み、見えない障害についての認識を理解する子どもたちが増えていくとしたら、スピルバーグの映画の観方も私たち世代とはまた違う認識でとらえるかもしれない。だとしたらなおさら、先行する世代は彼の映画に散りばめられていた、加護するべき者への優しい眼差しに、より一層、繊細な考察による更新が求められていくだろう。奇しくもスピルバーグの公表と同じ頃、自閉症スペクトラムとADD（注意欠陥障害）と診断され、長年の自分の不得手と得手の歪なバランスへの疑問が氷解した身としては、スピルバーグの作品に描かれる、他者が捉えている私と、私自身が捉えている私との間に横たわるあまりにも大きなギャップの描写に強いシンパシーを感じざるを得ないし、同時にマイノリティの置かれた立場と体感の可視化への検証は今後より一層、されるべきだと考える。

スピルバーグとアカデミー賞

西田宣善

スピルバーグは、空前の大ヒット映画『JAWS／ジョーズ』がアカデミー監督賞にノミネートされなかったことに、「こんなに人間を描いた作品はないのに！」と言って、悔しがったという。

続く『未知との遭遇』は監督賞にノミネートされたが、受賞はなし。『レイダース』でも同じく。次の『E.T.』では、またも興行成績を塗り替えた大ヒットで人々に感動を呼んだ作品だったために、作品賞、監督賞で受賞が期待されたが、どちらも無冠に終わった。

ますますアカデミー賞を意識するようになったスピルバーグは、これまでのエンタメ作品とはかけ離れたシリアスな人間ドラマ『カラーパープル』を発表した。目論見通りか、アカデミー賞では十部門にノミネートされたが、監督賞にはノミネートもされず、全体でも無冠に終わった。

さすがにアカデミー側も気の毒に思ったか、翌年スピルバーグにアーヴィング・タルバーグ賞を授与した。映画界に多大な功績のあったプロデューサーに与えられる同賞は、まさに彼にふさわしい賞で、しかも三九歳という異例の若さであった。

そして、次にノミネートされた、畢生のシリアスな人間ドラマ『シンドラーのリスト』でついに作品賞、監督賞に輝くのである。おまけに、五年後には戦争大作『プライベート・ライアン』で再び監督賞を受賞する。

その後には、今のところスピルバーグ自身がアカデミー賞を受賞することはないが、これまでにないこととして、作品に出演した俳優にオスカーがもたらされることが出てきた。『ブリッジ・オブ・スパイ』でマーク・ライランスが助演男優賞、『リンカーン』でダニエル・デイ＝ルイスが主演男優賞というように。これまで、スピルバーグは俳優の演技をつけるのが下手だ、人間を描けないなどと揶揄されていた頃からすれば、隔世の感がある。

また、自身の監督作品以外のプロデュース作でアカデミー賞作品賞にノミネートされたことがある。クリント・イーストウッド監督『硫黄島からの手紙』である。これはハリウッド映画としては異例の日本語映画。イーストウッド監督『父親たちの星条旗』と並行して製作された、スピルバーグこだわりの第二次大戦作品である。

Filmmakers 18 Steven Spielberg

スティーヴン・スピルバーグ完全データ・ファイル

フィルモグラフィ

編集部

執筆者紹介

50音順

大久保清朗［おおくぼ・きよあき］
1978年東京生まれ。山形大学人文社会科学部准教授。映画研究者、映画評論家。共著に「スティーブン・スピルバーグ論」（フィルムアート社）など。共訳書に「スピルバーグ その世界と人生』（西村書店）など。

大寺眞輔［おおでら・しんすけ］
映画批評家、早稲田大学・日芸映画学科講師、IndieTokyo（http://indietokyo.com/）主催、新文芸坐シネマテーク主催、字幕翻訳など。ジョアン・ペドロ・ロドリゲス作品やリヴェット『アウト・ワン』などを日本で上映した。主著は「現代映画講義」（青土社）「黒沢清の映画術」（新潮社）。

荻野洋一［おぎの・よういち］
テレビ各局で番組を演出しつつ、「キネマ旬報」「リアルサウンド映画部」「NOBODY」で映画評論を連載。また、創刊時から休刊まで「カイエ・デュ・シネマ・ジャポン」編集委員をつとめた数少ない一人。

鬼塚大輔［おにつか・だいすけ］
映画評論家。「キネマ旬報」誌に「誰でも一つは持っている」連載中。訳書に「セルジオ・レオーネ / 西部劇神話を撃ったイタリアの悪童」（フィルムアート社）ほか。

切通理作［きりどおし・りさく］
1964年東京都生まれ。文化批評。雑誌「シネ★マみれ」責任編集。「無冠の巨匠　本多猪四郎」「怪獣使いと少年　ウルトラマンの作家たち」「怪獣少年の〈復讐〉70年代怪獣ブームの光と影」「お前がセカイを殺したいなら」「山田洋次の〈世界〉」他著書多数。「宮崎駿の〈世界〉」（現ちくま文庫）でサントリー学芸賞受賞。映画『青春夜話 Amazing Place』監督。メルマガ「映画の友よ」月二回配信。

金原由佳［きんばら・ゆか］
映画ジャーナリスト。著書に映画評論集「ブロークン・ガール」（フィルムアート社）。共著に日本映画の黄金期を支えた美術監督のアートワークを紹介する「伝説の映画美術監督たち×種田陽平」（スペースシャワーネットワーク）。

黒岩幹子［くろいわ・みきこ］
編集・文筆業。スポーツ紙「東京中日スポーツ」やWEBマガジン「boidマガジン」の編集。「nobody」「IndieTokyo」「映画芸術」「シネ砦」他の媒体や映画関連書籍に寄稿。

佐々木敦［ささき・あつし］
批評家。音楽レーベルHEADZ主宰。複数のジャンルを貫通して批評活動を行う。2019年に25年ぶりの映画論集「この映画を視ているのは誰か?」（作品社）が刊行予定。

佐藤亜紀［さとう・あき］
作家。著書に「戦争の法」「ミノタウロス」「スウィングしなけりゃ意味がない」等がある。

佐藤利明［さとう・としあき］
娯楽映画研究家。1963年生まれ。スピルバーグは『JAWS ／ジョーズ』以来、自分にとってリアルタイムで作品を観続けてきている作家であり、オールタイムのベストはテアトル東京で体感した『未知との遭遇』。

宍戸明彦［ししど・あきひこ］
1986年宮城県生まれ。同志社大学大学院博士課程（前期課程）修了。IndieTokyo所属。映画音楽が中心の研究家&文筆家。作曲家のジョン・ウィリアムズを知ったことがきっかけとなり、映画音楽の世界に興味を持つ。

篠儀直子［しのぎ・なおこ］
翻訳者。訳書は「フレッド・アステア自伝」「エドワード・ヤン」「関東大震災の想像力」（青土社）、「ウェス・アンダーソンの世界　グランド・ブダペスト・ホテル」（DU BOOKS）、「沈黙と美」（晶文社）など。

成田陽子［なりた・ようこ］
東京生まれ。成蹊大学卒業。1978年から渡米、ロスアンジェルスをベースにスポーツ新聞の特派員としてロス五輪、メジャーリーグなど取材。ハリウッド外国人記者協会（HFPA）のメンバーになって34年現在は映画ライターとして「キネマ旬報」、「スクリーン」などに執筆中。

西田宣善［にしだ・のぶよし］
編集者・映画プロデューサー。「フィルムメーカーズ」シリーズ、「溝口健二著作集」を企画編集。映画作品に、『冬の河童』『無伴奏』『嵐電』（2019年5月公開予定）などがある。

西田博至［にしだ・ひろし］
批評家。「アラザル」同人。映画や現代の美術や音楽を中心に、批評文を書いている。「キネマ旬報」、「ART CRITIQUE」、「ユリイカ」などで執筆。

樋口尚文［ひぐち・なおふみ］
映画評論家、映画監督。著書に「大島渚のすべて」「黒澤明の映画術」「グッドモーニング、ゴジラ」ほか多数。川端康成原作の監督作『葬式の名人』（主演：前田敦子・高良健吾）が2019年に全国公開。

真魚八重子［まな・やえこ］
映画著述業。「映画秘宝」、「朝日新聞」、「文春オンライン」等で執筆。著書「映画系女子がゆく!」（青弓社）、「映画なしでは生きられない」「バッドエンドの誘惑」（共に洋泉社）も発売中。

三留まゆみ［みとめ・まゆみ］
1961年東京生まれ。イラストライターなど。高校〜大学時代に自主映画製作に参加。その延長で映画よろずや稼業に。著書に「三留まゆみの映画缶」（キネマ旬報社）、「ブライアン・デ・パルマ World is yours」（監修／洋泉社）など。

南波克行 Nanba Katsuyuki
1966年、東京生まれ。慶應義塾大学法学部卒業。映画批評。アメリカ映画を中心に研究・執筆を行う。編著書に「スティーブン・スピルバーグ論」、「トム・クルーズ キャリア、人生、学ぶ力」（共にフィルムアート社）、著書に「宮崎駿 夢と呪いの創造力」（竹書房）、訳書にリチャード・シッケル「スピルバーグ その世界と人生」共訳（西村書店）、フランシス・コッポラ「フランシス・フォード・コッポラ、映画を語る」（フィルムアート社）、その他「キネマ旬報」、「ユリイカ」など、書籍・論集・紀要などへの寄稿多数。

［写真提供］NBCユニバーサル・エンターテイメント／ワーナー・ブラザース ホームエンターテイメント／20世紀フォックス ホームエンターテイメント ジャパン（株）／株式会社ソニー・ピクチャーズ エンタテインメント／株式会社 KADOKAWA／株式会社ポニーキャニオン／株式会社ディスク・ロード／株式会社ハピネット／Kプレス／アフロ
［協力］松竹株式会社

Filmmakers ⑱
Steven Spielberg

フィルムメーカーズ［18］スティーヴン・スピルバーグ

発行日＝2019年2月23日
発行者＝宮下玄覇
責任編集＝南波克行
企画編集＝西田宣善
企画協力＝尾山淳二
編集協力＝田村由美
DTP＝西尾昌也
協力＝株式会社キネマ旬報社、植草信和、秋山伸

ISBN 978-4-8016-0196-3 C0474

発行＝株式会社宮帯出版社
京都本社 〒602-8157 京都市上京区小山町908-27
（代表）075-366-6600 （直通）075-803-3344
東京支社 〒160-0004 東京都新宿区四谷3-13-4
（代表）03-3355-5555

印刷・製本＝モリモト印刷

禁本書記事無断転載